南开法律评论

Nankai Law Review

第十一辑

2016

主编　王果

南开大学出版社
天　津

图书在版编目(CIP)数据

南开法律评论.第十一辑 / 王果主编. －天津：
南开大学出版社,2017.4
ISBN 978-7-310-05345-2

Ⅰ.①南… Ⅱ.①王… Ⅲ.①法律－文集 Ⅳ.
①D9－53

中国版本图书馆 CIP 数据核字(2017)第 040353 号

南开大学出版社出版发行
出版人:刘立松
地址:天津市南开区卫津路 94 号　　邮政编码:300071
营销部电话:(022)23508339　23500755
营销部传真:(022)23508542　　邮购部电话:(022)23502200

＊

河北昌黎县佳印印刷有限责任公司印刷
全国各地新华书店经销

＊

2017 年 4 月第 1 版　　2017 年 4 月第 1 次印刷
250×170 毫米　16 开本　14.75 印张　2 插页　237 千字
定价:35.00 元

如遇图书印装质量问题,请与本社营销部联系调换,电话:(022)23507125

《南开法律评论》编委会

目　录

目 录

浅谈法律人类学的理论与方法

张冠梓*

在一般从事法学学习和研究的人看来，法律人类学是个略显生疏而神秘的学科。法律人类学作为一门边缘和交叉学科，19世纪中后期（有学者认为是20世纪初）开始在西方人文社会科学领域出现并逐渐发展起来。但到目前为止，从某种意义上来说，法律人类学堪称一种闲知识、散知识。所谓闲，就是在讲究实操性、应用性的法律科学中，法律人类学不能够马上被应用。所谓散，就是法律人类学到目前还没有完全形成比较系统的知识体系、概念体系、研究方法。对于中国社会而言，法律人类学更是属于舶来的、晚起的一个学科。

法律人类学是传统法学和传统人类学在外延上的扩张和"互渗"，主要是从不同文化间相互理解的角度，来探讨人类早期的或非西方的法律制度在不同文化个体中的地位和作用，从事法律的多面向、多层次动态性研究。虽然目前为止尚未完全形成系统的知识体系、概念体系、研究方法，但对传统法学而言，法律人类学不仅展示了一个全新的学术视野，而且提供了一套别具特色、行之有效的思考进路和研究方法。今天，本人主要从什么是法律人类学，法律人类学的发展脉络、研究方法、法律多元主义等方面进行阐述。

---

*作者简介：张冠梓，中国社会科学院研究员、博士生导师。
本文系根据张冠梓研究员2016年7月2日在南开大学法学院夏季学期研究生学术论坛中的讲座内容整理而成。

一、什么是法律人类学

法律人类学（Legal Anthropology）是法学和人类学这两个学科的嫁接，即从法律的角度来研究人类学的问题，亦有法学和人类学（Law and Anthropology）、法律民族志学（the Ethnography of Law）等不同名称。这些名称从某种意义上看，反映了不同时期、不同学派，主要是法学和人类学两个不同的研究视角对这门学科的认识。具体说，可以从以下几个角度来理解法律人类学：

一是立足于人类学的视角，通过对相关民族、地区或社会的直观经验和感受，在不同文化之间进行比较，进而得出来的学科认知。譬如，霍贝尔将7个族群做了比较。恩格斯在讲述私有制和国家的起源时，也对不同民族、不同社会阶段、不同法律发展现象进行了比较。

二是对传统法学的概念、研究方法进行质疑和批判。现在的教科书上，还有学术界主流的观点，都强调了法的国家属性，法是由国家制定或认可的，是由国家强制实施的。同时，也强调了法的阶级属性，譬如说法是统治阶级意志的体现。而法律人类学则有所不同，它事实上大大拓展了法的概念的外延。与之相应的，研究方法也有所不同。法律人类学通过对传统法学的概念、命题、判断进行质疑和批判，事实上已经形成了一个和过去不一样的认识论和方法论。

至少可以从三个方面看这个问题：首先，法律人类学最初或主要研究非西方社会、殖民地、原始社会，展现了非西方社会的法律及其所在文化背景的不同与多样性。其次，法律人类学不只是把法作为孤立的法看待，而是把法放在整个社会、历史、文化里面去统筹把握，对不同时间、地点和社会条件、社会形态的比较，揭示了不同法律的不同要素结合的方式。最后，对于传统法学在概念、命题、规范以及方法等方面进行全新的解读。法律人类学不受某一个社会文化、价值体系的束缚，可以对不同社会进行比较研究。在所有人类存在的一些区域，不同的地区、不同民族，按照进化论的理解，处于不同的发展阶段，有先进的、落后的，原始的、文明的。法律人类学的视野打通了整个社会发展阶段，对社会发展并不做简单的原始还是文明的判断，包括单线进化论或多线进化论，对社会存在不厚此薄彼，不进行价值或伦理上的判断。从知识论的角度，它不像传统学科，把整个文化划分为一些学科体系，这些学科体系实际剪裁了、妨碍了我们对整个社会认识的完整性。法律人类学对这种碎片化的知识、学科体系进行了扬弃、重组和整合，把原来应是整体的东西，又重新回到整体性的研究。同时，法律人类学也注重在动态过程当中把握法的实质、发展和变化，埃文希称之为活的法（Living Law），有的学者注重纠正过程的分析，注重观察和分析麻烦案例。

二、法律人类学的特点

关于法律人类学的特点，可以从起源、学科特征、发展轨迹和研究主体等多个角度展开论述。

法律人类学的形成与发展，可以说与欧洲近代以来科学的发展，如影随形。其中文艺复兴带来的启蒙运动和地理大发现形成的世界一体化，对其影响尤其深远。

首先看文艺复兴的影响。欧洲的历史——自然也包括社会科学发展——可划分为三个重大的阶段。第一阶段是古希腊罗马时期，重点是古希腊的哲学思想、政治学思想，罗马的法学成就及其思想。此后历经漫长的中世纪，形成了神权高于一切的观念。从十三四世纪开始，文艺复兴从意大利蔓延到欧洲大陆和英国，形成了声势浩大、摧枯拉朽的文艺复兴思潮。这一思潮宣称复兴古代希腊罗马文化，重新发现人的价值、人的权利和人的自由。在这个过程中，法学尤其是自然法学战胜了中世纪神权高于一切的思想而脱颖而出。而在自然法学的形成、发展过程中，出现了一些声誉卓著的思想家：如霍布斯，他在《利维坦》中，强调自然状态、国家等，强调人的权利、法的绝对性和普适性。而100年后的孟德斯鸠一方面坚持自然法学派的观点，同时对自然法学派做了修正。他强调自然法学坚持的人的权利和自由以及国家和政府的一些基本面，同时也强调国家应该因民族、社会、历史不同而不同，孟德斯鸠的思想构成法律人类学的起源。

还可以看到地理大发现对法律人类学的影响。如果说文艺复兴为法律人类学的成长提供了沃土，那么地理大发现及其后来的世界性变迁则为这门学科注入了活力。在1492年哥伦布发现新大陆以前，不同民族之间也有一些零星交流，但基本上处于相互隔绝状态。虽然在哥伦布之前，有北欧海盗，也就是来自瑞典、挪威、丹麦等国的海盗，已到达过美洲，现在还有遗留的一些维京人，但是维京人并没有给这块土地带过去新的文明，反而还和原来的国家断了联系，变成了北美大陆一个比较孤立的文化，没有形成两种或几种文化之间的对流。从16世纪开始，各个文明之间才由相对比较孤立、零散、封闭的状态，慢慢开始互相交流和联系，逐渐形成真正意义上的所谓"世界"。

随着地理大发现，西方人开始海外贸易、海外掠夺乃至海外扩张，逐渐建立海外殖民地。葡萄牙、西班牙、荷兰，特别是英国、法国等，在许多地方建立了面积大小不等的殖民地。殖民地使得世界各大洲、各个地区之间加强了联系。在这个过程中，出现了一些具有世界眼光的思想家。其中，代表人物之一是孟德斯鸠。孟德斯鸠虽不是法律人类学正式的创建者，但他对这门学科有着启蒙作用。孟德斯鸠生活的时代，正是法国社会非常动荡、社会矛盾异常剧烈的时期，也是法国海外扩张的时期，他对国家体制、法律、政治体制等均进行了思考。从18世纪中后期一直到19世纪后期，以英国为代表的世界市场形成。在这一过程中，有些思想家，如英国的梅因，还有巴霍芬、摩尔根、恩格斯等，对法有了不同于传统法学家的理解。19世纪后期到20世纪初，英国以及后起的西方国家和地区掀起了瓜分世界的狂潮，整个世界几乎被欧洲文明控制，在这期间人类学和法学都历经了巨变。

从学科特点来看，法律人类学的学科特点可以从西方、中国两个维度展开讨论。从西方来讲脉络是清楚的，西方法学伴随着西方文明的变化而变化，到文艺复兴时经历了巨大转型。人类学和法学相比有所不同，人类学是因地理大发现、西方文明扩张才形成的学科，创始人是泰勒。从中国来讲，包括法学在内的现代科学较晚才传进来，晚清结束之前中国仍讲求传统的文化和学问，彼时的四部之学（经史子集）并未把法学作为独立学科，法律制度、法律思想史的内容主要放置在史部，例如诏令类、职官类、制度类等。从洋务运动主动学习西方开始，中国开始从政府层面主动向西方学习。随着对西方思想的接触，原来一些传统的东西开始瓦解，邹容等学者主张把四部之学按照西方的学科体系，改成现代西方的学科体系，1905年左右逐渐确定为"文理法农工商医"七科之学。从四部之学到七科之学，伴随着科举制度到现在大学的转变，体现了中国学术转型和近代化过程。在这期间，法学作为一个学科，随着新的知识体系、学科体系的建立逐渐确立。而人类学，与法学相比，中国同西方的差距并不是太大，因为早在20世纪开始就有一批活跃的中国专家在研究人类学，如孙本文、吴文藻、林耀华、费孝通等。但人类学最早对文化人类学关注较多，对法律的关注很少。法律人类学作为一个名称受到单独关注，是在改革开放以后，或者可以说是在20世纪90年代以后。关注它的人一开始也没有把它作为一个学科看待，而是把它作为一种研究方法使用，大量地引用西方法律人类学家的一些思想、作品、观点，而这使得法律人类学逐渐被认知和接受。所以，至今为止，法律人类学的学科特点从整体上来看比较零散。

从学科的发展轨迹上，法律人类学既不是单独存在于法学之外，也不是单独存在于人类学之外，法律人类学与西方整个思想史、社会思潮甚至哲学思潮的变化密切相关。孟德斯鸠和萨维尼，实际上就是受文艺复兴开始的自然法学的影响，同时也受到当时法国和德国整个社会变化的影响。孟德斯鸠生活的时代相当于中国的康熙时期，萨维尼生活的时代相当于中国的乾隆中后期，他们分别是法国和德国的里程碑式的人物，因回答当时法国和德国社会面临的问题形成了自己独特的思想。特别是萨维尼，他的著作是对当时德国编纂统一民法典的一个回应，思辨性和战斗性很强。19世纪中期，达尔文的《物种起源》和他的坚定支持者赫胥黎对进化论的创造和传播，形成了席卷全球的进化论思潮。这一思潮影响了社会的方方面面，马克思五种社会形态理论就受其影响。恩格斯的家庭、私有制和国家起源说亦通过古希腊、古罗马以及法国、德国一些早期的家庭、婚姻的变化来体现社会变化，提出了所谓蒙昧、野蛮和文明的几个阶段。此外，梅因还根据从身份到契约的变化，把社会法律制度进行了排列。这些都体现了进化论的影响。20世纪初的马林诺夫斯基和布朗，分别受功能学派和结构学派的影响，这使法律人类学产生了阶段性变化。20世纪50～70年代，西方国家形成法的社会化思潮，在不同领域表现为民族解放运动、马丁·路德金的黑人运动、女权运动、后现代主义等，对法律人类学有很大影响。所以法律人类学不是单独依附于某一个学科，而是依附于整个哲学思潮的变化，依附于整个社会思潮的变化的。

从研究主体来看，不论是在中国还是西方，能成为里程碑式的人物，基本多是依靠其回答现实问题的著作而留存于史，而不是做专门化的研究。比如司马迁的《史记》，原名《太史公书》，最开始是一个政治性文件，而不是专门做史学研究的，其政治性大于历史性。但由于它的秉笔直书能够再现真实的历史，现在仍然能够经得起推敲，其历史性也才在后世显得更为突出和珍贵。又如司马光写的《资治通鉴》，最开始是为了满足当朝的需要，对历史进行通鉴来满足资治的目的。法律人类学亦如此，其一开始是以针砭时弊或殖民为目的的。早期研究者一开始并不是纯书斋里的人物，不是纯粹的大学教师、教授，比如孟德斯鸠是一个贵族，他做过院长、庭长、法官，也做过律师，去过欧洲一些其他国家游学，履历、经历非常丰富。萨维尼也做过法官，并长期在大学里教书。法学家摩尔根，原来是个律师，后来去到了易洛魁（Iroquis）部落研究印第安人。而之所以会去研究印第安人，起因在于他在做律师过程中和印第安人打官司，无法理解印第安人的思路以及话语，因此他下决心到易洛魁部落去了解他们，做他们的干儿子，深入社会进行了解，后来逐步写成了一系列经典之作。这是从法学角度来看待人类学。当然，也有学者像马林洛夫斯基那样从人类学的角度来看待制度、法律和习惯法。这两部分，一方面从法学切入，另一方面从人类学切入，就像挖隧道，法学从这边挖，人类学从那边挖，最后在中间会合了，二者的会和形成了法律人类学这样一个复杂而有趣的学术共同体。就像从史学角度来研究法律问题和从法学角度来研究历史，既相似又不同。法学院的法史学和历史系的法史学是不一样的，这就形成了一个非常有意思的互补互证的局面。

三、法律人类学的发展脉络

关于法律人类学的历史，首先要从孟德斯鸠谈起。众所周知，孟德斯鸠的系列著作，如《论法的精神》《波斯人信札》《罗马盛衰论》等，集中反映了他对法国社会甚至对欧洲社会的一些观察，浸透了他有关人的自由、平等、国家与政府责任等的思考。比较集中的是《论法的精神》，体现了他对自然法学的修正和反思。当时的法学家包括霍布斯等，强调法律的普遍适用性、绝对性。孟德斯鸠认为法与自然条件、民俗、文化有关系，与气候、土地、生活方式、政治制度、宗教民俗等有所关联。《波斯人信札》集中反映了虚拟的两个波斯人漫游法国的故事，揭露了法国的黑暗，包括传教士、贵族、官员、社会各个方面的荒淫、落后、野蛮、混乱无序，也体现了法国老百姓在法国大革命之前的焦虑和苦闷。孟德斯鸠追溯到欧洲文明的起源，如古罗马，通过《罗马盛衰论》，分析罗马是如何兴盛和衰落的，这其中也伴随着他对人的自由平等、国家和政府责任的一些思考。

萨维尼是历史法学派著名的代表人物，出生于 1779 年，相当于中国的乾隆后期，活跃在嘉庆时代。当时，与法国的强盛——拿破仑一统了法国并制定了《拿破仑法典》——相比，德国还处于小国林立、互相之间战争不断的纷乱、弱势状态下，面对法国的入侵和其强势的文化，德国的有识之士都有振兴德国的愿望。萨维尼也是如此。当时，很多人主张德国应该学习法国，建立一个统一的法典，把各个邦国统一起来，形成统一的市场、统一的制度、统一的政府、统一的法律。但萨维尼从另一个角度思考了这个问题，他觉得法律应该有它的民族性，认为"法律就是民族精神"。萨维尼对"什么是法"也做了深入思考，比如"历史的早期阶段，法就有了民族的固有特征，就像语言、风俗和建筑一样"，"只相信普遍适用的自然理性，不顾各民族具体历史情况及其差异，无疑是一种法律的'幻想'"，"法律随着民族的发展而发展，随着民族力量的加强而加强，最后也同一个民族失去民族性一样而消亡"。因此，有的学者认为，法律人类学如果能够追溯思想渊源的话，可以从历史法学派特别是德国历史法学派中找到一些因素。

　　与法国相类似，英国的历史法学派也被视为法律人类学的重要渊源。其代表人物梅因，被许多学者认为是法律人类学之所以能独立成为一个学科的代表性人物。和他同时期活跃在学术界的还有巴霍芬、摩尔根、恩格斯、斯宾塞、孔德、麦克伦南等。梅因关注东西方的古代社会，关注法律制度的变迁。他的《古代法》一书，以编录大量法律惯例而著称，提出了法律发展的理论。巴霍芬关注婚姻和家庭，摩尔根关注印第安社会的变化，恩格斯关注私有制、家庭和国家。从马克思、恩格斯的关注点来看，从 1848 年的《共产党宣言》到最后马克思和恩格斯思考的更超脱的问题，特别是社会进化论出来之后，他们思考整个社会的走向和变迁，包括大家熟知的亚细亚生产方式。诸如此类，形成了 19 世纪中后期整个的社会思潮。这个时期最重要的变化就是受进化论影响很大。比如梅因对非西方社会有所观察，结合古希腊、古罗马、英国、欧洲大陆，还有印度，对法律、社会发展形态做了划分，包括从身份到契约的运动。在人类早期，个人并非独立的个体而是社会的一个分子，是社会的构成部分，对社会有依附性。到了后来，人的自由、平等、权利得到了凸显，这样人与人之间、人与社会之间形成了交换、契约关系。19 世纪中后期，受强劲的进化论影响，哲学、社会科学、历史学方方面面都有呈现和痕迹。当然，即使在那个时候，进化论的观点也不是人人都同意的，比如文化传播的观点、社会控制的观点，实际上都不同意进化论。进化论自身也从一开始的单线进化论演变到后来的多线进化论。

从20世纪开始，人类学开始呈现多方面变化，出现了多个流派。进化论学派仍然是一支力量，此外，出现了历史学派如美国的博厄斯、英国的功能学派如马林诺夫斯基、结构学派如布朗，后两者共同形成了结构功能学派。马林诺夫斯基在法律人类学方面的著作《原始社会的犯罪与习俗》，是1926年经过观察特罗布里恩德岛写的，他强调人类学就是要观察在文化中一些文化因素发挥的作用，及其在整个社会、整个文化当中的连带关系。他认为轻率地、任意地、违背科学地把我们的道德、法律和习俗强加给土著社会，取缔土著法律、准法律机制和权力实施手段，只会导致无政府状态和道德沦丧，长此以往，将造成文化和种族的毁灭。与他有所不同，布朗则强调要超越经验，对文化形成本质性的把握和理解。

从20世纪四五十年代开始，法律人类学进入了一个大发展时期，出现了一批非常有影响力的学者：霍贝尔、格拉克曼、博安南、波斯皮士尔、穆尔等。霍贝尔是我们国内对法律人类学了解比较早、比较多的学者之一，他的《原始人的法》，在国内有两个翻译版本。格拉克曼是英国人，但是他长期在南非，研究赞比亚的巴洛策人。博安南是美国人，研究非洲的提夫人。波斯皮士尔是捷克人，辗转到美国后长期在耶鲁研究印第安等部落，也研究巴拉圭的卡巴库人。穆尔在20世纪四五十年代在纽约做律师，后来转向研究印第安法律，以及东非一些族群的法律问题。

从20世纪六七十年代到当前，世界各国活跃着一批法律人类学家。可以看出来，法律人类学的研究越来越多样化，也越来越涉及现实问题。譬如，加利福尼亚州立大学伯克利分校的纳德尔关注国家权力（特别是美国联邦政府的权力）的话语和实践，同时对体现知识性、文学性和社会行为的民族志类别很有研究，比较关注对法律人类学知识性的研究。其著作《法学和人类学》通过比较不同法律人类学的观点，系统梳理了研究法学和人类学的专家观点。威廉·欧贝尔也比较活跃，研究主要集中在非洲农村的法律和政治、美国法庭中的沟通与交流、司法正义的获得等领域。普林斯顿大学的劳伦斯·罗森研究伊斯兰教法。康奈尔大学的安丽丝·瑞尔研究女性和家庭。德国马克思研究所的弗朗茨贝克曼研究领域较广，包括法律多元化，纠纷管理、财产、社会保障、水权、法与空间、人权、法律发展、法律治理、权力下放、法律的跨国特性等。纽约州立大学法学院的梅丽主要研究女性、家庭暴力和法律多元等。

四、法律人类学的研究方法

法律人类学的研究方法颇有特色，择其要者可有三个：一是注重田野调查，二是注重比较研究，三是重视语言问题。

田野调查是法律人类学和传统法学尤其不一样的一个特点。传统法学更多的是文本解读、条文解释，或是与当事人和法庭的接触；而法律人类学则强调深入到一个社区、一个地区、一个社会进行长时间的观察。摩尔根到易洛魁部落生活了很多年，变成了当地易洛魁部落酋长的干儿子，和当地人结拜成兄弟，学人家的语言，整个印第安化了。马林诺夫斯基也是这样，他去特罗布里恩德岛上观察长达三年，通过这样长时间的沉浸式（Deep Immersion）观察，才能得到比较翔实的研究素材。通过解剖一个地区的一场纠纷或一个法律现象，跟踪相关过程，探索规则和纠纷背后的东西，如霍贝尔提出了"亲近又分离"的观点，即怎样摆正"我"和"当事人""观察者"及"被观察者"的关系。既要深入社会、文化内部，又不能完全投入，完全投入容易把自己的东西忘记。格拉克曼和博安南之争，也有类似论述。

关于比较研究，法律人类学一开始关注的是非西方社会、原始社会、殖民地。现在对法律人类学调查的一些样本，能够遍及除西方以外的所有地区，比如非洲。格拉克曼、博安南、穆尔等很多人分别在非洲的坦桑尼亚、赞比亚、肯尼亚，太平洋岛屿——包括印尼、马来西亚、西太平洋岛屿，以及美国的印第安部落，研究法律人类学包括人类学（几乎每一个人类学者都对印第安部落有深入的研究）；加拿大北部、美国阿拉斯加、北极圈以内的因纽特人，也长期被跟踪。甚至一些法律人类学家对中国也有观察，日本的白鸟库吉对苗族、瑶族社会以及东北地区都有观察；波斯皮士尔则很关注蒙古族，蒙古族一开始是在中国的北部地区，何以至 14 世纪，形成一个横跨欧亚大陆的蒙古大帝国。关于文化的深入研究，如波斯皮士尔研究奥地利，穆尔研究纽约社区纺织工业的准自治社会领域的规则关系，贝克曼研究德国，格里菲斯研究苏格兰。这些构成了有人群存在的不同语言、地域、习俗的文化个体之间的比较。当然能不能比较、比较可行性如何，不同学者有不同观点。但总体上形成了不同区域、不同文化之间比较研究的大趋势。进入一个非西方社会或者不熟悉的社会过程中，应该做什么样的准备？罗尔斯《正义论》里提到了"无知之幕（Veil of ignorance）"，即在人们商量给予一个社会或一个组织里不同角色成员的正当对待时，最理想的方式是把大家聚集到一个幕布下，约定好每一个人都不知道自己走出这个幕布后将在社会/组织里扮演什么样的角色，然后大家讨论针对某一个角色大家应该如何对待他，无论是市长还是清洁工，大家不会因为自己的既得利益而给出不公正的意见，即可以避免"屁股决定脑袋"的情况。因为每个人都不知道自己将来的位置，因此这一过程下的决策一般能保证将来最弱势的角色能得到最好的保护，当然，它也不会得到过多的利益，因为在定规则的时候幕布下的人们会认同那是不必要的。就是不要预设前提，要放弃原来一些文化上的判断和理解，不要急于判断。

法律人类学讲求研究中的语言问题，借鉴并使用了主位观察和客位观察等问题。这两个术语，最初是语言学家肯尼思·派克（Kenneth Pike）在 1954年从语言学的术语音位（phonemic）和语音（phonetic）类推出来的。实际上，它是人类学——包括语言学——对文化应该从哪个角度进行理解的问题。从语言学角度看，主位观察是不凭自己的主观认识，而尽可能从当地人的视角去理解文化，通过听取当地提供情报的人（报道人）来反映当地的情况。主位观察将报道人放在更重要的位置，把后者的描述和分析作为最终的判断，旨在对研究对象有深入了解，熟悉其知识体系，明了其概念、话语及意义。通过深入参与观察，尽量像本地人那样去思考和行动。主位观察注重于研究对象的文化术语、观念表达，优势是能够详尽地描述各个文化的环节，能够最大限度克服研究者、观察者文化差异造成的理解偏差。缺点在于，当地人在自身的文化当中可能将许多的行为和思想视为当然的和平常的。客位观察，是以外来观察者的角度理解文化，以科学家科学研究的标准对行为进行解释，运用历史，以不同文化比较的观点来看待掌握的民族志资料，研究方法上要求研究者具有较为系统的知识，并能够联系研究对象的实际材料进行应用。客位观察的优点是通过对所搜集材料的解释，研究者可以认识和解释那些人们在自身本土文化中可能视为当然的和平常的许多行为和思想。它的缺点是不能详尽地描述文化的各个细节和环节，观察者会因为文化的差异、文化假设上的偏差而产生可能错误的认识。目前来看，如果两相比较的话，主位观察在现代研究中越来越受重视。

与此相关的是在田野调查、文化观察中对语言的使用和把握。这方面，以格拉克曼和博安南两位学者较为突出。两人都研究非洲社会，在研究当地社会的时候，对如何把握当地语言和文化问题产生了争议。格拉克曼认为，一方面应该是依靠部落的法律用语，另一方面还要提炼，通过标准化、规范化提炼出概念和范畴，只有当同一术语涵盖不同法律制度的概念时，才有可能讨论各个制度中概念的差异以及跨制度的共同因素，才有可比性。博安南则认为，研究非洲社会，研究本地社会，应该要完全掌握当地民族的术语和研究的范畴、命题，采用他们的术语、命题、逻辑体系。当然博安南对研究体系做了区分，认为在研究过程中应当把握两个视角：一是民俗视角，即完全采用当地人表述、思考问题的进路；二是分析视角，分析可以对民俗运用现代法学学科体系和范畴进行归纳，这是两个不同的层面。博安南还认为，不同文化之间只有在可比较时才能进行比较，并不是所有的东西都可以一一对应进行比较，要有控制地进行比较。

另有一些学者和他们的观点有所不同。譬如，穆尔提出对民族的法律、概念、判断应该尽可能用中性的词汇来减少比较研究中的误解和曲解，比如提炼出的东西，最基本的如"交易""协议""债"等，尽可能体现概念的覆盖面和张力。还可以用词汇来简约化，规避本地术语造成的细枝末节和歧义造成的混乱。贝克曼则认为停留在语言层面来讨论没有必要，不要过多地关注这些术语，应该再提炼成更基础、更抽象的问题，找到背后的逻辑基础。

许多学者对语言这一方面的确很看重。像波斯皮士尔，1924年出生于捷克，后辗转到德国接受教育，而后又到了美国，宣称自己掌握七种语言，其中对卡保库这一部落语言的熟悉程度甚至超过了他的母语捷克语。他除了对自己的语言重视以外，对其他法律学家也做了一些评论，如对霍贝尔，除语言外其他观点均是赞同的。霍贝尔写《原始人的法》比较七种社会的法律现象，但是他每种语言都不懂，波斯皮士尔认为不懂研究对象的语言就很难深入该民族的价值观，而只能捕捉浅层的东西。还有格拉克曼长期生活在南非，他研究巴洛策人，对巴洛策人语言很是了解。

还有梅丽，在其著作《诉讼的话语》一书中指出，美国底层民众在法律运用的过程中使用的话语体系并不一样，主要有法律话语（关于财产、权利、对自我和私人物品的保护、产权归属、事实和真相）、道德话语（关于人际活动的话语，是在社会关系中规定的何种责任和义务）和治疗话语（来自专业援助人员的话语，认为行为来自环境而非个人的错误），在不同场合，他们根据不同诉求针对不同人群会自由转换。她重点观察的是康涅狄格州和马萨诸塞州交界处的一个地区，该地区曾是英国早期十三个殖民地之一，后来混杂了来自意大利、英国、法国、德国的早期移民。通过不同人群特别是生活在美国底层的不同人群，来观察法律运用过程中、打官司过程中、交往过程中、纠纷过程中的话语转换，是非常微观的。国内也是这样，苏力写的《秋菊打官司》要一个说法，是什么话语，实际上可以从法律人类学的角度理解一下话语的把握。

五、法律人类学关于法的概念

对于什么是法，不同人类学家给的定义是不一样的。马林诺夫斯基的最低定义的法律说、霍贝尔的暴力说、博安南的双重制度化、波斯皮士尔的法的四属性说、格尔茨的地方性知识等，诸说不一。马林诺夫斯基更加强调法的整体性，强调一些法律现象在文化中发挥的作用和承担的功能，认为应该最大限度地理解法律现象。霍贝尔提出非国家说、暴力说，认为法只是我们文化的一个方面，即用一个有组织的社会力量来规范个人和团体的行为，并对违反既定社会规范的行为予以禁止、补救和惩罚。一切法律制度，无论其内容或形态有何种差异，它们必定有一些基本的共同要素。研究者的第一需要，就是勾画出法的共同要素所在。归纳言之，法的共同要素是暴力。显然，法律人类学关于法的定义与法学教科书里阐述的法的定义是有些不同的。后者认为，法的四个特点都和阶级、国家有关，能够反映和体现统治阶级意志、由国家制定和认可、由国家强制力实施。如果用这个概念的话，这些人类学家所踏足的部落社会、非西方社会，很多都不能用法律来认知，所以法律的概念应该越宽泛越好，只要具备这些要素，就可以被称之为法。

双重制度化是博安南提出的，他认为原始社会更多的是习惯法，从习惯到习惯法，以及从习惯法上升到法律制度，实际上是一步一步进行制度化的过程，也就是双重制度或多重制度化的过程。国内一些少数民族，实际上还有一些家族、社区的习惯的、民俗的、风俗的东西，如果上升为习惯法，上升为乡规民约，上升为法典，就是不断再制度化的过程。

关于法的特征，在法律人类学家看来，首先是带有地方性和民俗性。萨维尼认为，建立德国统一法典的时期未到，每一个地区、每一个邦国都是不一样的，每一个地区自始就有民族性，最后只有等民族消亡以后这个被称为法的东西才会随着民族一起消亡，所以说法是民族精神的一部分。甚至在他之前的孟德斯鸠亦是如此，其在法国改革前期做的思考，就是法律人类学不应简单躲在深闺里面，而应直面现实的问题，认为法和自然状态、土地形状、政治制度、宗教、民族均有关系，这实际上是回应当时渐渐形成的自然法学形成的霸权，以及对还没有褪去的神权做出的反应。回过头看，萨维尼也是面对强势的法国和正在崛起的德国这样一个状况下所做出的反应。

再一个，是格尔茨的意义之网（webs of signification）。他在认识法律现象、法律问题时，是将法与其他文化现象作为一体来看待的。从知识论、认识论的角度来讲，格尔茨认为社会科学和自然科学不一样，自然科学旨在追求真理，对真相进行发现和描述，而社会科学需放在一种文化体系里面进行理解，每一个文化现象都有自己的背景和所依靠的东西，不能够像自然科学那样，而应该采取解释、阐释的办法。任何一个现象，政治的、经济的、法律的，必须是放在一定的意义的体系里面被理解。对宗教、仪式、意识形态、艺术等，都只能做阐释性（hermeneutic）的理解，不应像自然科学那样追求真理式的理解。由此，他认为，文化之间具有不可比较性，每一种文化都是一种知识体系，都是地方或民俗的知识体系。

波斯皮士尔提出了法的四个属性，即权威、普遍适用性、权利义务关系和制裁。法律首先必须有权威，这个权威可以表现为组织，也可以表现为个体。但是权威化程度和形式化程度是有所不同的，为了便于分析，有学者做了四分法，即正式的和有限的权威、正式的和绝对的权威、非正式的和有限的权威、非正式的和绝对的权威。当然在这个四分法之下还有无数个中间状态。法律必须有权威，且具有强制性，能够产生影响。进而言之，这个权威及其命令并非仅针对个案的处理，而是可以被援引、推广和复制，即所谓普遍适用性。再进而言之，这些命令或意志是对公共事务的规定，是对一个社会、群体权利义务关系的规定。如果不遵守规定，则有相应的惩罚和制裁机制。这其中内容非常丰富，比如制裁，波斯皮士尔认为包括身体制裁、精神羞辱、生命剥夺、财富剥夺等。他在卡巴库部落发现，所谓的制裁包括精神羞辱方面，如可以给人起绰号——偷盗者以偷盗物品命名。大家可以发现，法的四个属性与我们现在正在使用的法的概念基本上是一一对应的。

格蕾菲斯提出法律性（Legalness）的观点。在他看来，社会控制的方式有多种形式，宗教的、道德的、民俗的，法律只是其中一种，随着社会越来越进步，法律的属性也在不断凸显、规范、明晰和增强。社会控制的分化和裂变的过程存在一个轴线，首先是没有社会控制的分工，然后是权力、制度、国家次第分化出来。这四者形成了四个点，每个点都代表着不同法律人类学家关于什么是法的不同主张。马林诺夫斯基的最低定义法律说主张不存在社会控制的分工，只要有习惯，习惯就可以被认定为法。格蕾菲斯认为如果这是法，那就等于一切社会控制手段都是法。后来出现了公共权力，权力在原始社会、部落社会凸显出来了，有了权威。如果这是法，就等同于一切有权力的社会控制。再后来制度化了，在这一阶段不仅有权力，且权力已经制度化、规范化。最后是最大的制度化国家出现了。现代社会的国家出现了专门的制度以及从事法律的职业人群，这样通过轴线把不同的要素放在轴线不同阶段出现，形成了不同法律人类学家的不同认识。

六、法律多元主义

法律人类学除强调田野调查外，还关注法律多元。法律多元是大家非常关注和强调的学术热点。这里，仅以梅丽教授为例，重点介绍法律多元。梅丽对法律多元主义有着系统的理解，并就古典法律多元主义和新法律多元主义做了区分和界定。古典法律多元主义对非西方社会的法律现象、法律问题、法律文化进行了概括。新法律多元主义从 20 世纪的四五十年代开始运用于西方社会，虽然法律人类学一开始是研究非西方社会、原始社会，但伴随着地理大发现、海外殖民扩张及对非西方法律社会的认识，从 20 世纪四五十年代开始，穆尔对纽约社区、苏格兰社区进行观察的时候，多元主义就被用来对包括西方在内的所有社会进行分析。梅丽的新法律多元主义认为，应把法视为所有社会秩序和社会控制的一个部分，这部分和国家制度、国家法之间具体来讲即联邦和州法律之间——的交互作用，又分为许多层次。而且，法律多元应当看到动态变化，看到历史性，看到法律和其他社会控制、社会规范之间的作用，看到它与它所依靠的文化背景和意识形态的变化。向非纠纷状态秩序分析的转变，20 世纪四五十年代的格拉克曼、格雷吾尔、哈伯洛夫等比较强调对过程的认知、对纠纷状态的理解。梅丽对新法律多元主义的概括，实际上是对法律多元的一个新的理解。

对于法律多元，我综合了学术界的不同见解，做了以下概括：主体维度的国家法与民间法，效力维度的统治法与从属法，文化维度的固有法与继受法，历史维度的国家法与前国家法，规范性维度的制定法与习惯法，结构性维度的观念、规范、行为与实物形态等。这方面的内容很多，反举几个例子来说明，譬如，统治法和从属法由澳大利亚的胡克提出，并在1976年《法律多元》一书中最先提出"法律多元"的概念。他认为，在一个国家范围内，存在着多重法律关系，不同法律制度之间的地位和作用不平等，存在着主次关系，可以分为统治法和从属法。统治法是一个国家的主干，从属法从属于统治法。但这种区分并不能简单地一分为二。从法律效力来讲，一个位阶或层次的法律，对上来讲是属于从属的，对下来讲则可能属于统治的。比如我国少数民族怒族，其原本是一个只有三万多人口的高山民族，生活在云南的高黎贡山，其有一些简单的社会交往规则。但它周围有几个在人口数量和文化上都比较强势的民族，一个是藏族，一个是纳西族，它们都影响着怒族。故在怒族社会里呈现出不同层面的法律现象。怒族同族之间保持着一种简单的婚姻、人际交往、经济往来关系，而怒族对藏族有一种文化上的依附关系，对纳西族则有一种行政上的隶属关系。即使在这样一个比较简单的、原始性比较强的社会里面，仍然体现着法律的不同层级和层面。而有趣的是，这些民族均能自如地在各种规则体系里面进行角色转换。

再比如，从文化的维度上来讲，可区分为固有法和继受法。固有法又称"母法"，是按照本国固有文化和法的历史传统制定的法，意在揭示法的源流关系。这是西方法学界普遍采用的分类，但今天这种分类意义在减弱，因为当前的主要继受国——发展中国家，正探求建立适合本国社会文化情况的法律，从而限制了所仿效的法的影响。和固有法对应的就是继受法，即主要参照、吸收和借鉴国外立法而制定本国法，又称移植法、外来法。当今时代，一般法律都是固有法与继受法的统一。

以国家的形成为标志或以国家的属性为主要特征，可以将法分为前国家法、国家法与后国家法。这种划分是根据法的标准和尺度，体现了从前国家法到国家法这一法的发展的一个侧面。当然，不可否认的是，国家法与前国家法在历史上有时有共存关系。后国家法是对法的未来形态的一种假设，事实上，相关的学术研讨已必不可少。

从法律的形式上来看，可分习惯法和制定法。关于习惯法，习惯法是独立于国家制定法之外，某种确立的、具有一定强制性的行为规范的总和。其法律属性具有复杂性与不确定性。从习惯、习惯法到制定法，这从一个侧面体现了法的属性的增加。"习惯法"一词是近代西方法学、民族学等传入我国后开始使用的。其最早出现在1910年张亮采的《中国风俗史》中，20世纪50年代在民族社会历史调查中大量出现和使用。对于习惯法的观点有以下三种：第一种观点认为习惯法是国家认可的习惯，是制定法的组成部分。第二种观点认为习惯法就是传统的道德习惯。第三种观点认为习惯法是民间有强制性的准法规范。不同地区对习惯法的称谓并不一样。从法律发展和演化的角度来讲，南方不同民族地区的法律现象可以放在不同的阶段来进行考察和认识。近二十年前，我在研究少数民族习惯法时，选择了北回归线以北的少数民族，包括东边的畲族，湖南的苗族和瑶族，贵州的布依族、苗族、侗族，西部云南高原的彝族以及再往西的怒族、独龙族和佤族。处于这样一个地理位置上的各个民族，由于地形地势的变化、经济文化类型的变化，社会形态也是不一样的，而不同的社会形态又导致了他们的法律形态也不一样。从逻辑上来讲，我把它概括为俗成的、约定的、准成文的民族法。

从结构维度来讲，谈到法，日本学者千叶正士提出了"三次元的二分法"，将法分为以保障法效力的权威性质为基准的"公式法和非公式法"；以法规范的正式化程度及形态为基准的"实定规则和法前提"；以法各种要素的文化起源为基准的"固有法和移植法"。

西方学者讲求法律的时空性，如格里菲斯关于法律空间性的探讨，或者从文化的角度把它写成一个类似于地图的东西，诸如桑托斯关于法律地图的观点，等等，都给我们很大启发。实际上，我们也可以换一些角度，或者方法，来重新审视中国传统文化，甚至可以学习一下文学家杨义先生，来思考绘制中国的法学地图。这其中的关键包括围绕却不囿于国家法展开的学术省思，以国家法与非国家法为法律多元图景中的"主轴"，关注法律变迁中的文化因素，以及法律多元与文化多元的关联等。实际上我们中华法系，包括了中国传统文化及其变迁，我们现在有幸能够近距离观察，能够倾心参与中国五千年社会面临的又一次大的转轨和变迁，这个转轨和变迁的过程中有一些光怪陆离、迅速变化的法律现象会形成一些带有故事性和画面性的东西，应该把这些东西留存下来。中国五千年的变化呈现出来的是一种历史和现实的交织、理论和现实的连接、法律和非法律现象的杂陈，这种交织、连接和杂陈是理想和个人现实之间的交织，呈现了一种非常有趣的法律生存的场景，也提出了很多值得研究的课题。在这里面，法律人类学能够给我们提供传统法学、传统人类学或者传统史学所不能提供的一些让人亢奋的研究视角和手段，使我们看到一些让人激动的研究前景，以及在此领域研究取得巨大成功的可能性。

（整理者：王果　张泽）

文化相对主义的法律观

——马林诺夫斯基的原始社会法研究

李旭东*

内容摘要：人类学家马林诺夫斯基所著《原始社会的犯罪与习俗》一书为法人类学名篇。该书以人类学的文化相对主义立场考察了原始社会的规范。根据他的研究，原始规范的特点可以概括为两个，即多种规范未有效区分的混一性、社会交往关系受到较多限制而缺乏选择自由的非选择性。原始社会规范的功能是维持社会交往的互惠性，但这种互惠性与现代合理化社会相比更为复杂。原始社会的交往方式与规范保持着密切的协调关系。

关键词：法律人类学；马林诺夫斯基；原始社会规范；文化相对主义

马林诺夫斯基（Malinowski, Bronislaw Kaspar，1884—1942），英籍波兰裔人，20 世纪最重要的人类学家之一，曾任教于伦敦大学、哈佛大学等校，著作有《西太平洋的淘金者》（1922）、《原始社会的犯罪与习俗》（1926）、《自由与文明》（1947）、《性、文化与神话》（1963）等多部。曾在太平洋岛屿、东非、墨西哥等地进行过长期的人类学实地考察。①

马林诺夫斯基与之前西方学者的不同之处在于，他花了相当长的时间居

---

* 作者简介：李旭东，法学博士，华南理工大学法学院副教授。

基金项目：华南理工大学中央高校基本科研业务费项目（项目编号：2015HQZZXM03）。

① https://en.wikipedia.org/wiki/Bronis%C5%82aw_Malinowski#Works，维基百科英文网页，最后访问时间：2016 年 3 月 31 日。

住在初民社会中，学习和观察他们的生活方式，直至能够以该社会"内部人"的视角来理解初民们的行为观念与生活方式。他在许多领域的研究，带给了学术界全新的认识，也加深了文明社会对自己的理解，提供了更为丰富的文明社会自我评价的参照系。

当代中国通行的《法理学》教材，基本上都将"法的历史类型"作为划分法律类型的重要知识予以陈述。从其内容来看，在某种意义上它属于与进化论高度同构的法律观念。这种对法律概念的理解相对狭窄，故其极大地限制了人们对法律功能的深入理解，也使人们对法律之外其他规范的作用、法律与多元规范的相互影响，缺乏足够深入的认识。法理学需要关注人类学家的相关研究，从而加深对法律功能的认识，丰富对人类社会治理方式与文化可能性的理解。

在这种意义上，比较法提供了多个法律传统的观念，在破除仅仅将国家立法视为法律的狭隘法律观念方面具有积极意义，相关的研究值得重视[①]；人类学则提供了法律相对主义的观念，它并不赞成采取历史进化论那种过于乐观与简单的观点来看待法律，因此在一定程度上克服了历史进化论对法律观念产生的若干障碍。

马林诺夫斯基的《原始社会的犯罪与习俗》及他的相关著作，开创了人类学研究的一个重要传统——文化相对论。而这一传统更被其弟子们发扬光大，成为促进理解人类文化、改善文化交流的重要思想资源。[②]

对于法律学人，《原始社会的犯罪与习俗》一书则更具有特殊的意义。当代中国已经远离了僵化、教条式的意识形态时期，马克思主义的中国化不断发展，中国法治实践也取得较大进展。从人类学的角度看，超越狭隘的法律概念，对于理解法律的功能与作用就更具有积极的意义，本文欲就此做初步讨论。为行文方便，本文中"法律"一词取其广义，而对于"法律"与"规范"两词的使用则根据上下文内容确定，不同于一般法学概念中对这两个词的用法。

---

① 例如传统的对法系的介绍，参见[法]勒内·达维德：《当代主要法律体系》，漆竹生译，上海译文出版社 1984 年版。

② 其弟子包括本尼迪克特、费孝通等人，都在相当程度上发扬光大了马林诺夫斯基奠定的人类学思想传统。参见[美]露丝·本尼迪克特：《文化模式》，王炜等译，三联书店 1988 年版；费孝通：《乡土中国·生育制度》，北京大学出版社 1998 年版。

一、人类学法律研究的方法：文化相对主义

文化相对主义是人类学研究中的基本观念，唯有采取此种态度，人类学研究的对象才能获得独立的意义，人类学自身的研究也才有其独立的价值。许多人类学家对这一观念的形成与确立做出了自己的贡献，影响比较大的可能要算博厄斯、本尼迪克特等人。其中，本尼迪克特的《文化模式》对这一观念的形成影响甚大。①

马林诺夫斯基作为一个人类学家，显然是接受并采取了这种文化立场的。《原始社会的犯罪与习俗》一书虽然比较集中地讨论了法学家眼中的犯罪与惩罚，较多地涉及了刑法学的内容，不过，作者显然是作为人类学家在讨论犯罪问题，犯罪与惩罚是在人类学、社会学的背景与视野下进行观察与展开讨论的，这是法学家在阅读此书时需要注意的地方。

首先，与当时人们的一般认识不同，马林诺夫斯基通过研究发现了一个基本原理：原始社会存在着它们自己的秩序，也存在着它们的法律规则。

通过自己的人类学调查，马林诺夫斯基做出了如下判断："法律的秩序已贯穿于原始部族的部落习惯中，无论它们是何等的离奇和耸人听闻，还是多么重要和值得尊重，它们控制着人们所有的日常生活以及公共生活的主要活动。"②并且进一步指出："原始人不仅被塑造成守法公民的模范，而且顺应着他本能冲动的自然倾向，遵从着其部落的所有规章制度和戒律，已成为一条公理。可以这样说，在他前进的路上，他总是沿着阻力最小的方向前行。"③

简言之，马林诺夫斯基在此做出的两个判断即：原始社会有法；原始人依法而行。

能够做出这两个判断是不容易的。在现代的"文明人"看来，原始人不过是一些"野蛮人"，他们由于没有发展进入"文明社会"，而仍然处于"野蛮社会"中，因此，他们是一些"低级的"人类，要发展到高级阶段尚需相当长的时间。"原始人"，是"文明人"对于与自己不同，并且认为在文化程度上远远不及自己的人类群体的一种称呼。这种称呼在种族主义的影响下开

---

① [美]本尼迪克特：《文化模式》，王炜译，生活·读书·新知三联书店1988年版。
② [英]马林诺夫斯基：《原始社会的犯罪与习俗》，原江译，云南人民出版社2002年版，第5页。
③ [英]马林诺夫斯基：《原始社会的犯罪与习俗》，原江译，云南人民出版社2002年版，第3页。

始有了一种本质论式的作用，"原始"即等同于落后、愚昧、野蛮、暴力等负面的东西；而"文明"则获得了与之相反的评价：进步、开化、和平等。这样，现代的"文明人"就获得了一种基于学术支持的心理优势。"文明"与"野蛮"是一种经典的认识框架，有着巨大的学术影响，但在事实上对于学术发展而言则是负面的。可以举两个例子：其一，在恩格斯的著作中就有类似"文明"与"野蛮"的表述①；其二，西方学术机构对于外域文化包括中国文化在内的研究也有着"考古"式的情怀，甚至在当代的一些研究中，如赛义德所批评的，也仍然有"文明"与"野蛮"的划分。②限于本文写作主旨，此处不对上述内容进行详细讨论。

诚然，人类社会在特定阶段曾经出现过明显的进步，人类社会从早期的洪荒时期到当代文明高度发达的时期显然有了巨大的进步。一般来说，采取"文明"与"野蛮"的二分法，对人类社会的发展进行一定的概括，也并不绝对错误，有的学者还运用这种二分观念对人类历史进行了颇有意义的论述。③但其偏颇之处在于：把原始人与文明人按照进化、发展水平的不同，放置在不同的时序阶段上进行绝对本质化的认识和处理是错误的。

可以肯定的是，原始人在许多方面确实不如现代社会中的文明人，然而，这种"不如"，却不是本质性的，不是文化的必然结果，而是生活方式的自然塑造。比如，农村人进城来不认识许多城市设施、不熟悉城市的许多生活常识，而城市人到农村去何尝不是也犯一些农村小孩都不会犯的错误，麦苗、韭菜分不清也不是什么怪事。只要不做本质化的处理，文化的比较研究就可以保持一种正确合理的态度。

另一个易犯的错误是，把原始人的生活进行了理想化的处理，认为原始社会是一个理想社会，而现代社会由于出现了工业、机械而产生了许多不理想的社会状态，洛克和卢梭等古典自然法思想家都曾有过此种对原始人过于浪漫的设想。④马克思和恩格斯关于古代社会的研究也深受此种潮流的影响。⑤但事实却并非如此。马林诺夫斯基指出："'原始人远非卢梭想象中的

---

① [德]恩格斯：《家庭、私有制和国家的起源》，载《马克思恩格斯选集》第4卷，人民出版社1972年版。
② [美]赛义德：《东方学》，王宇根译，生活·读书·新知三联书店2007年版。
③ 参见[英]路威：《文明与野蛮》，吕淑湘译，生活·读书·新知三联书店1984年版。
④ 参见[英]洛克：《政府论》（下），叶启芳、瞿菊农译，商务印书馆1964年版；[法]卢梭：《论人类不平等的起源和基础》，李常山译，商务印书馆1962年版。
⑤ [德]恩格斯：《家庭、私有制和国家的起源》，载《马克思恩格斯选集》第4卷，人民出版社1972年版。

那样，是自由自在而又无拘无束的生灵。相反，他的一切都处于其所在群体的习俗的禁锢之中，这不仅反映在社会关系上，也包括在其宗教、巫术、劳作、工艺行为中。总之，他生活的方方面面都被束缚在历史悠久的古老传统的锁链上。"（哈特兰）[1]

需要指出的是，囿于时代的限制，这两种对于原始社会的认识错误都是可以理解的。一是由于人类对于原始社会缺乏认识，在古典自然法时期，人类学研究尚不发达，思想家们对于原始社会的情况主要依靠想象。如卢梭为写作《人类不平等的起源》一文，就到森林中去漫游，以获得对原始人生活的认识，这种在主观想象基础上获得的认识显然与严格的人类学考察获得的知识差异颇大。二是由于人类不同社会和文化之间的交往过于贫乏，尤其是平等交往贫乏。在此，不得不对人类学研究对于人类异质文明之间相互理解所提供的知识支持表达敬意。

事实上，早期的人类学研究不可避免地带有明显偏见，导致对初民社会的研究走上了歧途，从而无助于增进对人类社会的理解。例如马林诺夫斯基所指出的："早期的记录重视的是习俗的怪异性，而不是它本身的真实性。……体现在大部分人类学著作中的荒谬特征在于：人为地加工割裂生活背景的陈述。真正的问题不是去研究人类怎样服从规则——事情并非这么简单，真正的问题是规则应如何去适应人类生活。"[2]又如直到改革开放中期，国人还在为西方社会以《大红灯笼高高挂》这样的电影来解读和认识当代中国而愤愤不平。这是因为，他人并不采取平等的态度对待我们，甚至不愿意花时间了解我们真实的现状。

因此，马林诺夫斯基对于人类学研究的立场就非常可贵。他提出了一种研究理念："只要我们坚守严格的经验立场，我们就能阐明所有的事实和真相，揭示出它们得以实现的条件和努力的结果，并以科学的方式予以阐述。"[3]所谓严格的经验立场，即消除任何偏见和狭隘意识的科学态度，研究对象是什么样子，就承认其是什么样子。这种态度也正是今日现象学所讲的悬置的方

---

① [英]马林诺夫斯基:《原始社会的犯罪与习俗》，原江译，云南人民出版社 2002 年版，第 3-4 页。
② [英]马林诺夫斯基:《原始社会的犯罪与习俗》，原江译，云南人民出版社 2002 年版，第 83 页。
③ [英]马林诺夫斯基:《原始社会的犯罪与习俗》，原江译，云南人民出版社 2002 年版，第 84 页。

法。①文化相对论为人类各文化之间的相互尊重提供了全新的视角，其具体的研究成果则促进了各文化群体自我反省的能力。在人类学的文化相对论之后，当代学者赛义德在其《东方学》一书中对此种傲慢更提出了全面反省和严厉批评："正是由于东方学，东方过去不是（现在也不是）一个思想与行动的自由主体。……本书……力图表明，欧洲文化是如何从作为一种替代物甚至是一种潜在自我的东方获得其力量和自我身份的。"②此类批评本身就说明，即使在理性能力强大的学术界内部，早期人类学研究的偏见仍然具有强烈的影响。

二、原始社会规范的特点

从文化的意义上看，原始社会与现代文明社会同样都是人类生活的社会，在采取了文化相对主义的观点后，人们就可以看到原始社会内在组织与运行方面与现代社会的大体相似性。那么，原始社会之"原始"性体现在何处？

按照马林诺夫斯基的研究，原始社会的规范与现代文明社会的规范相比的确有其特殊之处，但他没有做出明确的条目式的归纳。本文根据《原始社会的犯罪与习俗》一书中的有关论述，将其概括为两个方面，即社会规范的混一性、社会规范效力的非选择性。

（一）社会规范的混一性

原始社会的规范，并不像现代的社会规范一样有着细致的划分，如法律、道德、宗教、习惯等，而表现为混一式的规范。原因在于原始社会没有像现代社会一样细分为比较确定的领域，或者领域之间的划分没有达到需确立专门规范的程度。因而，原始社会虽存在一些规范，但难以或不必对这些规范的类型进行划分，这一现象可以称为社会规范的混一性。

原始社会只有一种规范意识，即"应当"如何行为的规范意识，道德与法律的划分并不如现代社会这样清晰，也就不会出现分属于不同类型的规范

---

① "所有的困难最终都归结到心理学家的自身经验如何处处与外在经验，与外在的实体之物，与心理的实体之物相混淆的这种方式上。……所以，如果现象学家想获得作为纯粹现象的他的意识，即个别的、但却是作为他的纯粹生活的总体的意识的话，他便需要一种彻底的'悬搁'。"参见［德］胡塞尔：《现象学》，倪梁康译，载倪梁康主编：《面对实事本身——现象学经典文选》，东方出版社2000年版，第87页。

② ［美］赛义德：《东方学》，王宇根译，生活·读书·新知三联书店2007年版，第5页。

和规范体系。马林诺夫斯基指出：“原始社会确实存在着积极的、具有灵活性和约束力的各种义务，它们相当于更为发达的文化中的民法；这些义务的互惠的影响力、公开的规定和系统的方式，为法律和秩序提供了主要的约束力。”①之所以相当于发达文化中的“民法”，是因为这些规范调整范围广泛，手段也比较灵活，只有长期生活在该文化中的人才能习得这些规范的内容。

这些规范建立在社会生活稳定的基础之上，由全体成员信守并以各种方式监督执行。“事实上所有的法律反应都是建立在群体的心理而不是个人心理的基础之上。”②“群体心理”作为社会规范的观念基础保证了社会规范的“法律”效力，从而使所有具备法律性质的规范都得以遵守，但由于规范并未达到现代社会这样的分化程度，因而，法律部门等对规范予以分类的单位尚不存在。马林诺夫斯基指出：“‘民法’这一实质性的法律统治着部落生活的一切方面，它由一组有约束力的责任组成，一方认为是权利，对另一方就是义务，通过他们的社会结构中固有的互惠和公开性这一特殊机制保证了其效力。这些民法规则是有弹性的，执行时有一定的幅度，它们不仅处罚违反者，而且还奖励充分履行者。”③

但是，也不能过于僵化地理解原始社会规范的混一性，事实上马林诺夫斯基也观察到了一定程度的规范分化：“在原始社会中除了法律规则以外，还有一些其他类型的主要是由心理动机或力量来支持的规范和传统戒律，它们在任何情况下都与具有法律特征的规则迥然不同。”④只是由于在原始社会中，规范之间的分化和类型的区别尚未达到足够清晰的程度，各规范之间的联系和相互作用难以清晰地分开，以混一性来表述较为方便。

（二）社会规范的非选择性

原始社会规范的效力具有非选择性。这需要比较现代社会规范的特点进行说明。比如，按照哈特的认识，“授予私人权力的规则，要得到理解的话，我们就必须从行使这些权力的那些人的观点来考察它们。于是，它们显现为是由法律引入社会生活中、高于强制控制要素之上的添加要素。情况之所以

① [英]马林诺夫斯基：《原始社会的犯罪与习俗》，原江译，云南人民出版社 2002 年版，第 81 页。
② [英]马林诺夫斯基：《原始社会的犯罪与习俗》，原江译，云南人民出版社 2002 年版，第 36 页。
③ [英]马林诺夫斯基：《原始社会的犯罪与习俗》，原江译，云南人民出版社 2002 年版，第 37 页。
④ [英]马林诺夫斯基：《原始社会的犯罪与习俗》，原江译，云南人民出版社 2002 年版，第 34 页。

如此，乃是因为持有这些法律权力可以使私人公民成为私人立法者……"①

按照哈特的理解，法律已经不再是唯理主义哲学盛行时期的那种由贤明甚至全能的立法者制定出来的行为规则的总和了，而是一个具有"开放结构"的规则体系。其中固然还存在着立法者规定必须如何行为的法律规则，但这不再是全部法律的特征，而且在现代社会中也可能已经不再占据主要地位了。法律作用于人们的更重要的方式可能是：向私人授予权利，由他们自己决定自己的行为，自己造成一定的权利义务状态，并自己承担其法律后果。

早期立法者的主要目的是采用法律来消除社会弊端，现代立法者的主要目的是采用法律来开创新的社会生活内容。因而，古代法律突出的特征是其残酷性质和惩罚功能，现代法律突出的特征是其规范性质和自治功能。二者体现出完全不同的法律观念。比较起来，今天的法律具有选择性，个人能够被视为一个"私人立法者"，他可以通过自己的行为为自己"立法"。与此种法律概念相比，原始社会的规范还不具有此种作用，它们不是为个人自由地创设自己的生活而存在的，而是为维护社会基本秩序和确定基本权利状态而存在的。因此，社会规范的内容不容个人随意选择，而且个人在许多情况下可能并不能完全地、经常地作为一个合格的法律主体进行活动。

从维持日常生产生活中权利义务的角度来看，现实生活的需要成为规则得以遵守的保障。以船只使用为例，马林诺夫斯基指出："在船只的使用上，每一个共同的拥有者都有权获得其中的一席之地以及与此相关联的责任、特权和利益。在独木舟中，他拥有自己的岗位，完成自己的任务，拥有相应的头衔，……我们发现在一个明确的分工制度和严格的双向义务制度中，责任感和对合作需要的认同是与自身利益、特权和利益的意识相伴而生的。"②人们在生产生活中自发地确立起了近乎"自然"性质的规则，只有遵守这些规则，生产生活才能进行下去，人的意志没有足够的力量改变规则。

因此，原始社会规范的特点就突出地体现为非选择性，它尚难以体现出奥斯丁所说的"主权者的意志"那样强烈的意志性，人们为了生活的继续而必须遵从规则。"在寻找'法律'和法的强制力时，我们只不过试图发现和分析所有确定的和服从约束义务的规则，指出这种约束力的性质，并且根据规

---

① [英]哈特：《法律的概念》，张文显等译，中国大百科全书出版社1996年版，第43页。
② [英]马林诺夫斯基：《原始社会的犯罪与习俗》，原江译，云南人民出版社2002年版，第10页。

则发生效力的方式对其进行分类。"①

原始社会中的个人，缺乏现代人的自由，他们被生而具有的社会关系所束缚。在现代人看来，原始人几乎没有什么可选择的内容，一切都由习俗与惯例确定下来了，人们需要做的就是遵守。

三、原始法律的功能：维持人际交往的互惠性

法律规范的目的是维持和促进人们的生活。原始规范的功能，主要是维持人际交往的互惠性。虽然在这些互惠的交往关系中，存在着较为复杂的掩盖因素，但原始法律作为推进与支持社会交往的规范，其功能仍可以得到解释与说明。下面试根据马林诺夫斯基的论述对原始法律的功能作如下概括：

（一）原始社会互惠关系的固定性

现代民法的交往准则是平等互利、自愿公平，在原始社会中同样如此。但在形式上，仍然可以发现原始社会法律的独特之处，主要表现为互惠关系在原始社会中的地位要重要得多。原始社会的互惠与现代社会的互惠之间的区别在于：交往关系缺乏可选择性，可交往对象受客观的限制。因而所能够发生的交往关系也基本是稳定的、不可选择的。马林诺夫斯基发现："每个人都有永久的贸易伙伴，只在彼此间相互交易。他们通常都是姻亲，要不就是盟友，或者是被称作'库拉'的重要礼仪性交换制度中的搭档。"②

由于交往关系的稳定性和不可选择性，交往各方都不可能离开对方，侵犯对方利益的直接后果是自身利益也会同样遭受损失。这种客观现实就成了维持原始法律的基本条件，因为"……每个社区都有实现自己权利的武器：互惠"③。马林诺夫斯基以渔民与村民之间以及家庭成员之间的互惠关系等为例做了说明：

例1：内地村寨向渔民供应蔬菜，而沿海的社区则以鱼作为回报。这种协作主要是经济方面的，由于交换必须按照严格的仪式进行，故而它也有礼

---

① [英]马林诺夫斯基：《原始社会的犯罪与习俗》，原江译，云南人民出版社 2002 年版，第 7 页。
② [英]马林诺夫斯基：《原始社会的犯罪与习俗》，原江译，云南人民出版社 2002 年版，第 14 页。
③ [英]马林诺夫斯基：《原始社会的犯罪与习俗》，原江译，云南人民出版社 2002 年版，第 12 页。

尚往来的因素。但是该行为也具有法律层面的意义：……双方都不能拒绝履行义务，在回报时也不能斤斤计较，更不可无限拖延。①

　　例2：……首领对普通人、丈夫对妻子、父母对子女的要求都不是随心所欲和单方面实施的，而是按照确定的规则，安排在互惠服务的对称锁链之中，反之亦然。②

　　这样的"互惠"关系意味着，在原始社会中，由于社会关系的稳定性，各方都因客观的生活条件而被束缚在一起，每一方的权利同时必然是另一方的义务，这种权利义务关系是确定的、稳定的，并且是不可逃避的。因为，在相对稳定的交往关系中，人际间的交往是长期的、相互联系的。人人都可以依靠自己所拥有的能够影响他人的力量而使得自己的权利得到保障。互惠关系的普遍存在成为原始法律稳定的基础。"无论对原始社会进行怎样的细致探究，都会发现结构的对称性是互惠义务必不可少的基础。"③

　　当然，现代社会也有此种特点，在现代商法中也同样能够观察到相似的社会关系。固定的商业客户之间因长期合作而产生互信，因而法律对于商业的规定只是参考而已，商人们可以以一种更简单的方式进行商业往来。因为，相互的利益联系使他们能够建立互信。但区别在于，原始社会这种关系是交往各方不可能根据自己的意愿放弃或摧毁的，而只能接受之。法国法学家狄骥在其著作中就对现代社会互惠性质的客观联系以"社会连带关系"的概念作了深入阐述。④不过，现代的依赖关系难以像原始社会中的交往关系那样具有近乎强制性的"互惠"纽带。现代社会的多元化，使得联系的必要性更为丰富，但社会联系却更多地具有抽象化特征，属于一种功能的而非个人的联系。而原始社会的互惠可能必然地以个人的联系为基础，因为交往范围如此狭窄、人员如此熟悉。

---

① [英]马林诺夫斯基：《原始社会的犯罪与习俗》，原江译，云南人民出版社2002年版，第11页。
② [英]马林诺夫斯基：《原始社会的犯罪与习俗》，原江译，云南人民出版社2002年版，第29页。
③ [英]马林诺夫斯基：《原始社会的犯罪与习俗》，原江译，云南人民出版社2002年版，第14页。
④ 狄骥认为："人在社会中并且只能在社会中生活；社会的存在离不开将其组成个体联系起来的关联性。……法律规则从其基础上来说具有社会性，在这种意义上只是因为人在社会中生活，它才得以存在。"参见[法]狄骥：《宪法学教程》，王文利等译，辽海出版社、春风文艺出版社1999年版，第11页。

（二）原始社会互惠关系的弱合理化

互惠关系虽然是任何社会都存在的一种社会交往关系的常态，但原始社会的互惠关系除交往对象的固定性之外还有另一个特点，即互惠关系计算的非数量化。这一点是不容易辨别和说清楚的。然而，它是原始的互惠关系区别于现代社会交往的重要方面，值得特别提出，或许可以借鉴韦伯的术语将其概括为弱合理化。

现代社会的交往方式，主要基于功利目的。双方都追求功利目的，都以一种可计算的数量化方式来处理与对方的关系。韦伯把此种现代关系概括为合理化。所谓合理化，是对人际交往方式的一种功能化的抽象。如果说在传统社会中人们的交往是整个人的交往，个人的个性特点都会对交往有影响的话，那么现代社会中人们的交往就主要是一种功能性的交往。如同到单位盖公章，盖章与否并不是你与盖章者两个人之间的个人交往，而是你的事情是否符合规定，有规则凌驾于其上的交往。在传统社会中，你对我好，一定会给我办事；在现代社会观念中，你对我好，但你不一定非要为我办事，甚至我可能就根本不会找你办事。因而，现代社会的交往是一种片面的交往关系，人们没必要以整个人与对方交往，与不同的人进行交往时只需展示自己的一个侧面即可，现代生活方式的多元化和差异性决定了人们只能以此种方式展开自己多方面的个性。

与现代社会的这一特点相比，原始交往关系中交往或互惠的内容是复杂的。比如，我与你交易的同时，我还在进行互惠活动的另一个内容，即在货物交换的同时，还会在互惠活动中附加另一个内容——向你表示一种敬意或感谢。到底哪一个东西是真正的交换物？这在原始人中间是无法区别的。因而在缺乏足够的合理化时，二者难以有效剥离，甚至也无法在观念中将二者进行区别。在现代交往关系中，后者只是一种附加，不会被计入交换活动的账目中，有时过分的殷勤反而可能会画蛇添足、适得其反。但在原始人的交往中，你如果只接受或只重视我的货物而轻视我的敬意（情感因素），可能会使互惠关系受到破坏，从而破坏交往关系。在此，交往关系或互惠关系的内容就不是韦伯所说的合理化、可计算的内容，而是包括在此之外的一种现代人所感到陌生的东西。这种东西在现代人看来是多余的，但原始社会的人对此极为重视。

但是，也并不能说原始人就不懂得计算，只是他们计算的方式不一样，他们分别赋予许多东西以合宜的权重，并最终得出一个结果。"……在土著居民的观念中，这一制度是建立在一个非常复杂的公平交换原则以及长远的角度维护双方利益均衡的基础之上的。"①不对原始人类的生活进行具体的考察，仅对其进行过于浪漫的想象所得出的结论，这在人类学研究成果面前难以保持说服力。

当然，在我国社会生活中也有类似的表现。在商业往来中，为了使具体的商业活动更为稳定、更可预期，人们必须将相互之间的关系进一步深化，把这种基于商业联系而发生的关系发展成为一种全面的关系。进行商业活动本来只需要相互间有一种功能上的联系即可，但是，为了使此种片面的关系能够得到保证，就需要把此种关系发展到一种全面的、人性化的程度。

（三）初民交往之互惠性中的复杂因素

既然原始人的互惠活动不能用现代观念进行分析，那么，那些在合理的可计算的交换之外，不能被数量化的东西是什么？

韦伯对现代社会的合理化特点进行了颇具说服力的阐释。以交换关系为例，现代人的交换是单纯的，他们在交换时有明确的目标和对他方的期待，权利和义务也界定得非常明晰。原始人交往中互惠的复杂性就在于，尚没有对交往活动进行合理化，因而交往活动不能予以数量化的计算，其中渗透着大量的情感因素和个人生活因素。将原始社会与现代社会进行对照，可以更好地体现出原始社会的特殊性。

1. 一个世界与多元场域

如果对此现象做一比较，可以说，由于原始社会社会活动与交往方式没有足够的分化，原始人在同一活动中所追求的目标是多元的，甚至是相互冲突的目标，比如在物质交换中追求利益的同时也追求被人羡慕的慷慨：

> 再也没有什么能比与食物和财富的炫耀相伴而生的抱负和虚荣更能控制美拉尼西亚人的内心了，在赠与礼物和分配剩余物品的过程中，他们感受到了力量的表现和人格的提升。②

---

① [英]马林诺夫斯基：《原始社会的犯罪与习俗》，原江译，云南人民出版社2002年版，第25页。
② [英]马林诺夫斯基：《原始社会的犯罪与习俗》，原江译，云南人民出版社2002年版，第16～17页。

现代人由于生活场域有了具体的划分，人们在不同的场域中追求不同的价值目标，而在同一场域中则贯彻同一的游戏规则，这样就能够保证交往活动中参与者高度的共识和行为的逻辑性。于是，商人在经济领域"唯利是图"，但对于社会公益事业又能够"乐善好施"。商人的行为仍具有合理性，其前提就在于具有明确的场域意识。不过，在当代中国场域之间的分化仍然与社会发展不相适应，在官场逐利、在商场求名的现象都对不同场域的规则有所干扰。

如果把原始人的生活方式与现代社会的游戏规则做一对比，似乎可以概括为：一个世界与多元场域。原始人的生活浑然一体，似乎混沌未开，也不可能有现代这样多元的社会生活领域，对他们来说仅仅存在着一个同一意义的世界，这一世界是大家共享的。因而，"……原始人对相似性的理解与我们极不相同，他从不同的事物中看到的相似性，在我们眼里，这些事物却毫无共同之处"（哈特兰）[①]。现代社会则根据社会生活交换内容的不同，而区分出多元的场域，在不同的场域实行着不同的价值尺度，因而具有不同的生活意义。商人的四处逐利行为和利他主义者的四处行善行为都能在社会中有存在的"空间"。二者之所以能够相安无事且共同发展，是因为生活场域把单一的近乎平面的社会区分为多样化的社会领域，每一领域都发展出了各自的意义，为人们提供了各种不同的游戏与生活方式。

2. 不同价值取向对行为的影响

原始社会的世界虽然是混一的，但人类学的研究却发现，不同的人群各自独立地发展出了不同的价值取向。生活于部落中的原始人由于没有一种外在视角来观察和反省自己的生活，都以为自己的生活是绝对和必然的。人类学家对于多个部落的研究表明不同的部落由于价值取向上的差异，生活完全相异。相比之下，这种对于自己生活状态之偶然性和非必然性的省察，在现代社会中由于社会流动的便利性和文化交往的普遍性而成为一种常识。

对于马林诺夫斯基观察的那种原始人来说，"食物的展示、比较和公众的评说对食物贡献者施加了明显的心理压力……"[②]马林诺夫斯基的学生本尼迪克特通过对多个部落的研究进一步提出了对原始人生活面貌的理论解释，该解释可以对此特点进行补充：

---

① ［英］马林诺夫斯基：《原始社会的犯罪与习俗》，原江译，云南人民出版社 2002 年版，第 32 页。
② ［英］马林诺夫斯基：《原始社会的犯罪与习俗》，原江译，云南人民出版社 2002 年版，第 22 页。

在文化中我们也应该可以设想出一个巨大的弧，上面排列着或是由于人的年龄圈，或是由于环境，或是由于人的各种各样的活动所形成的各式各样的可能的旨趣。……作为一种文化，它的同一性有赖于对这一弧上的某些片断的选择。每一个地方的每一个人类社会都在它的文化风俗中做出了这样的选择。从另一个社会的角度来看，每一个社会都忽视了基本问题而热衷于细枝末节。①

即使是原始人，他们也在生活所赋予的诸多可能性中以自己的选择创造了自己独特的生活价值和生活内容。正因如此，当面对着基于不同价值观而产生的原始人的生活形态时，我们感到奇怪是自然的。但一旦进入这一世界，和他们共同分享同样的价值，我们就马上能够理解他们那些奇怪的做法。

四、交往方式与规范机制的协调

法律是一种社会规范，它在社会生活的基础上逐步确立起自己的权威性，为人们的权利义务提供基本的规范。但是，社会生活的流变性使得法律规范会逐步改变。当社会剧烈变化时，传统规范不再像以前那么有效，许多失范状况就此出现。人们的价值观念受到了挑战，正义观念也受到了威胁。马林诺夫斯基在观察中深切地感受到："任何不是基于社会地位而拥有的卓越才能和额外财富，任何超越了等级和权力的杰出的个人成就或德行是多么的遭人忌恨啊！"②当才能和运气超过了传统等级和权力的作用而造就一批新贵，但社会规范仍然在传统意义上评价他们时，他们的成就就会显得有些"非法"，而难以为人所接受。

对于原始人来说，来自母系社会悠久的母权权威是根深蒂固的。"母权是最重要的、最具综合性的法律原则，是所有习俗和制度的基础。它规定亲属关系只能依女方确定，所有的社会特权归属母系成员。这样就排除了父亲和孩子直接的血缘纽带和依此纽带而产生的父子关系道德方面的法律效力。"③这直接造成了许多基于母系与父系的时代差异而产生的"失范"现象。例如：

---

① [美]露丝·本尼迪克特：《文化模式》，王炜等译，三联书店 1988 年版，第 26 页。
② [英]马林诺夫斯基：《原始社会的犯罪与习俗》，原江译，云南人民出版社 2002 年版，第 60 页。
③ [英]马林诺夫斯基：《原始社会的犯罪与习俗》，原江译，云南人民出版社 2002 年版，第 70 页。

"出于礼仪需要，在葬礼或哀悼仪式上、在盛宴和通常在战斗中，他都将和舅舅并肩而行。在日常生活中十之八九的事务和利益上，他却与父亲共进退。"①在早期母系社会中，舅舅是更为亲近的亲属，而父亲则因为婚姻和性关系的不确定而难以确定。到了后来，婚姻制度确立之后，父亲与子女之间关系的确定才变得容易，但是过去的社会规范因为长期有效而已经形成了一种传统的权威，这种旧规范与新的社会关系是如此的不相适应。所以，人们采取了社会震荡最小的办法来应对这一问题，即一方面承认旧规范的权威，另一方面赋予新关系以一定的地位。显然，未来的趋势肯定是新的规范取代旧的规范。

任何社会都会存在由于规范的稳定性而产生的滞后性现象。只是这种情况在原始社会中可以经常观察到而已。另外一个例子是：

> 当一个男人被另一个亚氏族的人杀死后，都有以牙还牙的义务，在理论上这是绝对的，在实践中只有在当权者和重要的成年男子被杀的情况下，才被认为是义务，假使死者是因为自己的错误而命丧黄泉的话，这义务就显得多余了。②

之所以存在着同一氏族成员的共同义务，是因为早期氏族生活中氏族成员之间的生活联系非常密切，存在一荣俱荣、一损俱损的关系。但在氏族的生存环境有了改变之后，对于个别氏族成员的威胁已经不足以威胁到整个氏族，这一共同义务观念就被削弱了，但规范的传统权威仍然继续存在。因此，较为灵活的办法是，表面上给予规范以理论上的绝对地位，实际上则给予社会事实以现实的对待。

事实上，在当代社会中也同样有类似的现象。马林诺夫斯基评论原始社会的一段话似乎也可以用来评价现代社会：

> 很显然事实与行为观念就极不吻合。公众舆论既没有因得知此罪行愤而采取行动，也没有做出直接反应——它必须是在公众声讨该罪行和有利害关系的一方对犯罪人进行辱骂时，才会被煽动起来。即便如此，

---

① ［英］马林诺夫斯基：《原始社会的犯罪与习俗》，原江译，云南人民出版社 2002 年版，第 71 页。
② ［英］马林诺夫斯基：《原始社会的犯罪与习俗》，原江译，云南人民出版社 2002 年版，第 78 页。

犯罪人仍不得不惩罚自己。……一旦事情隐秘而又得体，甚至无人成心制造麻烦——'公众舆论'就成了闲谈，从而给予任何严厉惩罚的命令就更无从谈起。相反，一旦丑闻暴露——每一个人都转而谴责这一对罪人，其中之一会遭排斥和侮辱，另一个或许会被逼自杀。[1]

许多社会反应是功能性和角色性的，当人们被置于某种环境中时，他不得不做出社会规范规定的反应，而这被认为是人性"自然"的反应。事实上，这种反应完全是由于规范的规定，尤在明确被要求适用规范的情境中，每个人都被迫用规范所要求的反应来表现，而不敢真正地反对规范本身。马林诺夫斯基的举例非常生动："没有一种仪式不被认为是行为人对某些生存者的义务。寡妇在礼仪性的伤痛中，在宗教般的虔诚和恐惧中号啕大哭，更是因为她悲伤的强度直接影响着死者的兄弟和母系亲属的满意程度。"[2]这种现象在现代法律中也是比较常见的事情。法律规范即使已经过时，但是违反规范适应人的当下需要，仍然是一个严峻的挑战。尤其当人的自然反应还不能够在规范体系的价值观基础上获得正面的、积极的辩护时，基本上没有人敢于直接面对这一挑战。所谓的法律漏洞补充和法律原则衡量等对法律规则的修正和弥补，其实都是在受到主流价值观念的辩护之后进行的。在此之前，这种工作是充满风险的。

小　结

由于对原始人生活细节的无知，后来的人们不可避免地把原始人的生活理想化，比如前述的卢梭和恩格斯都有这样的倾向。人类学的研究在相当程度上纠正了这一偏差。马林诺夫斯基指出："氏族的一体化是个法律神话，……事实上，氏族团结总是遭到违反，并且在日常生活中实际上也不存在。"[3]这体现出与现代社会和现代人非常相似的特点。事实上，什么样的社会容器就会塑造出什么样的人性，而通过人类学提供的许多生动的文化模式，的确可以为当代人提供一面反省自己生活方式和人性的镜子。在某种意义上，原始

---

① [英]马林诺夫斯基：《原始社会的犯罪与习俗》，原江译，云南人民出版社2002年版，第52页。
② [英]马林诺夫斯基：《原始社会的犯罪与习俗》，原江译，云南人民出版社2002年版，第19页。
③ [英]马林诺夫斯基：《原始社会的犯罪与习俗》，原江译，云南人民出版社2002年版，第78页。

人和我们一样，我们也和他们一样，追求着自己所处社会中有意义和有价值的东西。当我们不再置身事外而处于他们的境地时，必然也会采取和他们一样的态度与行为。作为同类，我们永远以在不同环境中塑造的特点表现着同样的人性，因此，没有任何群体有理由对其他群体因文明方式或文明阶段之不同而滋长骄傲。

人类学在此意义上给予了所有文化一种抽象的平等地位。无所反省地评价文化的优劣毫无意义，文化的优劣必然是相互依存的。当没有一种中立与公平的立场来评价不同文化的优劣时，不如绝对地采取人类学的文化相对主义，以尊重生活于不同文化中的人，为他们之间的相互理解与交流提供最好的沟通程序和交往机缘。

就法律制度和法律规则而言，人类学也取得了欣喜的进展。马林诺夫斯基认识到：

> 原始人的法律规则为社会力量所维护，（被公众）理解为合理的和必需的，具有灵活性和调解力。个人也不只是投身于集体的事业，同样他也关注自己的权利和义务，在真实地履行了他的职责后他更懂得如何去维护自己的利益。我们真切地感到土著居民对责任和特权的观念，与文明社会几乎如出一辙——事实是在某种程度上他不仅曲解法律而且还时常违反法律……[1]

这样的评价同样可以用于现代人身上。可见，人类学的研究既放弃了居高临下的傲慢姿态，真诚地把原始人作为我们的同类人进行研究，并未被表面上陌生的形式和奇怪的观念所迷惑；也超越了对于原始人理想化和浪漫化的想象，切实地感受到了他们生活中的困难和日常生活中的意义。这样的研究，真正进入了原始人的世界，理解了他们的法律和规则的作用方式；同时也促进了我们对于自身和当代法律及规范的理解，进而在经验性研究的基础上深化了对于人性的理解。

马林诺夫斯基的原始法研究及与之相关的文化相对主义，对中国法学理论学科来说，大约有如下积极意义：其一，恢复对自身民族法律传统的自信。

---

[1] [英]马林诺夫斯基：《原始社会的犯罪与习俗》，原江译，云南人民出版社2002年版，第49页。

既然对原始的法律与发达法律体系进行价值等级排列未必那么可信，那么曾经有着悠久历史和光辉传统的中国法律，自然更容易在人类学法律观的支持下恢复独立的存在价值，进而可从被西方强势话语体系强行赋予的"低下"地位中解放出来，尤其是脱离那种以表面平等的面貌所建构起来的"不平等"知识谱系的矮化。其二，真实面对自己的法律现实。上述态度有利于法学界从思想观念的不自信状态中解放出来，唯有这样，法治后发达国家的法学家才能自由地考虑自身的法律现实，这些法律现实也才真正有机会作为学术研究的对象得到思考与表达。这对于法治发达国家、对世界文明的多样性同样是一个积极的贡献。

The Concept of Law under the Cultural Relativism
-A Study of Law in the Primitive Society by Malinowski

Li Xudong

Abstract: Crimes and Conventions of the Primitive Society, written by the anthropologist Malinowski, is a famous book in legal anthropology. The book has researched norms in primitive society according to the cultural relativism approach. According to Malinowski, there are two characteristics of the original norms: a mixture and a variety from some kinds of norms; and a non-selectivity and lack of choice with their social interaction for the people in the primitive society. The function of primitive social norms is to maintain reciprocal social interactions, and this reciprocity between people is more complex than it in the modern society. The way of communication and norms of the primitive society make the relation of people closer and more coordination.

Keywords: legal anthropology; Malinowski; primitive social norms; cultural relativism.

（本文编辑：宋靖豪）

评博安南的法律人类学

王伟臣[*]

内容摘要： 博安南是美国著名的人类学家，于 1951 年获得了牛津大学人类学的博士学位，曾在尼日利亚的提夫族进行过长达 29 个月的田野调查，并在此基础上完成了《提夫人的正义与审判》等作品。对博安南而言，涉足法律人类学是无心插柳之举，同时也深受格拉克曼的影响。两人曾进行过旷日持久的论战。博安南就是经典法律人类学（20 世纪 90 年代以前）的缩影。

关键词： 博安南；法律人类学；格拉克曼

保罗·詹姆斯·博安南（Paul James Bohannan）是美国著名的人类学家，相对主义人类学的代表人物，1979 年曾担任美国人类学协会（American Anthropological Association）主席，以对尼日利亚提夫人（Tiv）、交换理论以及美国的离婚问题之研究而闻名于世。本文主要就其在法律人类学的研究进行一番简要的回顾和评论。

一、人生境遇与学术生涯

博安南 1920 年 3 月 5 日出生于美国内布拉斯加州林肯市一个普通的工人

---

[*] 作者简介：王伟臣，法学博士，上海外国语大学法学院讲师。

家庭，是苏格兰移民的后裔。10岁的时候因美国南部大平原发生的沙尘暴，与父母一起搬到了亚利桑那州的本森市。高中毕业之后，博安南选择了家乡的亚利桑那州立大学，学习德语专业。1941年底美国宣布正式参加二战，博安南中断学业，应征入伍，效力于美国陆军军需部队。由于当时美国的主要作战对手是日本，博安南的德语专业并未派上用场。他转而从头开始学习日语，研究如何破译日本电台密码。1943年5月15日，博安南与同学劳拉·玛丽·斯密斯（Laura Marie Smith）结为伉俪。战争结束时，他还曾以翻译的身份前往日本，回国后获得了上尉军衔。[①]旋即和妻子恢复了被战争中断的大学学业。

1947年博安南大学毕业，获得了德语学士学位，并入选了斐陶斐荣誉学会（Honor Society Phi Beta Kappa）。同年，他还以优异的成绩获得了罗氏奖学金。该奖学金根据19世纪末的世界首富塞西尔·罗兹（Cecil Rhodes）的遗嘱所设，专供外国的青年精英前往牛津大学研习之用，至今已设立100余年。其每年的录取率都在万分之一左右，堪称全球最难申请的奖学金，所以又被称为"全球本科生的诺贝尔奖"。由此，博安南之优秀可见一斑。获得奖学金之后，博安南选择进入牛津大学皇后学院攻读人类学硕士和博士学位。博安南在此后的作品中从未解释过选择人类学的原因。据笔者猜测，大概是因为他的本科专业为德语，战争期间又自学过日语，而对异文化产生了兴趣，故选择了在当时以异文化为专属研究领域的人类学。有趣的是，他的妻子虽然没有获得罗氏奖学金，但是夫唱妇随，两人结伴在牛津大学学习人类学。

当时的牛津大学人类学专业在英国可谓首屈一指。如日中天的埃文斯-普理查德（Evans-Pritchard）顺利地从拉德克里夫-布朗（Alfred Radcliffe-Brown）手里接过教鞭，另外两位南非裔的青年才俊迈耶·福蒂斯（Meyer Fortes）和马克斯·格拉克曼（Max Gluckman）伴其左右，两年之后他们才分别前往剑桥大学和曼城大学另立门户。由于英国是非洲最大的殖民国家，所以这几位学者的研究领域都在非洲，授课内容自然也与非洲相关，这无疑对博安南产生了重要影响。比如，他在1964年出版的专著《非洲与非洲人》的前言中曾回忆，"我之所以对非洲产生兴趣，完全是受到了几位老师，埃文

① Thomas H. Maugh, Paul Bohannan, at http://www.latimes.com/news/science/la-me-bohannan2aug02,1,1578759.story?coll=la-news-science,Oct.30,2011

斯-普里查德、迈耶·福蒂斯以及马克斯·格拉克曼的启发。"①除此之外，南部非洲研究专家、伦敦政治经济学院的人类学家艾萨克·沙佩拉（Isaac Schapera）对博安南也产生了影响，博安南曾提到："简单来说，一种文化传统中的思想观念或人为成果在一种或多种层面上与其他文化的重合度，与我们是否应当按照当地人的观念进行解释，是两个完全不同的问题。当我还是一名研究生的时候，我就从艾萨克·沙佩拉教授那里学到了这一点。"②

1949 年 6 月，博安南获得牛津大学人类学的硕士学位。为了准备下一阶段的博士研究，他申请到了美国社会科学研究委员会（Social Science Research Council）和温纳-格伦人类学研究基金会（Wenner-Gren Foundation）③的赞助，将前往非洲进行田野调查。1949 年 7 月，博安南夫妇首次进入尼日利亚的提夫部落，一年之后返回牛津大学。1951 年 6 月，博安南夫妇一同获得了牛津大学人类学的博士学位。旋即他们又开始了第二次提夫之旅，并一直持续到1952 年 1 月。经过几个月的休整，二人再一次前往尼日利亚，直到 1953 年 1月。前后三次的田野调查共耗时 29 个月，已经超过了马林诺夫斯基曾提出的人类学家进行田野实践应有两年的标准期限。回国之后，埃文斯-普里查德为博安南在牛津谋得了一个人类学讲师教席。④随后，博安南夫妇共同出版了关于提夫人的第一部作品——《尼日利亚中部的提夫人》。⑤ 1955 年博安南独自一人在肯尼亚尼扬扎省（Nyanza）对当地的万嘎人（Wanga）进行了为期一年的田野调查。⑥

在当时，文化人类学的中心已经逐渐由英国转移到了美国，所以作为美国人的博安南夫妇决定回国发展。1956 年，博安南在普林斯顿大学人类学系获得了助教的职位。同年完成了其法律民族志的代表作《提夫人的正义与审判》（以下简称为"《正义审判》"）⑦的书稿，并交由牛津大学出版社于次年出版。1957 年 3 月，37 岁的博安南在纽约举办的"非洲研究协会"（African

---

① Paul Bohannan, Africa and Africans, The Natural History Press, 1964, perface.

② Paul Bohannan, Ethnography and Comparison in Legal Anthropology, in Laura Nader ed., Law in Culture and Society, Aldine Publish, 1969, p.406.

③ 温纳-格伦人类学研究基金会前身为维京基金（Viking Fund），由瑞典企业家阿克塞尔·温纳-格伦（Axel Wenner-Gren）于 1941 年创建。1951 年正式更名为温纳-格伦人类学研究基金会，全力支持人类学研究。

④ Paul Bohannan, at http://en.wikipedia.org/wiki/Paul_Bohannan, Nov.10,2011.

⑤ Laura Bohannan and Paul Bohannan, The Tiv of Central Nigeria, International African Institute, 1953.

⑥ Thomas H. Maugh, Paul Bohannan, 87; USC Anthropologist Researched Nigerian Culture and American Divorce, at http://www.latimes.com/news/science/la-me-bohannan2aug02,1,1578759.story?coll=la-news-science, Nov.10,2011.

⑦ Paul Bohannan, Justice and Judgment among the Tiv, Oxford University Press, 1957.

Studies Association）创立大会上结识了西北大学人类学系的创始人、系主任梅尔维尔·赫斯科维茨（Melville Jean Herskovits），后者在两年以后将博安南招至麾下，并为其提供了教授席位。博安南全家也因此搬到了伊利诺伊州，入职西北大学直到 1975 年。[①]在西北大学期间，博安南主要的研究兴趣都集中在非洲问题上，先后出版了《非洲人的自杀与他杀》[②]、《非洲的市场：8 个生存型经济体》（合编）[③]、《文化人类学》[④]和《非洲与非洲人》[⑤]。1968 年，博安南同妻子劳拉出版了他们的第二部合著——《提夫人的经济》[⑥]，该书曾获得美国非洲学会的最高荣誉——赫斯科维茨奖（Herskovits Prize），在经济人类学史上亦是一部重要作品。实际上，劳拉的知名度并不亚于她的丈夫。早在 1961 年，劳拉就凭借论文《灌木丛中的莎士比亚》[⑦]扬名美国人类学界。20 世纪 70 年代初期她还担任过重量级刊物《美国人类学家》的主编。[⑧]博安南的学术兼职也很多：1962～1964 年，任美国社会科学研究理事会（Social Science Research Council）主任；1963～1966 年，任美国民族学协会（American Ethnological Society）主任；1964 年，任美国非洲研究会（African Studies Association）主席。

1975 年是博安南生命中一个重要的转折点，他离开了西北大学，前往加州大学圣塔芭芭拉分校任教。同时，他与劳拉长达 32 年的婚姻也走到了终点。不知是否和离婚有关，博安南从此之后的研究兴趣也从非洲转移到了美国的离婚问题。1979～1980 年，博安南被选为美国人类学会（American Anthropological Association）主席。1981 年娶了第二任妻子——艾德丽丝·达西（Adelyse D'Arcy）。1982 年，博安南被聘为南加州大学社会科学与交往系主任。1987 年退休，并获得南加州大学荣誉教授的头衔。

退休之后，博安南搬到了巨杉国家公园附近的三河城（Three Rivers）颐养天年，一边着手写作自传，一边又发表了自己对于人类学的思考，先后出版了《我们，外国人：文化人类学概论》[⑨]与《文化何为》[①]。晚年的博安南

① Paul Bohannan, at http://en.wikipedia.org/wiki/Paul_Bohannan, Nov.10, 2011.
② Paul Bohannan ed., African Homicide and Suicide, Princeton University Press, 1960.
③ Paul Bohannan and George Dalton ed., Markets in Africa: Eight Subsistence Economies, Northwestern University Press, 1962.
④ Paul Bohannan, Social Anthropology, Holt, Rinehart and Winston, 1963.
⑤ Paul Bohannan, Africa and Africans, The Natural History Press, 1964, perface.
⑥ Paul Bohannan and Laura Bohannan,Tiv Economy, Northwestern University Press, 1968.
⑦ Laura Bohannan, Shakespeare in the Bush: An American Anthropologist Set Out to Study the Tiv of West Africa and was Taught the True Meaning of Hamlet, Natural History, Vol.66, 1966, pp.28-33.
⑧ Laura Bohannan, at http://en.wikipedia.org/wiki/Laura_Bohannan, Oct.31,2011.
⑨ Paul Bohannan,We, the Alien: An Introduction to Cultural Anthropology, Waveland Press, 1992.

不幸罹患老年痴呆症，但是走得很安详。2007 年 7 月 13 日，博安南在睡梦中离开了这个世界。除了学术和工作之外，博安南还有两个爱好：苏格兰威士忌和芭蕾舞。

二、田野实践与学科背景

上文提到，博安南曾经在尼日利亚和肯尼亚两个国家做过田野调查。由于其法律人类学的作品主要是基于尼日利亚的研究成果，所以本文只关注与尼日利亚相关的田野实践。

之所以选择尼日利亚，主要有两个方面的考虑：首先，尼日利亚所在的西非地区是当时英国人类学研究比较忽视的一个区域。东非有埃文斯-普里查德，中非有格卢克曼领导的罗兹–利文斯顿研究院（Rhodes-Livingstone Institute），南非有沙佩拉，虽然迈耶·福蒂斯曾对加纳的阿散蒂人（Ashanti）进行过研究，但是其研究成果直到 1950 年才出版面世，而此时博安南早已进入尼日利亚。其次，在博安南初步确定以西非为研究对象时，英国殖民地社会科学研究理事会（Colonial Social Science Research Council）和尼日利亚殖民当局表示愿意提供旅费资助②，所以博安南最终选择前往尼日利亚。

确定了区域，接下来要选择具体的族群。1949 年的尼日利亚尽管已经通过了宪法（1947 年"理查兹宪法"），建立了联邦政府，但是尚未获得独立。在其联邦政府的统治范围内，生活着 3000 多万人，共 250 多个民族。博安南从中挑选了人口数量排名前十的提夫族（Tiv）。相比于北部的豪萨-富拉尼族（Hausa-Fulani）、西南部的约鲁巴族（Yoruba）以及东部的伊博族（Igbo）等大部族，位于东南部的提夫族仍然属于少数民族，80 万的部族人口仅占全国总人口的 2.5%。③不管怎样，博安南选择了提夫人作为自己第一个田野调查的对象，从此与提夫结下了不解之缘。2007 年博安南去世，南加州大学官网的讣告新闻的标题正是："开创了尼日利亚提夫人研究的权威人类学家"。④

① Paul Bohannan, How Culture Works, Free Press, 1994.
② Paul Bohannan, Justice and Judgment among the Tiv, Oxford University Press, 1957, p.vii.
③ Tiv, at http://en.wikipedia.org/wiki/Tiv_people, Nov.4,2011.
④ Pamela J. Johnson: Pioneering Anthropologist was Authority on the Tiv Tribe, at http://dornsife.usc.edu/news/stories/378/pioneering-anthropologist-was-authority-on-the-tiv-tribe/, Oct.1,2011.

图 1　提夫人主要居住在图中的黑框区域

　　提夫人主要居住于距火努埃和与尼日尔河交汇处 200 公里的贝努埃河（Benue）的两岸（地理位置见图 1），历史上把这片区域称之为"提夫兰（Tivland）"。提夫人的语言属类提夫语支（Tivoid）。他们的社会组织以世族分支制度为基础，但每个世族都不存在所谓的"首领"①，是人类学意义上典型的无头人（acephalous）社会。1900 年，南、北尼日利亚均沦为英国"保护国"，英国开始在尼日利亚实行间接统治。所谓"间接统治"，即保留当地的政治和社会结构，建立一种与土著当权者的联盟，"间接地"统治他们。间接统治政策的始作俑者就是英国征服非洲的主要人物之一——弗雷德里克·卢加德（Frederick Lugard），他于 1894 年迫使乌干达沦为英国保护国，开始间接统治的试验。1900 年卢加德任北尼日利亚高级专员，1912 年成为尼日利亚总督，主持合并工作，1914 年南、北尼日利亚统一。卢加德从尼日利亚的实际出发，提出了一套极具针对性的殖民统治策略，其核心主要包括四个方面：至高无上的宗主权，这是间接统治的前提；土著政权，这是间接统治的基础；土著税收，这是间接统治的经济支柱；土著法院，这是间接统治的制度保障。②

　　其实，早在卢加德就任总督之前，殖民当局就通过《土著法院公告》确

---

① Paul Bohannan, Justice and Judgment among the Tiv, Oxford University Press, 1957, p.8.
② 参见何勤华、洪永红主编：《非洲法律发达史》，法律出版社 2006 年版，第 179～182 页。

认了原有土著司法机构的地位，允许其对土著居民拥有司法权。卢加德统一尼日利亚之后随即颁布了《土著法院法》，明文规定土著法院作为初等法院在全国普遍设立。土著法院按照管辖范围与权力大小分为四个等级：一等法院、部落委员会（二等法院）、大宗法庭（三等法院）、四等法院。①由于殖民当局在提夫兰划定了 54 个行政区域，每个政区都设有四等法院，所以整个提夫兰共有 54 个四等法院。按照《土著法院法》的规定，四等法院只受理小额民事索赔，或是轻微刑事案件。政区行政官员提哟欧（Tyo-or，提夫语）与一些地方长老共同担任主审法官。②

博安南主要研究的是地处提夫兰南部的姆巴杜库（MbaDuku）地区的四等法院。该地区的提哟欧名叫程戈（Chenge），由于博安南有着殖民当局的身份背景，所以一到该地就受到了热情接待，下榻于程戈的家里。尽管如此，习惯了城市舒适生活的博安南夫妇，对于简陋的居住条件仍然极不适应。当然最困难的还是语言问题，初期任何调研工作都需要翻译的帮助。关于调研初期的一些情景，博安南曾回忆：

> 我们直到一年以后才停止使用翻译，那时我们可以流利地使用提夫语进行交流。就在那时，我的新助手欧瑞辉（Orihiwe），逐渐成为我的"书记员"……欧瑞辉小时候和传教士们住得很近，他们教会他读书写字，也把他培养成了一名基督徒。他会一些英语，尽管这个教派并不主张传授过多的英语。我在提夫兰的剩余时间里，欧瑞辉一直陪伴着我。他撰写文本，然后帮我进行翻译……他最喜欢干的活儿就是记录案例。③

博安南夫妇与程戈一共做了整整 18 个月的邻居。④掌握了提夫语之后，博安南晚上经常与程戈在一起聊天，从他那里深入挖掘到了一些有趣的案例，而且也逐渐了解了当地专有的司法术语和概念。在此基础上，博安南开始系统地旁听法庭审判，并在助手的协助之下记录了大量案例。

介绍到此，本文的进展颇为顺利，仿佛一切都是顺理成章：博安南在各方面的帮助下前往尼日利亚提夫族，学习语言，旁听法庭审理，记录案例材

---

① 参见何勤华、洪永红主编：《非洲法律发达史》，法律出版社 2006 年版，第 183 页。
② Paul Bohannan, Justice and Judgment among the Tiv, Oxford University Press, 1957, pp.7-14.
③ Paul Bohannan, Justice and Judgment among the Tiv, Oxford University Press, 1957, pp.v-vi.
④ Paul Bohannan, Justice and Judgment among the Tiv, Oxford University Press, 1957, p.vi.

料，那么接下来就是在材料的基础上完成法律民族志了。但是在进入下一节之前，我们必须要解释一个并非不证自明的问题：为什么博安南要旁听法庭审判并记录案例？这个问题涉及的是 20 世纪中叶法律人类学的地位。

马林诺夫斯基于 20 世纪初期开创了民族志田野的工作模式，后经埃文斯-普里查德、格拉克曼、埃蒙德·利奇（Edmund Leach）等人的完善而成为现代人类学。这门学科主要有四大分支领域：政治人类学、经济人类学、宗教人类学以及亲属制度，二战之后随着心理人类学的崛起，其与经济人类学和政治人类学甚至一度发展成为了一门分支学科。[①]这些分支领域/学科的创立过程和现代社会科学的诞生形式同出一辙，都是对社会进行资源切割，不同的地方在于社会科学诸学科切割的是西方社会，而人类学诸分支切割的是他者/非西方社会。研究非西方社会经济现象的就是经济人类学，研究非西方社会政治现象的就是政治人类学，以此类推。但是需要指出的是，在 20 世纪中叶，尽管人类学的各个分支均有其专属的研究领域，但是人类学家并没有"分支学科化"。不管是马林诺夫斯基还是格拉克曼，都至少关注着两个研究领域。所以，马林诺夫斯基并不是"经济人类学家"，而是"社会/文化人类学家"，因为他不仅研究经济人类学，也研究他者社会的宗教和法律问题。同样，博安南也不是"法律人类学家"，因为他不仅研究法律问题，还关注政治、经济和亲属制度。如果当时的博安南必须要选择一个具体头衔的话，估计他会选择"经济人类学家"而不是"法律人类学家"。因为法律人类学在当时尚处于边缘，它的学科建制直到 60 年代中期才由美国人类学家劳拉·纳德（Laura Nader）等人提出。[②]

由此我们可以发现，在 1951 年 6 月，一个刚刚获得牛津大学博士学位的人类学家在地处西非的尼日利亚提夫部落旁听法庭审理，在学术上是一个颇为反常的行为。一个可能的解释是，对博安南而言，涉足法律人类学乃无心插柳之举。当时牛津大学的人类学系，最时髦的是政治人类学，不管是埃文斯·普理查德还是福蒂斯亦都有相关的作品。身为研究生的博安南不可能不受其影响，所以博安南在进入提夫兰之前，他首先想观察并研究的应该是提

---

① 参见[美]克利尔：《北美社会人类学分支学科的兴起与衰落》，骆建建、袁同凯、郭立新等译，载[美]古塔、弗格森主编：《人类学定位——田野科学的界限与基础》，华夏出版社 2005 年版，第 132 页。

② 参见[美]克利尔：《北美社会人类学分支学科的兴起与衰落》，骆建建、袁同凯、郭立新等译，载[美]古塔、弗格森主编：《人类学定位——田野科学的界限与基础》，华夏出版社 2005 年版，第 125 页。从这个角度来讲，纳德大概是第一个严格意义上专门的"法律人类学家"。

夫人的政治制度。但是真正开始田野调查之后，博安南发现，就政治制度与社会组成方式而言，无头人的提夫部落与努尔人并没有什么显著的不同，如果不改初衷，那么只能是拾人牙慧。尽管如此，博安南在与妻子共同出版的第一部民族志《尼日利亚中部的提夫人》中还是总括性地介绍了提夫人的政治制度。除了政治制度之外，宗教制度也没有发力之处，因为提夫人并没有西方人想象的"原始"宗教，这里的人民已经逐渐皈依了基督教，所以博安南就把主要的研究兴趣转移到了经济制度和亲属制度。他与妻子的第二部合著——《提夫人的经济》，就是一部试图将经济现象同亲属世系相结合的作品，在经济人类学史上有着较为重要的地位。因此在田野调查期间，博安南主要的观察对象应该是提夫人的交换与买卖，闲暇之余才去法庭旁听，一来可以练习听力，二来也可以打发时间，本不打算在法律人类学上做出太大的成就。但是1956年初，当他从肯尼亚返回英国，突然看到一本刚刚出版的法律民族志——《北罗得西亚巴罗策人的司法程序》(以下简称"《司法程序》")时，[①]博安南改变了想法，他要认真对待法律人类学了。

三、代表成果与主要观点

1955年出版的《司法程序》是博安南曾经的老师、曼城大学人类学的创始人格拉克曼的作品。尽管格拉克曼主要的研究重心也不是法律人类学(而是政治人类学)，但是与博安南相比，前者的准备要更加充分。格拉克曼出身于律师世家，本科专业也是法学，在田野调查期间还随身携带了威廉·西格尔(William Seagle)的《法律探索》[②]。在这些条件的基础上，格拉克曼最后呈现出的这部法律民族志是一部颇为"法学"的作品，不仅大量使用法言法语，而且还试图证明非洲本土的巴罗策习惯法与西方法律相比共性大于差异。虽然由于社会政治经济背景的不同它们的外在表现有所差异，但是基本的法律逻辑却是一致的。格拉克曼的作品对博安南的《正义审判》产生了重要影响，在某种程度上讲，《正义审判》就是在《司法程序》刺激之下的产物。

---

① Max Gluckman, The Judicial Process among the Barotse of Northern Rhodesia, Manchester University Press, 1955.

② William Seagle, The Quest for Law, A. A. Knopf, 1941. 实际上威廉·西格尔在英美法学界是一位名不见经传的学者，但是他却凭借着发表在《美国人类学家》1937年第39期上的论文《原始法与马林诺夫斯基教授》吸引了霍贝尔、格拉克曼等法律人类学家的注意。William Seagle, Primitive law and Professor Malinowski, American Anthropologist, Vol.39, 1937, pp.275-290.

换言之，如果博安南在出版《正义审判》之前没有看到《司法程序》，那么《正义审判》可能就是完全不同的一本书。

那么博安南究竟受到了怎样的刺激呢？首先，被格拉克曼占了先机。在《司法程序》出版之前，不管是马林诺夫斯基的《野蛮人的犯罪与习俗》[①]，还是沙佩拉的《茨瓦纳法律与习惯手册》[②]，抑或是爱泼斯坦（Arnold Epstein）的《司法技术与司法程序：关于一个非洲习惯法的研究》[③]都没有记载太多的案例。比较重要的作品应该是霍贝尔与卢埃林于 1941 年合作出版的《夏延人的方式》[④]，此书将英美法学中的案例研究法引入法律人类学，从此成为这一领域的标准研究方法。但是，《夏延人的方式》所使用的案例材料并非来自于作者的亲眼所见，而是一些夏延族的老人根据回忆所口述的案例，纳德和哈里·托德（Harry Todd）将它们称为"记忆中的个案"。[⑤]因而，在 1955年博安南着手写作关于提夫人的法律制度之前，整个英美学界从未见过根据亲身实践田野调查所完成的法律民族志。博安南本以为应该由他来填补这一空白，没想到被格拉克曼抢了先手。格拉克曼凭借《司法程序》一举奠定了其在法律人类学史上的重要地位。霍贝尔也毫不吝啬地将其评价为"英语世界第一部使用个案调查方法进行的对原始法的研究"[⑥]，或者更为准确地说，应该是"第一部在对一个非西方社会群体的有关司法推理的案例观察的基础上而进行的人类学分析。"[⑦]正是在这一点上，穆尔（Sally Falk Moore）把格拉克曼称为"20 世纪中期以后法律和人类学研究中最重要的学者"[⑧]，所以，她在《革命尚未成功：法律人类学不平静的 50 年，1949—1999》这篇著名的论文中，直接从格拉克曼开始展开对法律人类学的回顾。[⑨]

---

① 参见[英]马林诺夫斯基：《原始社会的犯罪与习俗》，原江译，云南人民出版社 2002 年版。

② Isaac Schapera, Handbook of Tswana Law and Custom, Oxford University Press, 1938.

③ Arnold Leonard Epstein, Juridical Techniques and The Judicial Process: A Study in African Customary Law, Manchester University Press, 1954.

④ E. Adamson Hoebel and Karl N. Llewellyn, The Cheyenne May, University of Oklahoma Press, 1941.

⑤ Laura Nader and Harry F. Todd ed, The Disputing Process: Law in Ten Societies, Columbia University Press, 1978, p.5.

⑥ E. Adamson Hoebel, Review: The Judicial Process among the Barotse of Northern Rhodesia, The University of Chicago Law Review, Vol.23, No.3,1956, p.546.关于格拉克曼较之霍贝尔的突破，还可以参见 James G. March, Sociological Jurisprudence Revisited, A Review (More or Less) of Max Gluckman, Stanford Law Review, Vol.8, No.3,1956, pp.500-502.

⑦ Francis G. Snyder, Anthropology, Dispute Processes and Law: A Critical Introduction, British Journal of Law & Society,1981, Vol.8, p.143.这种开创性评价，还可以参见 A. L. Goodhart, Foreword, in Max Gluckman, The Judicial Process among the Barotse of Northern Rhodesia, Manchester University Press, 1955, p.xiv; E. Adamson Hoebel, Review: The Judicial Process among the Barotse of Northern Rhodesia, The University of Chicago Law Review, Vol.23, No.3,1956, p.546; Sally Falk Moore, Law and Anthropology, Biennial Review of Anthropology,1969, Vol.6, p.263.

⑧ Sally Falk Moore, Certainties Undone: Fifty Turbulent Years of Legal Anthropology, 1949-1999, The Journal of the Royal Anthropological Institute, Vol.7, 2001, p.97.

⑨ Sally Falk Moore, Certainties Undone: Fifty Turbulent Years of Legal Anthropology, 1949-1999, The Journal of the Royal Anthropological Institute, Vol.7, 2001, p.97.

其次，观点迥然相异。如果说被格拉克曼占了先机还能够勉强接受的话，那么《司法程序》中的主要观点是博安南无论如何也无法苟同的。与本科就学习法律的格拉克曼不同，博安南出身于语言专业，先是学习德语，入伍之后又掌握了日语，多年的外语学习使其对他者文化的特性极为敏感。南非开普敦大学公法系教授汤姆·贝内特（Tom Bennett）在分析博安南的理论源头时认为："他受到具有争议的民族语言学的美国学派的影响，这个学派认为语言容易使其使用者倾向于按照镶嵌于该语言的词汇表和语法结构中的分类体系和相互关系进行思考。"[1]贝内特的这番表述在暗示博安南对于语言和文化关系的看法体现了"萨丕尔·沃尔夫假说（Sapir-Whorf hypothesis）"的基本观点，即语言形式决定着语言使用者对宇宙的看法，语言怎样描写世界，我们就怎样观察世界，世界上的语言不同，所以每个民族对世界的分析也不相同。[2]在博安南看来，格拉克曼所认为的非洲土著习惯法同西方法相比共性大于差异的观点是绝对错误的。

带着对格拉克曼的强烈情绪，博安南于 1957 年出版了代表作《正义审判》。他在该书的前言中开宗明义：

> 如果这本书碰巧落到了法学家的手里，我希望他们注意到这本书是社会人类学的，而不是法学的。他们也会明显地注意到，我没有受过专门的法学教育。我不会为此感到抱歉，我仅仅是想声明我的法学知识和相关阅读都是非常有限的……我希望对它的评价，能以社会人类学为基础，而不是法学的标准。[3]

带着这样的基调，整本书就变成了对格拉克曼的反驳。首先，博安南发明了"民俗体系（Folk System）"与"分析体系（Analytical System）"这对法律人类学经典研究意义上的著名概念。[4]所谓"民俗体系"，指的是一套以实

---

[1] Tom Bennett, Customary Law in South Africa, Juta and Company Ltd., 2004, p.8.
[2] 参见刘润清编著：《西方语言学流派》，外语教学与研究出版社 2002 年版，第 130-139 页。
[3] Paul Bohannan, Justice and Judgment among the Tiv, Oxford University Press, 1957, p.v.
[4] 1988 年，台湾大学的林端教授率先将 "Folk System" 和 "Analytical System" 分别译为 "土著的体系" 和 "分析的体系"。5 年之后，梁治平教授同样把 "Analytical System" 译为 "分析体系"，但是却把 "Folk System" 译为 "民俗体系"。考虑到博安南的 "Folk System" 同样可以指代英国本土的法律制度，所以以本文采纳后者的译法。参见林端：《法律人类学简介》，载林端著：《儒家伦理与法律文化：社会学观点的探索》，中国政法大学出版社 2002 年版，第 28～29 页；梁治平：《法律的文化解释》，载梁治平主编：《法律的文化解释》，生活·读书·新知三联书店 1998 年版，第 21 页。

践为目的的民俗事实。与之相对的就是"分析体系"，即社会学者和社会人类学者使用若干科学方法创立的概念体系。[1]"法律"在西方法学家的眼中，实际上属于一套以实践为目的，并且体系化了的民俗事实，它隶属英语国家的"民俗体系"，用于处理英语国家有关社会控制的制度或观念。但是，"法律"在比较法学看来却是一套分析体系，其原则和理念是理解不同"法律"类型下的一种社会控制。同样一个"法律"，却有着两个不同的目的，二者很容易造成混淆。[2]"人类学家最大的学术风险在于他将自身社会的民俗体系转换成分析体系，同时不顾其有限的使用范围进而推广使用。"[3]这种风险就体现在格拉克曼身上："当我们用'一套'法则来翻译'提蒂（tidi）'时，必须要排除英语概念中的'法律'。提夫人有'法（laws）'，但是没有'法律（law）'。说提夫人有法典，就像格拉克曼教授说洛兹人有法典一样，混淆了分析体系与民俗体系。"[4]博安南在"民俗/分析体系"理论的基础上提出法律人类学的翻译观：

> 我在本书中试图对提夫司法控制的民俗体系进行翻译。要达到这一目标，必须将提夫人与我们自身的"法律"进行对照。但我尽量不使用我们自身的"法律"体系来"解释"提夫人，因为这将会破坏他们的思想观念和民俗体系。另外，我也试图从数据中总结出一套分析体系来，并使之有助于普通社会学术语的理解。[5]

为了方便读者进行阅读查找，博安南专门总结了一个"提夫术语词汇表"，置于该书的附录处。该词汇表一共列出了68个提夫术语以及它们所对应的英语表达方式，其中最为引人注目的就是标注有"*"记号的提夫术语，这些术语在博安南看来都是不可翻译的。[6]比如吉尔（jir），提夫人把"本土法庭"叫作吉尔。但是，吉尔可以指一个法庭，也可以指一桩案子。在一开始，博安南试图将吉尔翻译成为英语中的"Court（法庭）"或"Case（案例）"，但是他发现不论是"Court"还是"Case"都无法单独完整地取代提夫语中的吉

---

① Paul Bohannan, Justice and Judgment among the Tiv, Oxford University Press, 1957, pp.4-5.
② Paul Bohannan, Justice and Judgment among the Tiv, Oxford University Press, 1957, p.5.
③ Paul Bohannan, Justice and Judgment among the Tiv, Oxford University Press, 1957, p.5.
④ Paul Bohannan, Justice and Judgment among the Tiv, Oxford University Press, 1957, p.57.
⑤ Paul Bohannan, Justice and Judgment among the Tiv, Oxford University Press, 1957, pp.5-6.
⑥ Paul Bohannan, Justice and Judgment among the Tiv, Oxford University Press, 1957, p.215.

尔，而英语中也没有一个单词可以囊括"Court"和"Case"。在英语的思维体系中，法庭是指一种"机构或场所"，而案例则表示某个"事件或情景"，二者属于不同的范畴。但在提夫人看来，不论是法庭，还是案例，在其特定的分类体系中可能都属于同一类事物，完全可以使用同一词语来表示，比如吉尔。这种分类体系和思维逻辑已经超出了博安南的想象力，所以他无法翻译吉尔。确立了基本的方法论与翻译观之后，博安南接下来通过84个案例系统地展示了提夫人特有的"法律文化"。

1959年2月6日，美国《科学》杂志第129期第3345号发表了一期名为"人类学理论"的笔谈，其中博安南所撰写的文章题目为《人类学的理论》[1]。在这篇文章中，博安南进一步完善了"民俗/分析体系"，并专门制作了一个示意图，名为"人类学理论化的基本原理"：

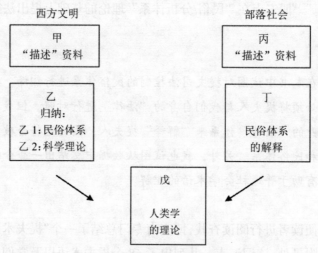

图2　人类学理论化的基本原理[2]

博安南对该图的解释是：

我们所进行的民族志研究，能够使我们通过丙到达丁。而后，这时丁与乙处于同一层面。乙是我们对当前自身社会的民俗解释，虽然与丁有所不同，但只要人类学者明确其只是我们自身社会的社会科学理论，那么乙就能够具有比较功能。在此范围内，不论是乙还是丙中的所有观点都可以用于解释甲、乙、丙以及丁，这就是一个合格的人类学理论，可以装入戊。就算不是这样，

---

① Paul Bohannan, Gregory Bateson, David E. Hansen, Sidney Morgenbesser, Anthropological Theories, Science, New Series, Vol.129, No.3345, 1959, pp.292, 294, 296, 298, 347-348.
② Paul Bohannan, Anthropological Theories, Science, New Series, Vol.129, No.3345, 1959, p. 294.

这种人类学理论也肯定是一种关于甲乙丙丁四者关系的新颖独创的表述。最常见的人类学的失误主要有：（1）使用乙的术语解释丙，同时也忽略了丁——将乙与戊混淆；（2）用乙解释丁，而没有首先确定丁的内容实际上来源于丙。

人类学理论基于戊中的一些理论能够做出一些推测。但这些推测却不能针对具体事件，除非能够在通向戊的过程中，在缺乏丙、丁的情况下，发现一种能够反馈回丙、丁的方法。而精确的预言则更为困难，因为相似的过程也许只是表面现象，其内部结构可能存在着诸多不同。①

博安南对格拉克曼的批评得到了后者的积极回应，于是双方便陷入了一场旷日持久的论战。由此也导致博安南随后所发表的绝大多数法律人类学的作品都是这场争论的檄文，它们包括：《法律的不同领域》②、《书评：巴罗策的法学观念》③、《法律和法律制度》④、《正义审判》（第二版）⑤、《法律人类学的民族志与比较》⑥、《关于〈正义与审判〉出版以来的一些思考》⑦、《正义审判》（第三版）⑧。

四、点评与总结

接下来，笔者拟从认识论、方法论以及学科地位三个方面对博安南的法律人类学研究做简要点评。

首先，认识论。在英语世界，作为人类学分支领域的法律人类学，在20世纪80年代以前有着专门的研究对象：他者的法律。与法学、法经济学、法社会学等研究自我（西方）法律的学科最大的区别在于：法律人类学首先需要界定他者是否存在"法律"。这里的"法律"主要是指英美法学乃至西方法

---

① Paul Bohannan, Anthropological Theories, *Science, New Series*, Vol.129, No.3345, 1959, p. 294.

② Paul Bohannan, The Differing Realms of the Law, American Anthropologist, New Series, Vol.67, No.6, 1965, pp.33-42.

③ Paul Bohannan,Review: The Ideas in Barotse Jurisprudence, Kroeber Anthropogical Papers, Vol.36, 1967, pp.94-101.

④ Paul Bohannan, Law and legal Institutions, in David L. Sills ed., International Encyclopaedia of the Social Sciences, Vol.9, 1968, pp.73-78.中文编译本参见［美］保罗·博安南:《法律与法律制度》,原江译,载［英］马林诺夫斯基著:《原始社会的犯罪与习俗》,法律出版社2007年版,第119～131页。

⑤ Paul Bohannan, Justice and Judgment Among the Tiv, Waveland press, 1968.

⑥ Paul Bohannan, Ethnography and Comparison in Legal Anthropology, in Laura Nader ed., Law in Culture and Society, Aldine Publish, 1969, pp.401-418.

⑦ Paul Bohannan, Some Long-Since-Afterthoughts on Justice and Judgment, Newsl. Ass'n Pol. & Leg. Anthropology, Vol.4, 1980, pp.4-6.

⑧ Paul Bohannan, Justice and Judgment among the Tiv, Waveland Press, 1989.

学意义上的法律。所以这又引出了第二个问题，西方法律与他者法律的比较。受到相对主义语言学的影响，在前往提夫兰进行田野调查之前，博安南就已经认准了提夫人的"法律"与西方法律存在根本的不同。于是，他的法律民族志的主要工作就是努力寻找提夫法律与西方法律的不同，这是一种典型的先验的文化相对主义。但是提夫人的法律制度也许并没有博安南想象的那般"特别"。在他进入提夫兰之前，这里已经被英国殖民了将近半个世纪。由于间接统治的推行，博安南所调查的四等法院，本身就是提夫传统和英国模式混合的产物，早就被殖民当局纳入了官方的审判等级之中。这里也有法官、书记员和法警，原告会跑到法官那里起诉所谓的违法者，法官为了查明争议的事实真相也会收集、审查证据，会对证人进行交叉质证，司法判断中也会采用类比的方法。这里的居民几乎都是基督教徒……其实，既然比较，就要有参考标准。博安南的参考标准就是西方法律，凡是与西方法律的不同之处，都是提夫法律的特征，所以作为一名西方的人类学家，博安南根本不可能完全摆脱西方中心主义的认识论。

其次，方法论。与对当代欧美法的研究相比，人类学家关于一个具体部落法律的研究无疑更为困难。前者一般仅仅需要考察一种制度、一部法规或者一个典型案例就可以了，不需要具体的解释或细节分析，而人类学家则无法假设其读者具备相应的知识背景。[1]这样一来，人类学家在民族志中必须对此进行一番介绍。那么问题就产生了：究竟是用研究者的母语，还是用当地的文字？博安南特别强调语言的重要性，似乎只有用提夫人的语言才能描述出提夫人的法律。为此他提出了"民俗/分析体系"理论，民俗体系就是研究对象本身，而分析体系则是以分析为目的的科学理论。相应的，法律民族志的书写过程可以分为描述和分析两个阶段。他认为其中的描述阶段可以避免使用西方法学范畴，从而客观真实地呈现出提夫人的法律事实。实际上，对于研究他者社会的民族志而言，描述和分析是不可能进行分离的。除非完全使用该民族的语言进行书写，否则只要使用研究者的母语描述他者社会，必然面临着不同语言之间的翻译转换问题，翻译的过程就是一种分析和比较的过程。因此，博安南的"民俗/分析体系"理论在方法论上是一个神话。

最后，学科地位。伦敦政经学院的西蒙·罗伯茨（Simon Roberts）在分

---

① Max Gluckman, The Judicial Process among the Barotse of Northern Rhodesia, Manchester University Press, 1967, p.369.

析博安南挑起争论的原因时曾指出："由阅读格拉克曼的《司法程序》所启发，博安南开始了他关于提夫人的民族志，组建了他自己的研究套路……格拉克曼的著作推动了博安南方法论的反思。"①现在看来，这种反思反而得不偿失。正是由于受到了格拉克曼的影响（刺激），博安南的法律人类学才会发力过猛，在认识论上过于追求差异性，在方法论上提出了不切实际的理论。尽管在1989年出版的《正义审判》第三版的序言中，博安南单方面宣布他取得了这场争论的胜利，②但是就法律人类学的研究而言，他一生都处于格拉克曼的阴影之下。在20世纪70年代，纳德、穆尔等人推动法律人类学范式转型时，博安南也没有能够跟上潮流，所以他在法律人类学界的影响力远不及在经济人类学界。

　　既然博安南的学科地位不及格拉克曼，那么这篇文章的意义何在呢？在笔者看来，博安南就是经典法律人类学（20世纪90年代以前）的缩影。经典法律人类学深受西方法学自我表述的影响，在初始阶段就几乎成为梅因式法律进化论的代名词，而后试图摆脱法学学科的束缚，但是自立门户的过程极为艰难，不仅没能像政治人类学、经济人类学等兄弟分支那样成为人类学内部的"显学"，而且也没有像法律经济学、法律心理学那样实现法学同其他社会科学的交叉。尽管出现了一些认真、细致的作品，但是从整体上看，经典法律人类学是一项不太成功的研究。根本原因在于它未能提供关于法律的知识增量，对于我们理解法律这种人类社会的基本制度并没有提供新的方式。

　　但是21世纪以来法律人类学却意外地实现了复兴，这门学科已经不再是关于他者社会（非、美洲部落/少数民族地区）习惯法的专门研究了，它关注环境保护、国际金融、知识产权、医疗卫生等更为全球化的议题，越来越多地受到了母学科——文化人类学以及法学的关注，由此经典法律人类学也被遗忘了。2007年博安南去世时，仅有当地的《洛杉矶时报》和他的退休高校南加州大学的官方网站刊登了两篇讣告性的新闻介绍，而且其中的一些信息也并不准确，它们都把博安南获得硕士学位与博士学位的时间弄混了。此外，

　　① Simon Roberts, Against Legal Pluralism: Some Reflections of the Contemporary Enlargement of the Legal Domain, 42 J. Legal Pluralism & Unofficial L. 95, 1998, p.103.
　　② Paul Bohannan, Justice and Judgment among the Tiv, Waveland Press, 1989, pp.vi-vii.

在英文学术期刊中至今没有一篇关于他的纪念性论文。[①]

Review of Bohannan's Legal Anthropology

Wang Weichen

Abstract: Bohannan is a famous American anthropologist.1951, he graduate from University of Oxford and got a Ph.D.in Anthropology.The Justice and Judgment among the Tiv and other works based on 29 months' fieldwork in Tiv, Nigeria. For Bohannan, engaged in the study of legal anthropology is an unintentional act, and he also affected by Gluckman. They have had a long time debate. Bohannan is the epitome of classic legal anthropology (before 1990s).

Keywords: Bohannan; legal anthropology; Gluckman

（本文编辑：魏源）

---

① Pamela J. Johnson: Pioneering Anthropologist was Authority on the Tiv Tribe, at http://dornsife. usc.edu/news/stories/378/pioneering-anthropologist-was-authority-on-the-tiv-tribe/, Oct.1,2011; Thomas H. Maugh, Paul Bohannan, 87; USC Anthropologist Researched Nigerian Culture and American Divorce, at http://www. latimes.com/news/science/la-me-bohannan2aug02,1,1578759.story?coll=la-news-science, Nov.10, 2011; Paul Bohannan, at http://en.wikipedia.org/wiki/Paul_Bohannan, Oct.1, 2011.

关于博安南法律人类学研究的详细介绍请参见王伟臣:《法律人类学的困境:格拉克曼与博安南之争》,商务印书馆 2013 年版。

格拉克曼部落社会司法过程研究动因的历史考察

刘顺峰*

内容摘要：本文就格拉克曼为什么会从事部落社会司法过程研究的动因进行了历史考察。研究认为，格拉克曼早年的生活与学术经历、西方列强在非洲的殖民主义行径、非洲南部不断涌现出的反对种族主义的斗争及法律人类学渐趋为一门成熟的知识体系是促使其展开部落社会司法过程研究的主要动因。然而，格拉克曼并未停留在从理论叙事到理论建构的层面，而是尝试着通过对部落社会司法过程的微观研究来勾勒并回答其所属时代的重大历史问题。

关键词：格拉克曼；部落社会；司法过程；法律人类学

在格拉克曼（Max Gluckman）之前的西方法律人类学发展史上，已经诞生了一大批有关部落社会法律问题的研究专著，[①]从总体上看，这些著作大多都是以对被调查部落的社会结构、法律、习惯、仪式、信仰等展开一个"全景式的"介绍为特征[②]，主要关注的是法律的人类学阐释。无疑，这样的研

---

* 作者简介：刘顺峰，法学博士，湖北民族学院法学院讲师。

① 在格拉克曼第一本有关部落社会司法过程研究的法律人类学著作《北罗德西亚巴罗策的司法过程》（1955）出版之前，单就非洲部落社会法律人类学研究的著作就有不少，其中较为具有代表性的有沙佩拉（Isaac Schapera）的《茨瓦纳法律与习惯指南》（A Handbook of Tswana Law and Custom）（1938）、安德森（J.N.D.Anderson）的《非洲的伊斯兰法》（Islamic Law in Africa）（1954）、豪厄尔（P.P.Howell）的《努尔人法律手册》（A Manual of Nuer Law）（1954）及爱泼斯坦（A.L.Epstein）的《裁判技术与司法过程：一个非洲习惯法的研究》（Juridical Techniques and The Judicial Process:A Study in African Customary Law）（1954）等。

② 比如马林诺夫斯基的经典法律人类学著作《原始社会的犯罪与习俗》（Crime and Custom in Savage Society）。

究有着一定的学术价值，比如，挣脱了传统"分析法学派"就法律（成文法）谈法律的羁绊，但是却无法深入理解很多专业法律问题。①如何能够就法学中某一个具体制度展开人类学分析，这不单是个理论问题，更是个技术问题。

格拉克曼花了27个月的时间进行田野调查，并在调查材料的基础上写成了《北罗德西亚巴罗策的司法过程》一书。该书一经出版便同时在人类学界、法学界引起了巨大的轰动。书中，格拉克曼以一个人类学家的视角，用专业的法学知识为人们动态地描述了一个非洲部落社会的具体司法过程。此后，格拉克曼的其他著作、论文，基本上都是对该书所提到的相关概念、制度、技术、范式等进行的深入阐释。

熟悉西方法律人类学史的学者都了然，格拉克曼成长的那个年代，法律人类学的基本知识谱系是由马林诺夫斯基、布朗等人创建的，既然如此，那为什么格拉克曼没有像他们一样，继续去对某个部落社会进行一个"全景式"的（包括法律问题在内）描述，而改由专注于某个具体的法律制度呢？我们清楚，如果要从事一项严肃的学术研究，必然首先考虑两个问题：第一，研究者为什么会选择这个问题来研究？换言之，他之所以从事这项研究，其"动因"是什么？第二，如果研究者有了研究某个问题的动因，他是否具备了研究这个问题的知识？囿于篇幅所限，笔者在本文中拟以"社会史"为视角，来对第一个问题——"为什么格拉克曼会选择研究部落社会的司法过程"？——展开深入分析。

一、格拉克曼早年的生活与学术经历

在西方学术界，对于思想史的概念阐释通常是从两个层面展开的：一个是"智识史（Intellectual History）"，表达的是特定知识的形成、发展史；另一个是"观念史（History of Ideas）"，表述的是特定观念的形成、发展史。无论是从智识还是从观念层面来解读思想史，我们都会发现，它们二者统一于一个超越于现实、实践的观念力量。②有什么样的观念，就会有什么样的实

---

① 布朗在其著作《原始社会的结构与功能》的最后一章，以"原始法"为题，对"前文字社会"中的法律的概念、"公犯（public delicts）"与"私犯（private delicts）"的区别、违反公共道德的制裁方式等予以了介绍，但是，这些都还停留在一个理论层面。可参见 Alfred Radcliffe-Brown, Structure and Function in Primitive Society:Essays and Addresses, The Free Press, 1952, pp.212-219.
② 参见李宏图：《西方思想史研究方法的演进》，载《浙江学刊》2004年第1期。

践，反之亦然。如果借由这种分析思想史的路径来理解格拉克曼从事部落社会司法过程研究的原因，我们就必须要从格拉克曼的"智识史"形成过程谈起。

1911 年 1 月 26 日，格拉克曼出生于南非的约翰里斯堡。格拉克曼在家排行第二，其大哥为科林（Colin Gillon Gluckman），他还有一个弟弟菲利普（Philip Gillon）和妹妹乔伊斯（Joyce Miller Gluckman）。他的父母亲分别是伊曼努尔·格拉克曼（Emanuel Gluckman）和凯特·格拉克曼（Kate Gluckman），他们都是俄裔犹太人，对传统犹太教有着虔诚的信仰。格拉克曼的父亲伊曼努尔·格拉克曼是一名律师，但同时对文学、体育有着巨大的热情。他曾在非洲的法庭上为一些当事人辩护，这些当事人之中就包括了"工团主义者（trade unionist）"的领袖、非洲著名的激进主义者卡代来（Clements Kadalie）。卡代来一生都致力于非洲地区，特别是南非的黑人劳工权利的保护，父亲的这种正义感深深地影响了格拉克曼，这一点在格拉克曼毕生学术研究、学术立场中表现出来的左翼倾向及对非洲地区劳苦大众的深切同情中即可看出。[①]

相较于格拉克曼的父亲在法律领域的精通及身上所秉具的那种超然的正义感，其母凯特·格拉克曼也"不甘示弱"，她一直对于犹太人的复国运动充满关注，后来还有幸成为该运动的领导者之一。[②]

1919 年，8 岁的格拉克曼进入爱德华七世国王学校（King Edward VII School）学习，在当地这是最好的公立学校之一，1927 年从该校毕业后，他顺利考入金山大学学习法律。大学阶段的格拉克曼俨然就是一个充满活力的运动员，他对课堂以外的户外运动有着极大的热情，曾代表金山大学参加了一系列板球、足球及高尔夫球的比赛，并都有着不错的表现。同时，格拉克曼对于赛车也有着很大的兴趣，虽然偶尔表现得有点冒失，但是在那些崎岖不平的乡间公路上，他那娴熟的赛车技术还是被展现得淋漓尽致。另有一点需要提及的是，在金山大学就读期间，格拉克曼还热衷于辩论与各种各样的学生活动。[③]

正是在金山大学，格拉克曼遇到了他人生中第一位，也是对他的学术道

---

① Richard Brown, Passages in the Life of a White Anthropologist: Max Gluckman in Northern Rhodesia, The Journal of African History, Vol. 20, No. 4, 1979, p.528.
② Raymond Firth, Max Gluckman: 1911-1975, Proceedings of the British Academy, Vol.61, 1975, pp.483-487.
③ Raymond Firth, Max Gluckman: 1911-1975, Proceedings of the British Academy, Vol.61, 1975, pp.479-480.

路选择具有决定性影响的导师——霍恩雷（A.W.Hoernlé）女士。[①]霍恩雷是一名非常优秀的老师，她早年曾在开普敦大学学习哲学，而后又前往剑桥大学学习人类学。此外，她还在巴黎大学及德国的两个研究机构参加过一些课程学习。霍恩雷自欧洲求学回到南非后，便对西南非洲地区霍屯督族中的一个主要部落——那马部落展开了田野调查。[②]或许是霍恩雷老师身上所"散发"出的巨大魅力，又或许是对于法律之外的现象有着更大的兴趣，在读到大学二年级时，格拉克曼便从法学转入到了人类学，不过，可能是家庭环境的原因，[③]格拉克曼并没有放弃对法律的学习。在金山大学的这 7 年时光，特别是在霍恩雷女士的影响之下，格拉克曼开始将关注的视野渐渐拓展至更为广阔的人类学领域。

　　1934 年，格拉克曼进入牛津大学师从著名人类学家马雷特（R.R.Marett）教授。马雷特是进化主义（evolutionism）的强烈支持者，同时对宗教人类学也有着深入的研究。但是，从一个学术思想形成、发展史的视角来看，马雷特的宗教研究对格拉克曼的部落社会司法过程学术思想的形成、发展似乎并没有起到实质性的影响，只是从格拉克曼博士学位论文的选题中，我们可以感觉到他对其老师学术旨趣的"遵从"。[④]相反，由于与普理查德（E.E.Evans-Pritchard）、福特斯（M.Fortes）、沙佩拉（I.Schapera）等人交流颇多，他们的研究[⑤]特别是普理查德一些有关人类学与历史学关系、人类学的方法论离不开历史视角等观点深深地影响到了格拉克曼。普理查德不仅是个人类学家，而且还是个历史学家，其特别重视在社会人类学的研究中引入历史学的视角。不仅如此，他还认为社会人类学就其性质来说就是一门历史编纂学，没有对历史的深刻洞察，就无法展开社会人类学的研究。有关这一点，他在其著作《社会人类学：过去与现在》中有着经典的论述：探讨历史

---

　　① 格拉克曼说霍恩雷女士"激发"了他对冲突理论的兴趣，但此说法无论是在霍恩雷的著述或其学生的著述中似乎都难以找到相关证据。参见 Adam Kuper, Anthropology and Anthropologists: The Modern British School, Routledge & Kegan Paul, 1983, p.144.

　　② Max Gluckman, I. Schapera, Dr. Winfred Hoernle: An Appreciation, Africa, 1960 (3), pp.262-263.

　　③ 格拉克曼曾提到，早年他在他父亲的家里及办公室里听到的都是有关法律及诉讼问题的讨论，而格拉克曼的哥哥、弟弟后来都从事法律职业。参见 Max Gluckman, The Judicial Process among the Barotse of North Rhodesia, 2nd ed., Manchester University Press, 1967, p.xix.

　　④ 格拉克曼的博士论文题目是《东南班图中的超自然的范围：一个对于宗教与巫术的运行实践的研究》（The Realm of the Super Nature among the South-eastern Bantu: A Study Of The Practical Working Of Religions And Magic）.

　　⑤ 福特斯、沙佩拉都是南非裔学者，且他们两人的年龄都与格拉克曼相差不大，这让格拉克曼从心理距离上感觉与他们很近。而普理查德作为一位英国土生土长的人类学家，其没有那种"被殖民主义国家"知识分子对于历史、学术之间的关系的认识、理解。

学与社会人类学的关系是尤为必要的，特别是在一些问题的探究中……历史学家能够为社会人类学家提供非常宝贵的材料，社会人类学家可以为历史学家提供经由细致观察而获得的最好记录。①这种对于历史的关注，对格拉克曼在从事法律人类学研究，特别是对其在分析部落社会司法过程中的纠纷、冲突、平衡等问题时借由历史、过程的视角有着重要影响。

1935 年，格拉克曼发表了第一篇学术论文《祖鲁妇女的锄耕仪式》，1936～1938 年间，格拉克曼获得南非联邦教育部国家教育和社会研究局（卡内基基金）的许可，开始了一段长达 14 个月的对南非联邦祖鲁地区（Zulu）的田野调查，这次田野调查是由沙佩拉（Isaac Schapera）组织的，格拉克曼对茨瓦纳（班图族人的一支）地区的一些主要社会概念进行了考察，并对其社会结构有了一定的了解。其间，农戈马地区的土著官员考虑到他在土著问题上所具有的革新及同情的态度，便强烈推荐他到罗德斯——利文斯顿研究所。②1938年，在一次滑雪节上，他遇见了玛丽（Mary Brignoli）。玛丽的父亲是一位意大利法学家，母亲是英国人。是年，格拉克曼与玛丽走进了婚姻的殿堂。婚后，玛丽为了格拉克曼的学术研究，放弃了自己翻译员的工作，全身心地投入到格拉克曼的生活、学术实践中来，应该说，她对格拉克曼的整个人生进程产生了很大的作用。③1939 年，格拉克曼以高级社会学家（senior sociologist）的身份加入了罗德斯——利文斯顿研究所。1940 年，格拉克曼将田野调查地点由祖鲁换到了巴罗策兰（Barotseland）④，并于同年发表了对后世社会人类学、法律人类学具有重要影响的论文《现代祖鲁兰的一项社会情境分析》。⑤往后的 7 年间，他共花了 27 个月的时间用来调查巴罗策部落社会的司法过程，1942 年，格拉克曼接替威尔森（Godfrey Wilson）成为罗德斯——利文斯顿

---

① E.E.Evans-Pritchard, Social Anthropology: Past and Present, Paul Bohannan and Mark Glazer ed., High Points in Anthropology, Alfred A. Knopg, Inc.1973, pp.365-369.

② Richard Brown, Passages in the Life of a White Anthropologist: Max Gluckman in Northern Rhodesia, The Journal of African History, Vol.20, No.4, 1979, p.528.关于格拉克曼发表的第一篇论文，可参见 Max Gluckman, Zulu Women in Hoecultural Ritual. Bantu Studies, 1935 (9), pp.255-271.此外，1938 年之前，沙佩拉一直在对茨瓦纳法律与习惯进行田野调查，1938 年，他出版了专著《茨瓦纳法律与习惯指南》，可参见 Isaac Shapera, A Handbook of Tswana Law and Custom, Oxford University Press, 1938.

③ 格拉克曼在中年、晚年其朋友的一些通信中，会经常提到玛丽对他的生活、学术的影响。

④ 巴罗策人居住地的一个地理名称。

⑤ 参见 Max Gluckman, Analysis of a Social Situation in Modern Zululand, Bantu Studies, Vol. 14, Issue 1, 1940.此外，他还发表了另一篇论文《南非的祖鲁王国》，可参见 Max Gluckman, The Kingdom of the Zulu of South Africa, Meyer Fortes and Edward E. Evans-Pritchard ed., African Political Systems, Oxford University Press, 1940, pp.25-55.

研究所的第二任主任。①自 1942～1947 年间，格拉克曼将其精力都投入到了该研究所，短短 5 年，利文斯顿研究所即成为享誉非洲甚至欧洲学术界的民族学、种族学、法律人类学研究中心。在此期间他也发表了几篇颇具学术价值的论文。②1947 年，格拉克曼卸任所长后改任牛津大学的讲师（lecturer）；同年，格拉克曼还被委任为曼彻斯特维多利亚大学的首任社会人类学教授，1955 年，第一部专门研究非洲部落社会司法过程的专著《北罗德西亚巴罗策的司法过程》问世。

通过上述对格拉克曼生活、学术经历的整理，我们可以发现如下几个重要的"社会事实"：（1）格拉克曼出生在南非，而后又进入英国的学术体系中进行知识生产，其间经历了一个"身份"上的转变，即从"被殖民主义国家"到"殖民宗主国"；（2）格拉克曼对于自己的这种"身份"有着明确的认识，比如，他对马林诺夫斯基的"席明纳尔（Seminar，讨论会）"毫无兴趣，认为后者对诸多问题的认识并不全面、深入，但格拉克曼却始终与两位同样来自于南非的学者福特斯、沙佩拉保持着亲密的关系；（3）从 20 世纪 40 年代初开始，格拉克曼将田野调查地点从祖鲁换到了巴罗策（主要在洛兹部落），特别是 1941～1947 年间，发表了几篇有关洛兹部落法律方面的论文，此时，他才开始真正进入到对部落社会法律问题的研究中。③

① 1941 年，威尔森（Godfrey Wilson）辞去了研究所所长一职。当时的研究所理事会经过商议，拟让理查德（Audrey Richards）或克拉克（John Desmond Clark）中的其中一位担任所长（这两位都是英国人，其中理查德是马林诺夫斯基的学生，著名人类学家，克拉克是著名考古专家），但因为战争的原因，他们两位都没能来，后来，只能选择格拉克曼担任所长。但是，在关于格拉克曼是否具备担任所长的资格这一问题上，理事会成员内部发生了激烈的争论。其中，就有几位理事会成员以"格拉克曼来自被殖民主义地区"为由，认为他不具备担任所长的资格（一般要求来自英国本土的官员或学者），但是，后来实在是找不到合适的人选，才选择了格拉克曼。参见刘伟才、严磊：《罗得斯-利文斯顿研究所述论》，载《西亚非洲》2011 年第 4 期。
② 这些论文分别是 Max Gluckman, Economy of the Central Barotse Plain, Rhodes-Livingstone Paper No.7, 1941; Max Gluckman, Essays on Royal Property, Rhodes-Livingstone Paper. No.10, 1943; Max Gluckman, A Lozi Price-Control Debate, South African Journal of Economics, No.9, 1943; Max Gluckman, African Land Tenure, Rhodes-Livingstone Paper Journal, No.3, 1945.
③ 格拉克曼曾在一篇文章中提到，当他在祖鲁进行田野调查时，有一次与摄政王 Meshiyeni 一起聊天，突然，走过来一个醉汉，那位醉汉骂了摄政王一句"你什么都不知道"，不一会儿，一个王子、一个酋长便过来把这位醉汉拖到旁边鞭打了起来，格拉克曼见此情形，便要求他们停手，他们虽然停手了，但很不高兴。第二天，摄政王对格拉克曼的态度就开始发生变化了，而这也是他最终被驱逐出祖鲁的原因。参见 Max Gluckman, Conflict and Cohesion in Zululand: An Historical Study in Social Organization, History in Africa, Vol.41, 2014, p. 190.但是，相较于格拉克曼自己的表述，戈登教授发表达出不同的观点，在他看来，格拉克曼之所以被驱逐出祖鲁，一方面是因为他公开发表了"种族隔离"的言论；另一方面是因为他的"身份"（是来自南非的俄裔犹太人，被怀疑有着共产主义倾向）。有关这一点，戈登引用了当时的档案材料，其中记录了摄政王 Meshiyeni 向纳塔尔地区代理土著总长朗格菲尔德谈到他对格拉克曼的印象，摄政王说：
"我不希望他在这儿，他在这儿呆得够久了。我之前听说，他经常穿着一件'beshu（土著服饰）'，而且还住在土著人的牛棚里，我不喜欢欧洲人住在土著人的牛棚里。他经常还问土著人，是否受到了公正对待，是否被课税过高，酋长、殖民、族长是否喜欢处在欧洲的殖民主义压制中。我认为他是在为某个秘密人物工作。事实上，他可能就是我们要提防的共产主义分子。此外，他还经常询问有关土著人的性生活问题，我希望能将他驱走，建议他去关心一下别的地区。"
参见 Robert J .Gordon, On Burning One's Bridge: The Context of Gluckman's Zulu Fieldwork, History in Africa, Vol.41.2014, p.164.

从这些显明的、可以证实的"社会事实"中，我们可以看到格拉克曼一个基本的生活、思考轨迹，其间的一个关键词即是"身份"。固然，对于学术的热爱，是他一直进行思考的一个动因，但是，思考什么，必然与他的"现实遭遇"密切相关，出生在南非的一个俄裔犹太人家庭，不仅让他对殖民主义、种族主义有着其他人（如马林诺夫斯基、普理查德等）无法企及的了解，同时，也使得他有着一种"抱负"，一种借由自己的学术研究来获得更多话语权的抱负。可以想象的是，虽然格拉克曼是个白人，但是，他是出生在南非一个犹太家庭的白人，当那些殖民主义统治者们（白人们）宣称他们是世界范围内"更高一等的人"时，青年格拉克曼除了愤恨以外，剩下的只有无声的"抗争"了。如果说上述这些因素，构成了格拉克曼"部落社会司法过程研究"的一个内在动因的话，那么，一个特定的时代背景必然是格拉克曼后来选择部落社会的司法过程作为研究主题的外在原因。

二、西方列强在非洲的殖民主义行径

格拉克曼生活的那个年代，正是西方殖民主义者在世界范围内疯狂掠夺的时代，与武力相伴随的是被殖民主义地区人民的强烈反抗，侵略与抵抗、统治与被统治不仅是战争的逻辑，也是政治学的逻辑。一向标榜为"先进文明代理人"的西方殖民主义各国，除了"武"之外，还用起了"文"。凡此"文武"并用于被殖民主义地区的过程，对格拉克曼萌发研究部落社会的司法过程，以及建构起从事研究必须具备的知识体系产生了重要影响。接下来，笔者拟以一个"政治史与法律史"的画笔来勾勒当时的殖民主义侵略图谱，以期从中找到格拉克曼所处时代的特定历史"坐标点"。

一提到近、现代的非洲，出现在我们脑海的经常是贫穷、落后，而再对贫穷、落后予以历史追溯时，殖民主义一词便出现了。所谓殖民主义（colonialism），按照《大英百科全书》的解释，是指一种政治——经济现象，即诸多欧洲民族在世界范围内进行的一种掠夺、开发、定居的活动。随着欧洲人对非洲南部海岸线的海上运路（1488 年）及美洲（1492 年）的大发现，现代殖民主义便开始了。①

---

① http://dportal.nlc.gov.cn:8332/nlcdrss/query_index/query_gjs.htm?func=find-db-4-check&resource=NLC 00330&mode=simple&find_request_1=colonialism，最后访问时间：2014 年 10 月 19 日。

一部近、现代的非洲史就是一部西方列强在非洲地区的殖民主义史。如果以西方资本主义的发展进程为参照的话，那么，可以把西方殖民主义者在非洲的殖民活动大体上分为三个阶段：①

第一阶段，时间大约为 15 世纪初至 18 世纪末，此阶段正好为西方资本主义的原始积累阶段。早在 15 世纪时，葡萄牙殖民者便抵达了好望角，17 世纪中期，荷兰殖民者开始在南非一些地区定居，18 世纪末期，英国人开始来到南非。总体而言，这个阶段的西方殖民者主要集中在非洲东、西海岸地区从事殖民活动，他们不仅通过欺骗的手段将从欧洲带过来的一些劣质、价格低廉的小商品与当地人换取名贵的象牙、黄金，甚至还经常通过暴力手段来抢夺黑人奴隶。②

第二阶段，时间大约为 19 世纪初至 1876 年讨论刚果问题的布鲁塞尔会议，此阶段正是西方资本主义的自由竞争时期。19 世纪中叶，西方各国开始进入机器工业大发展时期，一时间对于原料的要求超过以往任何时候。他们不只希望将非洲变成他们的原料供应地，也希望将非洲变成他们的产品销售地。正是基于这样一种现实需求，西方殖民者在利益的驱使下，决意挺进非洲内陆，为此，1830 年，英国成立了皇家地理学会（Royal Geographical Society），以利文斯通（David Livingstone）为代表的探险家开始了对非洲内陆地区的详尽考察。虽然这些所谓的"探险家"都是以"探险"为名，但其背后的真实目的乃是为殖民主义扩张提供基本的地方知识。③

第三阶段，时间大约为 1876 年至 20 世纪初，此阶段是西方资本主义由自由竞争开始转向垄断的阶段。1837 年，18 岁的女王维多利亚（Alexandrina Victoria）登基，自此，英国进入了历史上的一个黄金时代——维多利亚时代（Victorian era），彼时的首相迪斯累利（Benjamin Disraeli）以著名诗人吉卜林（Joseph Rudyard Kipling）于 1899 年写的一首诗的题目《白种人的责任》（The White Man's Burden）为名，拟在全球范围内推行一种新的殖民主义策略，该策略以"帝国主义境内的人民无力管理其自己的生活、经济秩序"为

---

① 笔者此处有关"西方殖民主义者在非洲的殖民活动的阶段划分"及下述"各个阶段的活动内容"的表述，乃是对严钤钰有关此问题的基本观点的归纳转述，在此谨向严钤钰教授表达诚挚的谢意。
② 参见严钤钰：《西方殖民主义者侵略和瓜分非洲的三个阶段》，载《广西民族学院学报（哲学社会科学版）》1983 年第 4 期。
③ 参见严钤钰：《西方殖民主义者侵略和瓜分非洲的三个阶段》，载《广西民族学院学报（哲学社会科学版）》1983 年第 4 期。

理由，畅言白人（即大不列颠人）有义务、有责任去"殖民"。20 世纪初，虽然从在非洲地区所占面积来看，法国位居第一、英国位居第二。但是，英国所占地区的人口总数达近五千万，位居第一，英国牢牢树立了在非洲的绝对"霸主"地位。[①]

就在格拉克曼出生的前两年（1909 年），南非通过了第一部宪法，其中明确规定"除了开普省之外，其他所有地方只有白人才享有选举权"。由此，南非正式进入到"种族隔离时代（The Segregation Era）"，此后，这种黑人与白人之间的身份、地位不平等一直是南非呈现给世界的主要政治特质。格拉克曼作为一个白人，其本身虽然对这个制度缺乏切身"感受"，但相较于在南非生活的其他白人而言，他对那个"毒瘤"所带来的扩散性"影响"还是有着更深入的洞察、理解，这一点我们可以在其学术研究过程中处处强调种族平等主义的论述中看出来。[②]此外，对于历史知识先天就较为"敏感"的格拉克曼，对于西方殖民主义在非洲的扩展史非常了解，久而久之，殖民主义痛恨之"种"便播散在格拉克曼的心间，随着其从南非到英国，从生活领域与学术领域。他要通过学术研究，来证明部落社会的文明并不是殖民主义统治者们所想象的那样低级，他要通过自己在学术领域的影响力来为新的世界政治秩序呐喊。

三、非洲南部不断涌现出的反对种族主义的斗争

在南非第一部宪法被制定后的第二年，也即 1910 年，格拉克曼的校友、毕业于牛津大学的著名苏格兰历史学家、小说家巴肯（John Buchan）在其一部具有探险性质的小说《普莱斯特·约翰》（Prester John）中写道，像祖鲁兰

---

① 参见严钰钰：《西方殖民主义者侵略和瓜分非洲的三个阶段》，载《广西民族学院学报（哲学社会科学版）》1983 年第 4 期。吉卜林虽然是英国文学界首位获得诺贝尔文学奖（1907 年）的作家，但对其作品的评价一直存在争议。这主要是因为，在吉卜林的作品中，其往往会有意无意地透露出一种英国贵族式的民族自豪感，他认为只有白种人才是文明的，除此之外的族群都是原始的、野蛮的，如在《白种人的责任》中，作者即写道"挑起白色人的负担，把你们最优秀的品种送出去，捆绑起你们孩子们将他们放逐出去，去替你们的奴隶服务……"基于这样的一种考虑，吉卜林认为殖民主义是一种很好的让野蛮人变成文明人的方式。由此，后人常常将吉卜林视为是"殖民主义"的代言人。

② 考克斯教授认为，格拉克曼年仅 29 岁时发表的一篇对于世界学术史，特别是社会科学方法史有着重要影响的"桥文（Bridge Paper）"，不仅是一篇研究方法领域的力作，同时还可以被视为一篇对南非的种族隔离制度的"战斗檄文"，在该文中，格拉克曼对于"种族隔离制度"的批判，超越了他的两位导师霍恩雷与布朗。具体可参见 Paul Cocks, Max Gluckman and the Critique of Segregation in South Africa Anthropology: 1921-1940, Journal of South African Studies, Vol.27, No.4, 2001, pp.743-754.

（Zululand）这样的地区只适合黑人们居住，白人应该住在城区。这部小说是当时文学界非常畅销的作品之一，其以文学的叙事方式表达出白人对非洲族群的鄙视与轻蔑。

1912 年，以极端种族主义者著称的赫尔佐格担任了南非土著事务部长，其负责起草了一部臭名昭著的法律——《土著人土地法》（The Natives Land Act），并于 1913 年 6 月 19 日在没有任何人参加的情况下于南非国民议会上正式通过，其中明确规定：禁止非洲人购买、租佃或占有保留地以外的其他土地；禁止非洲人在欧洲人所占有的土地上从事任何经济活动。[1]该法一经公布，直接导致很多黑人被赶出了自己的住所，他们或是去充当白人的"奴隶"，或是迁徙到更远的地方寻找新的生计。此后，英国殖民者开始变本加厉，加快制定了一系列有关种族隔离的法律，如 1922 年的《土著事务法》、1927 年的《土著政府法》、1937 年的《土著委员会法》中都规定了黑人不能随意集会，南非政府有权否定土著代表会议通过的决议。[2]1949 年的《禁止跨族婚姻法》中规定了"禁止不同人种之间的男女通婚"；《不道德法》中规定了"禁止不同种族的男女之间恋爱，并规定了相应的惩罚措施"；1950 年的《人口登记法》规定了"境内所有人口都必须要按照种族身份来予以登记"等。从 1913 年的《土著人土地法》颁布以来，南非正式进入了一个法律意义上"种族隔离时代"，之后的几十年，种族隔离在南非地区不断渗透至政治、经济、文化的各个领域。

与殖民主义者颁布的一系列种族隔离的法律"相伴随着"的是南非人民反对种族主义的强烈诉求。如 1929 年 11 月，在约翰内斯堡举行的群众集会，作为民族统一战线组织的"非洲民族权利联盟"提出了三大要求：废除通行证制度、给予非洲人选举权、保证非洲人受教育的权利。就在同年的 12 月份，该组织又举行了反对《土著代表法》的活动。[3]

种族平等的诉求真真切切地影响到了格拉克曼。格拉克曼自己曾说："1936 年，在我来到祖鲁兰之前，我对这个部落基本一无所知。后来我开始按照由沙佩拉（Isaac Schapera）、亨特（Monica Hunter）及其他的学者设置

---

① Sol. T. Plaatje, Native Life in South Africa: Before and Since the European War and the Boer Rebellion, Longman, 1987, pp.35-40.转引自郑家馨：《南非史》，北京大学出版社 2010 年版，第 230 页。
② 参见何勤华、洪永红：《非洲法律发达史》，法律出版社 2006 年版，第 461 页。
③ 参见郑家馨：《南非史》，北京大学出版社 2010 年版，第 252 页。

的研究路径来分析祖鲁的政体"。①从二位学界前辈设置的思考路径出发，格拉克曼在田野调查中对祖鲁的酋长与国王之间的关系进行了观察，他还特别注意到祖鲁酋长与当地政府官员之间存在的对立，真切地感受到了种族隔离制度在实践中的表现。通过在祖鲁兰的田野调查，格拉克曼获得了种族隔离制度的现实理解，这比他父亲通过讲述的方式给他传播正义要生动得多。②此外，格拉克曼曾在谈及他的早期田野调查实践时说过："当时我在祖鲁兰的时候，我是住在祖鲁兰的当地土著人家里，我有一个黑人爸爸和黑人妈妈，那时候，似乎种族隔离还不是很严格，我可以坐在篝火边与他们一起跳舞、喝啤酒。"后来，格拉克曼将田野调查地点换到了巴罗策兰。基于他的白种人身份，格拉克曼不能和作为巴罗策统治部落的洛兹人在一起跳舞，洛兹人也不能直接到格拉克曼的房子中去拜访他。③

格拉克曼是一个对历史有着浓厚兴趣的人，在他看来，一部殖民主义扩张史，不单"衍生"了一部反殖民主义史，还激发了生活于此种历史情境中的他去书写对"殖民主义"的批判史，有关这一点，在其后来对部落社会司法过程的研究中表现得淋漓尽致。

四、法律人类学渐趋为一门成熟的知识体系

殖民主义实践作为一个行动理论，需要一套为之"呐喊"的知识体系，此种知识体系必然也是因应时代而生，为时代的特定历史任务而服务。众所周知，进入 20 世纪后，特别是第一次世界大战后，西方列强在世界范围内的殖民主义统治秩序开始发生很大变化，先前那种完全依靠武力的方式并不能从根本上解决"土著居民"与"殖民者"之间的矛盾。为了能够对土著居民所在的这些原始社会秩序有更为深刻的了解，或者说为了能在这些地区进一步巩固统治秩序，西方殖民主义国家内部渐渐兴起了一股前往殖民地区，特别是一些土著居民比较集中的地区展开调查的热潮。

与 19 世纪中叶诸多英国传教士、探险家前往原始部落进行所谓的"探险""游历"不同，20 世纪初叶兴起的这股田野调查热潮是以"知识"为旗号的，

---

① Raymond Firth, Max Gluckman: 1911-1975, Proceedings of the British Academy, Vol.61, 1975, p.481.
② 格拉克曼的父亲是一位律师，他经常会在法庭上为南非的"反种族主义者"进行辩论。
③ Raymond Firth, Max Gluckman: 1911-1975, Proceedings of the British Academy, Vol.61, 1975, p.482.

亦即将西方文化作为一种"自我的（self）"文化/文明，而将被殖民地区的文化作为一种"他者的（the other）"文化/文明，并尝试着找到这两个文化/文明中的可能契合点。法律人类学就是在这股"知识探险"的热潮中开始逐渐发展成为一门成熟的知识体系，虽说这一阶段，参加这种"知识探险"的相关学者较多，但最具代表意义或开创意义的学者要数马林诺夫斯基。

与马林诺夫斯基同属现代英国第一代人类学家的布朗，早在 1906 年就对安达曼群岛的岛民进行了调查，这是英国人类学家第一次尝试着运用西方人类学、社会学的知识来对一个"原始社会"的真实生活进行实证分析，[①]只是，从一法律人类学的方法论、知识论的视角来看，其并不如 8 年后马林诺夫斯基所展开的田野调查那般具有重要意义。1914 年，马林诺夫斯基与罗伯特·蒙德考察队一起前往新几内亚和西北美拉尼西亚。此后 5 年间，他共在这个区域做了 6 次田野调查。不过他大部分的时间都是花在了对特罗布里恩岛的田野调查上，基于这些田野调查，马林诺夫斯基出版了 2 本书，一本是用波兰语写的《原始宗教与社会分化》（Primitive Religion and Social Differentiation），该书于 1915 年在他的家乡克拉科夫出版，另一本是《迈卢土著人》（The Natives of Mailu）。1934 年，马林诺夫斯基又前往东非、南非等地对斯威士人、本巴人、查加人、班图人做了调查。[②]

马林诺夫斯基所做的一系列田野调查，不但使得由孟德斯鸠开创，经梅因、巴霍芬、摩尔根等所发展的法律人类学开始趋向成熟，而且还开创了法律人类学发展史上的"研究范式"革命。早在马林诺夫斯基之前，法律人类学基本上是一种"躺椅"上的学问，无论是早期的孟德斯鸠、萨维尼还是梅因、摩尔根、巴霍芬等，基本都是通过"理论想象"或从"他人的叙述"中来建构法律人类学的知识体系，所使用的方法也基本都是"历史材料、文本分析法"。从马林诺夫斯基开始，他强调必须要参与到部落人群的生活实践中去，将自己想象为这个部落社会的一个成员，即"自我"，继而再通过客观的观察来总结出有价值的知识。纵观马林诺夫斯基开创的法律人类学知识体系，具有如下几个特质：（1）法律人类学是一门在田野调查中获取经验素材的"科学"；（2）从事法律人类学至少需要在被调查地区居住 1 年以上，其间应使用参与观察、深度访谈等方式来取得对于被调查地区文化的理解；（3）对当地

---

① E. E. Evans-Pritchard, Social Athropology, Cohen & West Ltd, 1951, p.73.
② M. F. Ashley Montagu, Bronislaw Malinowski (1884-1942), Isis, 1942(2), p.148.

64

部落"方言"的熟练运用是展开田野调查的基础，同时，需要让调查者以一个"自我（self）"的身份来浸入到被调查者的现实生活中，参与他们的生活、生产实践。马林诺夫斯基于20世纪20年代左右开创的这种"法律人类学"研究范式及知识体系——相较于早期欧美地区的人类学主要流派，特别是其中的进化学派、传播学派的主要研究范式及知识体系[①]——更多的是从被殖民地区的现实制度（包括"法律制度"）出发，强调现实的、可观察到的经验素材，因此更为契合殖民主义的统治需要。

格拉克曼虽说并不是马林诺夫斯基的学生，也没有完全遵从马林诺夫斯基开创的那一套分析范式，但在牛津大学求学期间，他曾几次前往伦敦经济学院聆听马林诺夫斯基的"席明纳尔"。尽管不太赞成马林诺夫斯基的一些观点，但毋庸置疑，马林诺夫斯基开创的这种法律人类学研究范式还是对格拉克曼的思考、研究产生了重要影响。马林诺夫斯基通过亲身参与的方法前往特洛布隆恩群岛展开法律人类学研究，所竭力想证明的一个观点，即"野蛮社会也存在着'法律'，即使这个法律不同于西方传统的分析法学派对法律定义的理解"[②]。因此，20世纪40年代，格拉克曼开始在巴罗策就其部落社会的司法过程进行田野调查时，所使用的方法就是马林诺夫斯基的"参与观察"。同时，也如马林诺夫斯基早年在特洛布隆恩岛学习当地的语言一样，格拉克曼认真地学习巴罗策的洛兹方言，如果没有马林诺夫斯基开创的那套法律人类学方法论，格拉克曼是否会从事部落社会司法过程的研究会是一个很大的疑问。当然，从一个严肃的法律史研究的视角来讲，由于缺乏一个"科学的"评价工具，我们无法判断马林诺夫斯基的知识体系对格拉克曼究竟产生了多大的影响，但是可以想见的是，格拉克曼之所以比马林诺夫斯基在研究的内

[①] 古典进化论大约诞生于19世纪70年代，其主要关注的是人类社会的发展进程，不考虑不同地域环境条件、经济基础的差异性，强调一种"普世的"由低到高、由落后到先进的文化发展进程，这种理论学说被普理查德认为是一种"揣测的理论（speculative theory）"，该学派代表人物主要有斯宾塞（Herbert Spencer）、泰勒（Edward Burmett Tylor）、摩尔根（Lewis Henry Morgan）等。传播学派主要认为，世界的文明主要是由几个核心文明传播的结果，且传播是一种不断扩展的历史过程。该学派的主要代表人物有里夫斯（WilliamH.Rivers）、史密斯（Elliot Smith）、施密特（Wilhelm Schimidt）等。无论是传播论学派还是古典进化论学派都信奉"进化"这一历史术语，但是，它们的论点因为没有"实证材料"的佐证，因而显得非常不可信。马林诺夫斯基正是在对这些传统理论学派批判的基础上建构起了他自己的法律人类学叙事体系。

[②] James M.Donvan, Legal Anthropology: An Introduction, Altamira Press, 2007, p.70.但是，相较于马林诺夫斯基，格拉克曼从事部落社会司法过程的田野调查的最为本质的动因，已经不是去证明"部落社会存在着法律"（当然他也对此进行了证明），而是要去证明部落社会的司法过程与西方社会的司法过程，在形式、内容、技术上都存在着很大的相似性，并最终借此来表达他的那种"种族平等"的坚定立场。有关此问题的详细讨论，可参见刘顺峰：《从社会情境分析到扩展案例分析——格拉克曼法律人类学方法论思想研究》，载《民族研究》2016年第1期。

容上更具体、细致，必然离不开当时已经较为成熟的法律人类学知识体系。

余 论

在西方法律人类学的发展史上，格拉克曼无疑是一位特别重要的人物，说他重要，并不是因为他开创了"曼彻斯特学派"，培养了许多知名的法律人类学家，而是在于他的研究范式与研究对象。在对部落社会司法过程的研究中，格拉克曼既是一个人类学家，也是一个法学家，对法学知识范式的熟练运用，使得他的研究获得了欧美一流法学家的认可；而对人类学方法范式的精确把握，又使他的研究得到了社会人类学、文化人类学界的普遍赞誉。

然而，历史毕竟是历史，其能带给我们的只是对诸多真相的臆测。对于格拉克曼为什么从事部落社会司法过程的研究，我们只能凭借格拉克曼的生活轨迹、历史背景、知识背景这一系列社会史素材的实证分析来推测。相信通过对格拉克曼学术思想的深入研究，未来定会有许多新的成果面世。彼时，今天的诸多结论，是否完全站得住脚，只能留待历史来进一步评判了。

A Historical Investigation of Gluckman's Study Motivation on Tribal Society Judicial Process

Liu Shunfeng

Abstract：This paper took a historical investigation on the reasons why Max Gluckman engaged in the research of judicial process of tribal societies. His early life and academic experience, the colonialist aggression of Western powers, the campaigns against racism were constantly emerging and the legal anthropology were becoming a mature knowledge system are the main motivations of his research. However, Max Gluckman never put his research on the level of theory of narrative, he was trying to outline and answer the major theoretical issue of the times by the microscopic analysis of judicial process of tribal societies.

Keywords: Max Gluckman; tribal societies; judicial process; legal anthropology

（本文编辑：马冉）

公平视角下遗产税计税基础的确定

陈司谨　周菊*

内容摘要：从公平性角度看，遗产税的存废主要对财富创造激励、公民权益保护、调节贫富差距方面产生影响，美国、我国香港地区遗产税的停征与废止，关键是由于计税基础发生偏离，计税基础的范围与计价直接影响遗产税的公平性。因此，从遗产的性质和用途的特殊性入手来确定不纳入遗产税计税基础之财产范围，从各类遗产的估价标准、物价和宏观环境对遗产价值的影响、遗产价值的认定标准来确定遗产税计税基础之计价，并考虑家庭关系对遗产税计税基础扣减标准的影响，可以建构公平的遗产税计税基础，为征税机关以及纳税人征纳遗产税提供具体可操作的规范。

关键词：公平；遗产税；计税基础；确定

引　言

北京大学社会学系公布的《中国民生发展报告 2014》指出：2012 年我国

---

　* 作者简介：陈司谨，管理学博士，西南政法大学经济法学院副教授；周菊，西南政法大学经济法学院硕士研究生。

　本研究得到西南政法大研究生创新项目"遗产税公平性研究——以计税基础确定为视角"（项目编号：2013XZYJS243）、司法部国家法治与法学理论研究项目"我国地方税法律体系重构法律研究"（项目编号：13SFB2039）和中国法学会法学研究项目"财政责任视野下的地方政府债务治理研究"（项目编号：CLS（2014）D058）支持。

家庭净财产的基尼系数高达 0.73，处于顶端的 1% 家庭占有全国三分之一以上的财产，而底端 25% 的家庭仅拥有财产总量的 1% 左右。我国的基尼系数在 2013 年为 0.473，在 2008 年最高达到 0.491，整体基尼系数远超过 0.40 的警戒线。可见我国收入差距已经扩大到相当严重的程度。世界银行发布的最新预测显示，随着中国经济在未来的腾飞，城乡居民收入 2020 年中国总体基尼系数将达到 0.474。①我国贫富分化情况严重且有加剧之势。如何通过开征遗产税调整贫富差距，维护代际间财富转移的合理性与相对公平性，激励创造财富的激情，值得研究。②

对遗产税的研究状况归纳如下：1. 税法基本理论层面的研究。西蒙·詹姆斯等（1996）认为不需要通过征收遗产税调节分配，因为遗产所得本身是"不公平的分配"，在分配是否公平的问题上有一个公认的"天赋标准"（endowment-based criteria）；沃伊切赫–科普丘克、伊曼纽尔·塞斯（Wojciech Kopczuk, Emmanuel Saez, 2004）认为遗产税对减轻财富集中是有效果的，开征遗产税充分体现了税收的公平价值；张怡、陈卫林（2012）从税法公平的角度提出税收征纳双方的权利衡平；刘剑文、侯卓（2014）认为财税法承担起了厘清与划定国家财政权与私人财产权边界的使命，在不同国家形态下被赋予了不同的使命、表现出不同的特征，而其变革往往又成为国家形态转型的推手和先声；陈志勇（2015）认为在国家权力受到有效约束、各种财产及个人权利得到合理保障的基础上，政府收入是主要依靠法定的标准和方式征集、主要用于满足公共需要的一种财政模式。③ 2. 开征遗产税的研究。李翠（2005）、林国建（2011）以美国遗产税的存废分析了我国开征遗产税的可行性与时机选择；刘荣、刘植才（2008）认为我国目前已具备开征基本条件，构建符合中国国情的遗产税制度应成为下一步税制改革的一项重要内容；吴彬（2008）以中国台湾地区遗产税的课征实践为借鉴，论证了我国开征遗产税的可能性和应解决的难点；王雅婷（2010）认为少数国家和地区取消或停征遗产税对我国借鉴意义不大，但我国开征遗产税阻碍重重，需要政府和社会各界的共同努力。3. 遗产税征管研究。大卫·乔尔曼安（David Joulfaian, 2000）考虑婚姻状况下遗产税征收对稳定慈善遗赠的影响，确定遗产税计税

---

① 郭伟：《我国城乡收入差距的现状及对策分析》，载《新乡学院学报》（社会科学版）2010 年第 2 期。
② 本文不研究开征遗产税的正当性，而是假定开征遗产税是正当的，在开征遗产税后，在遗产人生前不转移财产的前提下，可以促进生前消费，帮助财富的再分配，减少遗产份额。
③ 陈志勇：《现代税收与政府预算：内在逻辑和制度契合》，载《税务研究》2015 年第 2 期。

基础应当考虑信托和赠与；威廉·G. 盖尔、乔尔·B. 斯莱姆罗德（William G. Gale, Joel B.Slemrod, 2001）提出对个人财富的使用加以限制是社会自然的、持续的和恰当的角色。家庭情况、夫妻关系应是税收差别待遇需要衡量的因素，否则可能给不同家庭造成上百万美元的财富差异；孟佳、石金利、李洋洋（2013）主张遗产税课征应当采取总遗产税制，在课征对象上应当进行合理扣除；徐卫（2013）从遗产税避税角度论述遗产税是一个价值中立的问题，宽容地对待规避遗产税的信托行为具有可行性。

开征遗产税，与中国传统观念是不一致，同时也可能让遗产者生前转移财产，减少国内财富。因此，计税基础（含遗产范围和遗产计价）与税率必须恰当考虑，以寻求遗产者愿意让继承人纳税、又积极创造财富而不转移、还缩小贫富差距二者之间的平衡。要做到这一点，确实相当困难，我们仅就遗产税的计税基础方面做一些力所能及的探讨。伯克曾说："一个国家争取自由的斗争从一开始正是主要围绕税收这个问题而展开的。"[1]

一、遗产税存废的公平性解读

公平是税法的最高目标，体现为衡平[2]思想在税法中的贯穿与融通；价值衡平是衡平税法的首要目标，只有实现税法整体价值理念的转变，才能整合所有税法制度。[3]不同国家基于本国当时的国情民意，于不同时期对税法进行各种调整和修改，实则也是对效率与公平的权衡与取舍。税法通过矫正社会发展过程中已经形成的权利义务分配不公的现象发挥其矫正职能。[4]通过税法对公民权利义务的配置以及其他相关制度设计，最大限度地减轻税收对经济和社会发展的妨碍。[5]美国历史上三次停征、三次暂停征收遗

---

① 派普斯：《财产论》，经济科学出版社 2003 年版，第 147 页。

② 衡平观念是衡平法中的一个核心观念，是指在存在的法律对社会关系和人们之间的利益关系不能有效地进行调整，容易造成显失公平的某一方当事人的巨大损失得不到救济的情况下，由统治者根据公平、正义等理念基础来对当事人进行善意的救济，平衡社会利益，体现正义的一种观念，这种观念产生的母体是自然法学派关于正义的观点理论。参见顾元：《中国传统衡平司法与英国衡平法之比较——从同途殊途到殊途同归》，载《比较法研究》2004 年第 4 期。

③ 张怡：《衡平税法研究》，中国人民大学出版社 2012 年版，第 54～55 页。

④ 王鸿貌：《税法学的立场与理论》，中国税务出版社 2008 年版，第 37 页。

⑤ 王鸿貌：《税法学的立场与理论》，中国税务出版社 2008 年版，第 42 页。

产税①，2005 年我国香港取消遗产税②，加拿大、澳大利亚、新西兰和意大利等国家和地区也相继停征遗产税。在对 127 个有税收制度的国家和地区的调查中，征收遗产和赠与税的有 74 个，占 58.3%；没有开征遗产和赠与税，或者曾经开征但已经停征遗产和赠与税的有 53 个，占 41.7%。③2010 年国家税务总局起草并公开的《中华人民共和国遗产税暂行条例（草案）》对遗产税制度的总体框架进行了确定。

（一）财富创造激励

对财富创造者来说，创造财富的目的主要是供自己、家庭和后代消费、使用和发展，以及自己死后，配偶、后代不用去承受生活的艰辛与劳苦。因此，不征收遗产税或在其可接受范围内征收遗产税，将充分激励其创造财富的雄心；征收遗产税超出其可接受范围时，如果其有一颗善心，愿意将其财富捐赠，也将充分激励其创造财富，否则，其将采取措施转移财产，或财富累积到一定程度时，将不再有创造财富的斗志。

从遗产继承者来看，在不征收遗产税的情况下，继承者们将获得更多的进一步创造财富的资源，继承者们创造和积累的财富在死后也不会受到遗产税影响，继承者们将永不停止财富的创造。继承者若将遗产用于挥霍和享受，则必须采取措施加以调节④，以减少社会发展中通过继承形成的负面影响。征收遗产税，除非在可接受的范围内，即不影响其发展的情况下，否则将减弱继承者创造财富的积极性。通过征收遗产税使"富裕阶层"的继承者继承的财产相对减少，他们不能长期地完全依赖先辈早前积累的劳动成果生存。但又必须防止遗产者生前转移财产，促进继承者与被继承者更积极地参与社

---

① 联邦政府的遗产税首次开征于 1797 年，5 年之后，即 1802 年美国国会废除了遗产税。直到 1862 年，出于为南北战争筹措军费的需要，国会又决定重新开征遗产税。随着南北战争的结束，国会于 1870 年再度废除遗产税。遗产税的第三次开征则是在 1898 年，起因是美国与西班牙的战争急需军费，与以往一样，此税随着这场战争的结束而再次被废除。直到第一次世界大战的来临，遗产税于 1916 年在美国重获新生而直到今日。2000 年共和党总统布什上任，为维护大、中资本阶层利益，在其任职后的第二年即提交大幅削减遗产税的提案，获得了美国国会众、参两院的通过，于 2002 年 1 月 1 日起实施。根据该项提案，遗产税率逐步下降，2001 年为 55%，2003 年为 49%，2007 年为 45%，2010 年停止征收一年，即第三个"空窗期"。

② 香港的《遗产税条例》于 1915 年起实施，采用英国 1894 年的条款（Finance Act 1894 of the United Kingdom），废止的《遗产税条例》则是在 1932 年编订的修正版基础上，不断地修改、完善而成。

③ 刘佐、石坚：《遗产税制度研究》，中国财政经济出版社 2003 年版，第 54～60、62、63 页。

④ 这种情形在继承时无法做出判断，因此，首先应继承，在继承后，如果用于挥霍或享受，将征收遗产税，或课以重税，但需要考虑不会造成社会问题，如流浪、暴力等。

会竞争，激励所有人一起平等地参与社会劳动。

对无遗产者、遗产少者与无遗产继承者①来说，不征收遗产税。他们由于没有可参与社会分配的财产，失去参与社会竞争的能力，创造财富的积极性因而受到影响，社会竞争也势必缺少许多活力，不利于整个社会的发展。征收合理的遗产税来调节遗产的代际转移与下一代公民积极参与社会竞争的关系，使社会上有巨额遗产可继承的人、有适当额度遗产可继承的人以及无遗产可继承的人，都能公平地、机会均等地参与社会竞争。通过参与社会生产使自身得到发展，社会各个成员都能享有这个社会发展的成果，获得属于自己的社会分配。

（二）公民权益保护

遗产税无论存废均是以维护社会公正、保护私人财产和权益为价值取向。一个适当的遗产税制度，将保证社会公平的实现，反之将与其履行社会职责、维护个人利益的出发点相悖。

政府通过遗产税的征收获得财政收入，采取提供社会福利等方式为缺少正常生存、生活必需品的人提供基础权益保障，以维持其正常生活。对于那部分通过自己的长期辛勤劳动积累了一定财富且需要下一代继续发展才能不断繁荣的中间阶层，遗产的继承对于这类人而言，只能算是为下一代参与社会竞争提供足够的资本，其财产的代际转移并不会造成对社会资源的过度占有。对于此类群体，可通过提高遗产税的起征点或者针对不同情况制定更加具体的计税基础，将那些影响此阶层发展的财产排除在遗产税的征收范围之外。对于有巨额遗产可以继承的群体，在被认可的遗产税制度下，通过遗产税调节财富分配，体现了税收的财富分配功能，一定程度上也维护了财富创造者留给其继承者财富的初衷，否则，将导致财富的过度占有，最终激发社会矛盾。

美国遗产税设立的初衷是为了对 2%的超级富豪征税，通过对社会上超级富豪增收该项税，可缩小社会贫富差距从而平息因贫富差距过大产生的社会矛盾与不平衡心理，实现社会、经济的稳定健康发展。遗产税的减免直接对美国的慈善事业造成影响，财政收入也因此减少，政府对公共设施、社会

---

① 这部分人如何确定，也就涉及遗产税纳税主体的确定，它对遗产税的功能和作用的发挥是不可忽视的，因为据统计，中国15%以下的人掌握着85%以上的财富。

保障等公共领域建设的投入也随之减少。政府只能通过削减医疗保健、社会保障、环保及其他计划的开支来保持财政收入的正常分配，相对底层的人们因此获得的利益更少。政府为了维持自身的正常运转，政党为了保持其主导地位，只好增收其他项目的税，最终不但没有实现税收的减免，反而变相加重了税收——"富人专属遗产税"取消了，针对所有人的税负加重了。靠薪资收入为生的普通家庭的经济利益遭受更大的损失，靠政府财政补助以及享受社会福利的人群也不能获得更好的或是与以前一样的补助和福利，而百万富翁或亿万富翁由于没有了遗产税，他们的继承人也将和他们一样富有或者更富有。如果一味放任遗产的自由继承，势必会使得社会上有产继承者与无产继承者之间的贫富差距越来越大，随之而来的还有经济发展滞后与各种社会矛盾。

（三）调节贫富差距

遗产税开征的最初目的就是为了实现社会财富的再分配。从现代税收制度的发展看，直接税比重的上升实际上也反映了按能力课税的客观要求。[①]纵观各个国家的经济发展状况，因贫富差距不断加大引起的不满情绪所造成的各种社会矛盾正影响着社会稳定并阻碍着经济发展。对于没有战争的现代社会，政府担负着推动经济发展与维持社会稳定的重任。国家通过健全税收制度有效缓解贫富差距被证明是行之有效的方法。在一个经济、政治发展良好的国家，缴纳税款较多的人，往往是获得财富、占有财富较多的人。遗产税的公平价值取向正好具备调节贫富差距的特性。

国家通过征收遗产税，对各类经济利益主体产生影响：使高收入人群将自己积累的财富用于公益事业或者通过交税的方式变成国家税收，将明显高于社会平均水平的个人财富流向收入明显低于社会平均水平的阶层，在帮助这些低收入人群的同时，促进社会公平分配、实现社会稳定。

事实上，美国社会的稳定和经济的发展离不开遗产税。根据资料分析，2010 年美国遗产税"空窗期"的财政至少减少 148 亿美元，完全取消遗产税导致联邦政府和州政府每年减少 300 亿美元的税收。美国税务局的数据显示，遗产税在 2008 年创造了 265 亿美元的税收。通过对减免遗产税期间政府财政

---

① 陈志勇：《现代税收与政府预算：内在逻辑和制度契合》，载《税务研究》2015 年第 2 期。

收入的预估，政府将在减免遗产税的未来十年内"损失"2666亿美元的收入。虽然政府也出台了其他税收减免措施，但遗产税减免额占总减免税额比例仍然不小。[①]遗产税在香港的实施，短时期内即达到了迅速增加财政收入的目的，并在一定程度上遏制了贫富差距拉大的趋势。民调显示，仍有30%的香港人不赞成取消遗产税。这些不赞成取消遗产税的人认为遗产税的取消将直接导致香港政府财政收入的减少，而那些赞成取消遗产税的人所言的投资增长实际上无法确切评估，也不能及时弥补因取消遗产税而导致的政府收入减少的问题。遗产税的取消，可直接导致香港政府平均每年减少约15亿港元的收入。由此，政府转移支付和社会保障的能力减弱，福利差距也越来越大。

（四）计税基础发生偏移

政府出于不同的目的通过各种改革方案对包括遗产税在内的各个税收都进行了不同程度的修改，如调整遗产税计税基础，简化所得税方案，对利息、股息和资本利得征收 15% 的税收以及调整房产税从而导致遗产税计税基础发生变化等等。遗产税计税基础的缩小最终使本来就占有大量资本的阶层在此基础上不断扩大自己的资本，遗产税本来应该具备的调节贫富差距的功能也因此丧失。[②]在遗产税法实施后的数年里，美国政府并没有科学合理地实行该项制度，导致遗产税的实施并没有产生预期的效果。1976 年遗产税的起征额根据《税收改革法》的规定以 60 万美元为准，1998 年根据《纳税人减免法》[③]的规定起征额调整至 62.5 万美元，2006 年遗产税根据布什政府的减税提案逐步提高至 100 万美元。最高税率则一直维持在 50%左右。[④]免征额的提升明显低于人们财产的增长幅度导致遗产税的征税对象扩大，税率的调整也未能恰当控制遗产征收总额，这些直接导致了遗产税的征税对象由最初的 2% 超级富豪扩展到中产阶级，这也成为经济发展的障碍之一。

对香港缴纳遗产税总体情况的统计分析发现：扣除豁免财产后的遗产总

① 预计税收减免的总额达 1.35 万亿，遗产税减免额占总减免额的 16.5%。

② 即使不能掌控个人财产的来源，但最后这些获得的有形的或者无形的财产都会借助某种具体的财产形式保存在所有人那里，那么，对遗产的征收就是一种"秋后算账"，反推回去就是对各种财产来源的最后清理和审查。

③《纳税人减免法》于 1997 年公布实施。参见 David Joulfaian. Estate Taxes and Charitable Bequests by the Wealthy. 载 Joulfaian David 编. Journal of Political Economy. University of Chicago Press, 2000 版 vol. 103(4), pages 709-38, August.

④ 陈慧稚：《明年税率将从零跃升至 55%遗产税法折射两党政治博弈——美国遗产税归零谁得益？》，载《文汇报》2010 年 8 月 23 日第 6 版。

价值在 2000 万港元以下的遗产人超过 50%，也就是说，遗产税的征税对象包括中小企业在内的中产阶级人士以及富裕阶层人士。个人持有达到 2000 万港元的财产，在香港代表着这个人应该是处于中产阶层，其财富聚集又多是通过运营中小企业获得的。由此可知，香港遗产税的征收对象已不再是当初针对社会极少数的富裕阶层，而逐步延伸到了中产阶层，甚至变成对中小企业的变相再次征税。富裕阶层的财富大多离不开家族世代的积累，而中小企业及中产阶级的财富则多是一代人打拼获得的。税收应该鼓励勤劳致富，抑制财富过多地集中在极少数人手中。香港遗产税在经历多次调整之后由最初的针对富裕阶层征税到逐渐偏向中产阶级征税，这一变化明显不符合香港经济的发展需要。可见，香港遗产税废除的原因并非遗产税对财政收入的贡献小、对香港发展为世界金融中心造成阻碍，而是其目的的偏离，价值取向发生了变化，使得其调节贫富差距的作用彻底失效，因此 70%的人支持取消遗产税。

二、计税基础对遗产税公平性的影响

要实现遗产税在保护私人财产、激励创造财富与调节贫富差距之间的平衡，实现德国学者诺伊马克（Neumark）认为的财产所得税的民主、人性及社会性，落实分配正义，体现公平价值，遗产税计税基础的公平确定就成为其长期存续的关键。

计税基础[①]是指依据税法规定，纳入计算税额的资产、收入、可抵扣的债务、成本费用的范围，及其价值标准的总称，具有可确定、可计量和综合性的特征。计税基础包含了对纳入征收范围的所有资产和负债的考量，并且对被征税的财产在不同时期的价值变化也需要进行预估，力图做到征税的同时最大限度地减少对纳税人权益的侵犯。因此，遗产税的计税基础可认定为被继承人应当纳入遗产税征收范围的所有资产和负债，及其计价。同时，还应充分考虑纳税人的生活必需、个人的不同情况和具体的财产形成能力，个人情况包括纳税人年龄、健康状况、事业和家庭成员。

---

① 计税基础是会计计量中的概念，但目前没有一个基本的表述。

（一）计税基础之范围对遗产税公平性的影响

各个国家和地区的实践证明，仅对起征点、税率等进行调整已不足以维持遗产税的公平价值。遗产有不同的形式[①]，不同继承人继承的遗产在形式上可能是不同的，也可能是相同的。实践中往往按照遗产的货币价值确定遗产税的计税基础，并未考虑不同的遗产形式，也没有顾及遗产继承人以外的其他共同使用人或享用人。因此，到底何种遗产、多少遗产应缴纳遗产税，能构成计税基础的公平性、体现遗产税为"富人专有税"的宗旨，这就亟待立法回到遗产税征收的最基本的计税基础的确定方面，重新调整遗产税的计税基础，使遗产税无论在将来处于怎样的环境下，都能维持其公平价值，符合当时社会、经济状况对公平的要求。

世界上绝大多数国家都对自然人死亡后留下来的财产征税，只是征收的方式各有不同。有的对赠与行为的文件、不动产和证券的转让书据征收印花税，有的对死者课征遗嘱认证税，还有的对继承遗产所得的收入征收资本所得税。多数国家普遍采取征收遗产税或继承税的方式，另有些国家开征赠与税作为补充税种。这些方式都可以从遗产税计税基础出发，从遗产税征税的范围、免征的范围、起征点等方面影响遗产税的公平性。[②]

究竟将财产所有人死亡后的哪些财产纳入遗产税的征收范围？这首先应当考虑该财产所有人的财产价值总额有多少。如果价值总额没有达到一定水平，应当不予征收遗产税，否则受其抚养、扶养或者赡养的人的基本生活无法保障，而且征收遗产税进行遗产估价等征收程序需要一定成本，从经济的角度考虑，未达一定数额的遗产不宜征收遗产税。

其次应考虑遗产形式和数量。对于总额达到规定数额的遗产也要分情况确定是否纳入征收范围。以住房为例，如果属于遗产的住房通过估价没有达到一定数额或者该住房虽达到一定数额但要供与被继承人有一定亲缘关系的人居住，此时也不适合纳入遗产税的征收范围，而如果该套住房价值的确达到一定数额，则可以考虑对住房进行一定数额的扣除后计算遗产税。

对于其他财产，也要视具体情况而定。由于某财产可能处于流通之中，

---

① 遗产形式包括实物（含古董、古玩、字画）、货币、无形资产、有价证券、债权及股权等。

② 《世界上开征遗产税的国家概括》，http://news.9ask.cn/ycjc/jcfg/201005/690599.html，最后访问日期2015年3月17日。

如果对其妄征遗产税，反而可能会造成该财产价值的不合理贬值或者对无利害关系的第三人造成损失。为了维持遗产税的公平性，应当加以区别对待。比如被继承人在公司享有的股权或者管理权，虽然可以通过一定方式变成具体的财产，但如果变现方式或者变现时间点不对，则极有可能影响到公司的正常运作。

（二）遗产计价对遗产税公平性的影响

计税基础范围之确定受到不同形式的遗产计价的影响，不同遗产的市场状况不同，其价值变化不同，生活影响也不一样。另外，相同的遗产形式因不同的估价标准，最终确定的价值也会有所不同，同时对遗产的估价还要受到遗产所在地经济水平的局限，在确定遗产税计税基础时，应当将每一位被继承人的遗产纳入当时、当地的实际情况之中才能更加准确地估算财产的价值，从而确保不失公平。世界上任何国家和地区的经济发展水平都或多或少地存在差异，这种差异具体表现为各地工资收入水平的差异、动产不动产市价的差异、消费水平的差异（这反映了各地生活成本的差异）以及经济发展速度的差异，这些客观存在的差异要求在确定遗产税计税基础时应该对不同地区的财产估价做出不同的规定以匹配各地区的具体情况。因此，确定遗产税计税基础之范围必须考虑遗产计价，且通过"具体情况差别对待"的方式，实现遗产税征税的实质公平。

综上所述，为确保遗产税的公平性，构建遗产税制度时，首先应当确定遗产税的计税基础，即征税对象、征税范围和计税价格，然后才能进一步确定税率等相关因素。

三、开征遗产税时计税基础的确定

关于遗产税是否开征、何时开征，在此不做研究，我们仅仅对遗产税的计税基础如何确定提出建议，以确保政府和公民对正义、公平价值的不懈追求，以解决越来越大的贫富差距、税收制度缺陷、财产转移（隐匿）等问题。

（一）遗产税计税基础之财产范围的确定

遗产税是针对被继承人财产征税的税收制度，因此，首先应当确定被继承人的财产范围。被继承人拥有的财产是指受到法律保护的且能够用金钱予以量化的权利的总称,包括不动产、动产和知识产权,具体包括银行存款、有价证券、车辆、收藏品等在内的动产和房屋、土地等在内的不动产,也包括利息、租金、专利收入等财产权利以及资本运营所获得的红利收入、财产增益等。在韩国的《遗产税法基本原则》中,财产定义为:能够变现、有机构及价值的物质财富和有财产价值、在法律上或者事实上的权利。也就是说,征收遗产税的财产不仅包括与财产所有权有关的财产权,而且包括债权、无形资产的所有权和信托收益权。因此,无论法律是否明文规定,凡是有经济价值的都应当视为财产,如商誉(goodwill)等。[1]但并不是所有遗产都要被征税,而是遗产税法确认的纳入计税基础的部分才征税。

以上所述的遗产,在总额达到规定征税数额后应当分别计算遗产税。而"被继承人逝世时遗下的财产"则应当包括逝世时立即移交或经一段期间始行移交的财产。此种财产移交,或为确定者,或为未确定者,或是原本移交者,或是按一定限制移交。"逝世时"应当包括"一段仅可根据死亡日期方能确定之期间";"权利"包括因持有公司股份或债券而得以行使的任何权利或权力,以及获发公司股份或债券的任何权利或权力,同时还包括被继承人持有的任何非遗嘱性质的财产支配书面证据,凭该证据可将任何明确而肯定之财产,按任何方式或为任何目的加以分配或协议分配。对纳入计税基础的遗产总额应当是超出一定数额的财产收以从总体上控制遗产税计税基础的范围,各地区则可根据当时的经济发展水平在以上规定的限度内进行调整。

为营造互助的社会氛围,鼓励慈善,保护公民基本权益,实现财产的有效利用,应调整遗产税的计税基础,对性质或用途特殊的财产不计征遗产税:

继承人将继承的遗产用于信托的。继承人把财产转移给或者委派给(且该委派不能变更)一个符合我国信托法规定的国内信托机构的,可以在继承财产中予以扣除。

赠与财产的调整。遗赠人、受遗赠人或继承人捐赠给公共事业的财产,遗赠人、受遗赠人或继承人捐赠给各级政府及教育、文化、公益慈善机构之财产,赠与本国战争退伍军人或组织的财产不纳入计税基础。[2]对于被继承

---

① 刘佐、石坚:《遗产税制度研究》,中国财政经济出版社 2003 年版,第 112 页。
② 目前,我国慈善捐赠水平较低,占 GDP 的比重不到 1%,在计划经济时代,政府的职能包含了提供社会救济和长期的社会福利,公民的慈善事业背后的个人主动性慈善捐赠参与率偏低的情况普遍存在。参见葛道顺:《中国慈善事业的现状和发展对策》,http://www.bjpopss.gov.cn/bjpssweb/n3339c48.aspx,最后访问时间:2014 年 9 月 4 日。

人赠与财产、不合理处置财产等各种意图规避遗产税的行为，应当具体考察被继承人处置财产的动机和时间、交易相对人与被继承人的关系而具体确定计税基础是否征收、如何征收。

遗产中有关于历史、文化或美术的图书物品，由于具有珍贵的历史文化价值，如果继承人将其向有关部门声明保存登记的，应予扣除。

由于军人在国家中的重要地位，对达到某一级别的海陆空军人，若是战时阵亡或因战地服役受伤致死的，其遗产不纳入遗产税的计税基础。

继承人（纳税人）自身的特殊事项。如继承人与被继承人之间存在债权债务关系，在遗产继承开始后，应当先清算该债权债务。若是继承人享有被继承人的债权，则在继承遗产中予以扣除；若是被继承人享有继承人的债权，则应将该债权加入征收遗产税的财产中；若继承人是被继承人信托财产的受益人，对于该信托财产也应当变价征收遗产税；若继承人身体残疾、为无民事行为能力或限制民事行为能力人等，对其继承的财产征收遗产税时应当以保障其基本生活水平为标准予以扣除。

合法的债务与殡葬费所涉及的遗产税计税基础之范围确定。其具体建议如下：

在计算遗产税而评定遗产价值时，对数目合理且是在当地开支的殡葬费，应调减遗产税的计税基础，但若超出一定数额则应按照地方标准纳入计税基础。

死者的合法债务及因死者对财产支配而产生的产权抵押，确实属于以金钱或金钱等价物为全部代价，且全部用于死者自己及使其本身得益，死者是该利益的实际所有者；或死者确实无法实现享有的债权；或同一债务、产权抵押转由财产不同部分负担者，给予最多一次的可从应清偿该债务或产权抵押的财产价值中扣除。当然，为实现该债务及产权抵押产生的费用也应扣除。

因债务或产权抵押产生的死者逝世时遗下或视为遗下的财产中预期可获的权益，以及预期可获权益的代价，不论运用法律或其他方法，且不论任何人，其预期可获得的权益因死者逝世而被购买、获取或撤销者，若根据死者所作财产支配，或通过法律规定的产权转移，或在死者无预立遗嘱的情形下，变为有权拥有该财产中任何权益，在计算遗产税评定遗产价值时，对此等债务或产权抵押，不应从计税基础中扣除，而对于任何附有该类债务或产权抵押的财产，均应视为解除该债务或产权抵押后遗下的。如果仅有权享有该财产的部分权益，则此项规定仅适用于有关债务或产权抵押中的一部分，该部分在全部债务或产权抵押中所占的比例，与该人其后有权享有权益的部分财产的价值所占全部财产价值的比例相同。死者所欠的债务以及产权抵押，除非是在死者当地产生的，否则不从计税基础中扣除。

（二）遗产税计税基础之遗产估价标准确定

1. 各类遗产的估价标准

自然人死亡时，既可能遗留资产，也可能留下负债，只有当总的资产大于总的负债时才征收遗产税。因此，遗产税计税基础可按遗产形式依下列方式确定。

有价证券按当时的可变现净值确定。据此规则，对有价证券价值的确认，应按照其正常销售所能获得的现金或者现金等价物的金额扣减该有价证券交易时发生的成本、估计的销售费用以及相关税费后的金额计量。

应收账款及应收票据按将来可望收取的数额，以当时的实际利率折现的价值减去估计的坏账损失和催收成本来确定。将该制度引入遗产税中，可用作对被继承人享有的债权等的估价。

用于交易的财产。用于交易的产品和商品未实现销售前，以估计售价减去成本及现金结余库存来确定合理的利润；当产品或商品库存实现市场销售后，以实际发生的需求价格扣除生产产品的合理成本、发生流动的费用及税收确定利润，以估计利润和实际利润的差额为补税或退税的标准。

固定资产应分为不同的条件确定：固定资产仍继续使用的，按照固定资产的重置成本计价；对于打算出售或持有一段时间（但不使用）后出售的固定资产，按可变现净值的价格；对于持有一段固定的时间，然后临时使用出售资产的，按可变现净值计价。

专利、商标、租赁、土地使用权等经评估后的公允价值，以评估价值与投资成本之间的差额确定。

金融资产公允价值的确定。存在活跃市场的金融资产，按市场价格确定其公允价值；不存在活跃市场的金融资产，利用估值技术确定的公允价值，应该体现为评估基准日可在正常交易中使用的价格。估值技术包括参考其他金融资产在交易双方均熟悉市场状况并自愿交易的情况下所达成的交易价格，现金流量折现法和期权定价模型。

2. 物价以及宏观环境影响下财产价值的确定

在国内宏观调控政策保持相对稳定、美欧日经济平稳增长的情况下，2011年我国经济增速回调到 9.7% 左右，2012～2015 年保持 10% 左右的较快增长状态。2011 年和 2012 年我国通货膨胀压力较大，CPI 涨幅超过 5%。2012年以后食品价格和 CPI 涨幅趋于下降，但非食品价格仍保持较快上涨态势，内在通胀压力依然存在。[①]如今我国经济快速发展，人民币在国际市场上不断升值，国内通货膨胀越来越明显。基于这样的现状，在对遗产进行估价的时候，为确保每一年对相关财产确定的价格都是符合经济发展状态的，应在基本标准的前提下，规定一个恰当的调整幅度。《中国富裕人士财富报告》显示，在富裕人士的总资产中，房产价值占比突出，高达 60%～80%。在可流动性资产中，储蓄仍为最主要的配置形式，所占比例达 40%～50%，而房价近几年在我国的波动巨大，如果不能实时调整对于房产的价值评估，那么不仅对继承人和被继承人的财产会造成因估算价值失实带来的损失，还将使我国的房地产市场更加混乱。对于其他纳入遗产税征收范围的财产价值波动也要参照房产税制定能够随物价变化的遗产价值估算方式。

针对一些突发状况如地震等自然灾害，政府能够积极调动各项资源，快速有效地应对困境。而对于这些突发事件，国家必须做出相应的特别政策，其中难免有为了鼓励国民而制定的激励措施。这些措施中，如果包含对一些地区或特别物品价格的调控、对个人财富鼓励捐赠，那么在确定遗产税计税基础时，也要做出相应的调整。

3. 财产价值确定的基本标准

财产的价值总额，应估计为该财产在死者逝世时的公开市场上出售可得的金额。估计财产价值总额时，不应因该项估计是基于全部财产同时在市场出售的假定而将估值减低，但如能向法院证明财产因为死者的逝世而贬值的，则在评估财产的价值时，应减去贬值的金额。

死者的合法债务及因死者对财产支配而产生的产权抵押，如是为实现该债务或产权抵押而产生的费用，该费用由获得死者的财产的人（包含于任何时间有权拥有或已经拥有死者财产的人）或付出该项代价的人，向法院提供证据并获得法院的认可的，可调减计税基础，减幅与所付代价值相称。但如

① 余斌、李建伟：《我国经济与物价的中长期发展前景》，载《经济与管理研究》2011 年第 10 期。

所付代价值或部分所付代价值（视情形而定）仍然超过得自死者所有财产价值的，对于超过的部分，无须扣减免税额。

遗产如包括某项预期可获得的权益，则此项权益应由负责缴纳遗产税的人选择是将该权益与其余遗产的应课税款一并缴纳，还是在该项权益实际拥有时缴纳。如该项权益选择实际拥有时缴纳，为决定其余遗产的应课遗产税率，该项权益的价值应以其在死者逝世当日的价值为准，当该项权益实际获得时，其应课遗产税率应根据当地的价值以及先前已确定的其余遗产额价值，一并计算。

死者逝世的权益，如因其终止而增加或产生利益，则此种利益的价值须依下列情形予以确定：如该项权益范围及于财产的全部收益，则以该财产之价值总额为准；如该项权益所及范围少于财产的全部价值，则以该财产增添部分的价值总额为准。

为方便遗产税总额的计算，征税主体应当采取其认为适当的方式及办法以确定财产价值。如征税主体授权任何人视察有关财产并向其报告财产价值，以便执行遗产税的税收制度，则保管或占有该项财产的人，须准许获授权人在征税主体认为合理的时间视察有关财产。征税主体指定其他组织对财产进行估价，则有关估价的合理费用，须由有权方支付。

（三）遗产税计税基础的家庭关系的认定

被继承人与继承人之间的亲疏关系表明被继承人对继承人所担负社会责任的大小，因此，在确定财产是否纳入遗产税的征税范围以及对纳入遗产税征税范围的财产进行估价时，必须特别考虑继承人与被继承人的关系，通过对他们关系的确定使遗产继承人与被继承人的权利义务都不至于受到损伤。

根据《中华人民共和国婚姻法》的规定，家庭关系一般包含夫妻关系、亲子关系、继父母与继子女的关系、养父母与养子女的关系，以及兄弟姐妹之间的亲属关系。基于以上不同的家庭关系，在关系双方中，被继承人与继承人的亲属关系不同，被继承的财产也各有不同。此项可参照《美国税法典》以及《德国遗产税》（德国民法第5卷）的有关规定：

一级纳税人（获得财产的人）：配偶、孩子和前妻前夫的孩子、孩子的后代及前妻前夫孩子的后代、父母和祖父母（去世情况）。对配偶、孩子、孙辈以及其他亲属规定由高到低的免征额。同时对符合我国《婚姻法》规定的夫妻规定更优惠的扣除项目。二级纳税人（获得财产的人）：父母和祖父母（赠送情况）、兄弟姐妹、侄子侄女、继父母、女婿媳妇、岳父母、前妻前夫。三级纳税人（获得财产的人）：所有其他情况。前述二、三级纳税人适用相同的免征额。

Determination of Inheritance Tax Tax Base from the Fair Perspective

Chen Sijin, Zhou Ju

Abstract: From a fairness perspective, focuses on the retention or abolition of the inheritance tax wealth creation incentives, protection of citizens' rights, gaps between rich and poor had an effect, United States, suspension and repeal of the inheritance tax of Hong Kong, the key is due to the tax base, there is a deviation from, the scope of the tax base and the fairness of the price directly affect the inheritance tax. So, from heritage of nature and uses of particularity determine not into heritage tax meter tax based of property range, from various heritage of valuation standard, and prices and macro environment on heritage value of effect, and heritage value of finds standard to determine heritage tax meter tax based of pricing, and consider family relationship on heritage tax meter tax based of deductions standard, to for tax organ and taxpayers perform heritage tax provides specific can operation of detailed specification.

Keywords: fair; inheritance Tax; tax base; determined

（本文编辑：何奇子）

司法改革中的多元竞逐与单一效忠

——以民国上海公共租界会审公廨收回为例

姚尚贤[*]

内容摘要：上海会审公廨在近代中国法制现代化过程中具有重要地位，已有研究视角主要集中于中外关系和法律制度的建立与运行。对会审公廨收回时段的状况研究较少，尤其是对国内因素对收回会审公廨所产生的影响有所忽视。从国内关系视角将会审公廨收回置于民国司法改革下研究，可发现民国前两次司法改革中的会审公廨收回受到不同权力——利益主体的竞逐，导致会审公廨收回呈现从单一"外人化"问题转变为"外人化"和"地方化"双重问题的叠加。面对多元权力——利益主体竞逐，南京国民政府以司法权中央集权化模式取代北洋政府时期会审公廨收回的地方化模式，来实现上海特区法院的单一效忠与对该法院的有效治理。这种模式的转变体现了司法工具主义的兴起，并在一定程度上实现了南京国民政府司法改革的多元目标，强化了其对司法权中央集权化模式效果偏好。然而，地方化问题并未根除，且该问题与司法工具主义混杂给当时司法发展带来负面影响。当今司法改革所面对的司法去行政化和去地方化与会审公廨收回所面临问题具有相似性，必须在司法改革中有效处理司法与地方权力的问题，实现司法作为组织上的独立。

关键词：司法改革；会审公廨；多元竞逐；单一效忠；工具主义

---

* 作者简介：姚尚贤，上海交通大学凯原法学院 2013 级博士研究生。

一、引 言

上海公共租界会审公廨[①]作为特定时代和地域背景下中外双方交涉的产物，是公共租界内专门处理华洋之间纠纷的司法机构，其有别于传统中国管理不同族类诉讼的"理事衙门"，并因为外国因素存在而一定程度上具有西方现代法院的色彩。纵观会审公廨的历史，其设立初期受上海道管辖，而后由于晚清民国社会政治动荡为外国势力所掌控，在这个转变过程中伴随着上海租界外国势力的肆意妄为及中国政府控制力量的式微。由于会审公廨"外人化"所带来的一系列问题，加诸其他社会政治因素的叠加，引发了民国时期对会审公廨收回的几次尝试。这些尝试均发生于民国历次司法改革背景下，而在社会思潮和局势的变换中民国政府最终艰难完成了对会审公廨的收回和改组。在会审公廨从设立到最终被收回的漫长过程中，其制度变迁、法律制度和理念交互及背后多元权力竞逐折射出了近代中国在"三千年未有之大变"下转向民族国家过程中所面对的复杂国家社会建设问题以及从被动适应到主动回应时漫长而艰辛的努力。

回顾上海公共租界会审公廨的研究，从上个世纪初至今可以分为两个阶段，分别是第一阶段（20 世纪 20 年代至 40 年代）[②]以及第二阶段（1980 年至今）[③]。总体而言，第一阶段对于会审公廨的研究更多着眼于对史实的梳

---

① 上海公共租界会审公廨（"Shanghai International Mixed Court"），源于上海开埠之后在 1864 年由上海道台应宝时和上海英美各国领事协商设立的"洋泾浜北首理事衙门"，在 1869 年依据《洋泾浜设官会审章程》在原北首理事衙门基础上设立，后因租界变动而成为了公共租界中的特殊司法机构。

② 相应的国内研究成果有：燕树棠：《解决上海会审公廨问题之捷径》，载《现代评论》1925 年第 36 期；梁敬錞：《所谓上海临时法院者》，载《法律评论》1929 年第 7-8 期；邱培豪：《收回临时法院问题》，载《社会科学杂志》1930 年第 1 期；钱泰：《上海特区法院成立之回顾》，载《中华法学杂志》1930 年第 3 期；席涤尘：《收回会审公廨交涉》，载《上海通志馆期刊》1933 年第 3 期等等。境外研究成果有：[俄]A. M. Kotenev, Shanghai: Its Mixed Court and Council, Shanghai: North- China Daily News and Herald, 1925；[俄]A. M. Kotenev, Shanghai: Its Municipality and the Chinese, Shanghai: North-China Daily News and Herald, 1927 等。

③ 相应的国内研究成果有：王立民：《上海法制史》，上海人民出版社 1998 年版；马长林：《晚清涉外法权的一个怪物——上海会审公廨剖析》，载《档案和历史》1988 年第 4 期；谷小水：《1926 年上海公共租界会审公廨收回交涉评述》，载《历史档案》2007 年第 2 期；洪佳期：《上海公共租界会审公廨研究》，华东政法学院法律史博士论文 2005 年；陈策：《上海公共租界法权变迁问题研究》，复旦大学历史系博士论文 2009 年；姚远：《上海公共租界特区法院研究》，上海人民出版社 2011 年版；王志强：《非西方法制传统的诊释——评史蒂芬斯的〈上海公共租界会审公廨〉》，载《北大法律评论》2000 年第 1 期。境外研究成果有：[澳]Stephens. Thomas B, Order and Discipline in China: The Shanghai Mixed Court 1911-1927, Seattle: University of Washington Press, 1992；杨湘钧：《帝国之鞭与寡头之链——上海会审公廨权力关系变迁研究》，北京大学出版社 2006 年版等。

理和对会审公廨收回过程中政治得失较强的意识形态色彩和价值评判，而第二阶段研究则更加重视价值中立而深入地对会审公廨法律制度及其运作中的现代化因素进行经验梳理等方面的研究。这种更加精细和客观的研究态度与研究方法使得第二阶段对于会审公廨的研究在学术成果上取得较前一阶段更大的进步。而这两个阶段在对会审公廨的研究进行梳理的过程中分享着两个基本共识：（1）会审公廨的产生和发展是在中西文化和政治制度的互动中产生的，是一种"冲击——回应"模式下的现代化产物；（2）会审公廨的衍变是在近代中国与西方相遇背景下产生的，而在会审公廨的权力变迁过程中中国和外国（主要是西方国家）两类权力主体之间的竞逐，其结果决定了会审公廨的权力利益分配和运行格局。

以上两个基本共识实质上反映了过去两个阶段的研究分享着共同出发点——在"中外关系"视角下对会审公廨进行研究。虽然此种视角下的研究客观描绘了会审公廨在近代中国历史中的部分状况及定位，但该视角由于将会审公廨置于不同族群、文明和国家间的关系之中，而忽视了会审公廨在国内权力结构关系变迁和制度变革过程中所受到的影响以及自身扮演的角色这一面向。事实上，会审公廨位于公共租界，以解决上海公共租界中华洋纠纷为目的并于辛亥革命以后被外人完全掌控，但是自从被民国司法改革行动提上收回日程时就已经开始成为国内外多元权力—利益主体竞逐的权力容器，其结构和运行均受到权力竞逐结果的影响。这种影响折射出近代中国在面对西方文化和制度冲击中调整自身制度实现转型时候的国内权力关系演变。目前，学界在承认国外势力影响的前提下将研究重心转向对国内多元主体在会审公廨收回中所扮演的角色及产生的影响的研究成果较少①，而将会审公廨的收回置于民国司法改革过程中的研究成果则基本处于空白状态。

在此基础上，本文尝试以"国内关系"视角切入，将会审公廨的收回置于民国二次司法改革背景下进行研究，考察会审公廨在两次民国司法改革中

---

① 笔者发现的研究中似乎只有两篇文献：［美］Tahirih V. Lee. Law and Local Autonomy at the International Mixed court of Shanghai（Ph.D. dissertation），Yale University，1990；王敏：《苏报案研究》，上海人民出版社 2010 版。前者部分涉及此问题。以上两篇文章是笔者目力范围内明确涉及"国内关系"视角的会审公廨研究文章。造成这种状况的原因，笔者认为一方面可能在于对会审公廨的研究，尤其是其中权力争夺和分配的研究自第一阶段来即形成了较为明显的研究路径依赖，即更加注重于在中外交互的大视角下研究会审公廨；另一个原因可能在于自第二阶段以来由于对会审公廨的研究日趋中立客观，脱离了强烈意识形态的影响后转向了对于会审公廨更加微观细致和制度本身的内部运行研究，因而容易忽略在国内政治权力结构体制的变化视野下研究会审公廨。

的变化，以及在民国司法改革过程中作为权力容器所体现的国内不同权力主体与国外势力之间就权力—利益分配进行竞逐的复杂现象。在此基础上，本文拟探究民国司法改革在会审公廨收回上的成功和不足的原因，以及这些原因背后所隐含的影响司法改革进程的关键点及其对当今司法改革的历史经验和参考价值。

二、第一次司法改革中的会审公廨收回

（一）地方权力利益主体介入与会审公廨收回

在 1912 年 1 月 1 日南京临时政府成立当天，时任中华民国外交总长的伍廷芳发布了《中华民国对于租界应守之规则》，表达了南京临时政府对于领事裁判权问题的态度，其中包括对会审公廨采取措施的态度：

> 上海会审公堂，前此所派清廷官吏，大半冗阘，是以腐败不堪。上海光复后，该公堂竟成独立，不复受我节制，此种举动，理所必争，尤宜急图挽救。外交部自当向各领事交涉，使必争回，然后选派委员接管，徐图改革。但交涉未妥之前，我军民不可从旁抗辩，致生枝节。[①]

此声明作为南京临时政府解决领事裁判权和会审公廨问题的政治宣言，揭开了民国收回会审公廨运动的帷幕。由于当时处境艰难，南京临时政府对会审公廨的诉求仅仅是希望能够恢复辛亥革命前的管治状态，即希望能够派遣中方官员进入会审公廨恢复原来双方共同会审的状态，而对会审公廨的更多改变则寄希望在国内革命成功、建立统一共和国之后再行解决。[②]由于北洋时代社会持续动荡，宣言中所表达的对会审公廨收回的"外交交涉但军民不可抗辩"的原则因此一直被后来的北洋历届政府奉为圭臬。

[①] 南京临时政府外交部：《中华民国对于租界应守之规则》，载中国第二历史档案馆编：《中华民国史档案资料汇编》（第 2 辑），江苏人民出版社 1981 年版，第 10～11 页。

[②] 据史料记载在 1912 年 1 月 5 日，关絅之因纯粹华人案陪审问题曾向时任外交总长伍廷芳请示。伍廷芳考虑到临时政府处境艰难，所以不赞成在目前提出过多的外交问题，主张暂时维持现状，以待将来再行采取措施，并表示暂且认可领团观审。参见石子政：《关絅之与辛亥革命后的会审公廨》，载《档案与历史》1988 年第 4 期。

在这个方针和原则的指导下，南京临时政府和北洋政府在 1912 年到 1926 年这 14 年中曾多次与北京外国公使团商讨关于会审公廨的收回改组问题。其中较为重要的交涉分别是 1913 年交涉、1919 年巴黎和会的公开要求、1921 年华盛顿会议的公开要求和 1924 年交涉。[1]在这些交涉中，北洋政府收回会审公廨的努力由于受到政权更迭和外交策略失误的影响[2]，会审公廨收回基本处于停滞状态。

然而在会审公廨收回陷入困境时，1925 年爆发的"五卅"事件为其带来了转机。"五卅"事件爆发后，为回应全国（尤其是上海各界）的民意诉求，北洋政府外交部于 1925 年 11 月提出"收回会审公廨及改组上海租界内司法机关"的口号，并将其作为中外"五卅"运动解决方案中中国方面提出的要求的重要部分。但当时北京公使团没有对此表态，加之 1925 年底北京政权的更迭使得会审公廨收回问题再次被搁置。虽然 1926 年 2 月北京政府外交部与外国代表重新会谈商讨交还上海会审公廨及改组上海租界内司法机关的问题，但由于各自坚持 1924 年草案中的要求导致谈判陷入了僵局。当时处于政局动荡之下的北洋政府面临国内复杂局势的牵绊，在收回会审公廨的问题上明显力不从心。鉴于 1925 年 4 月以来北京政权更迭导致的政局混乱拖延了会审公廨收回的进程，上海总商会和律师公会等团体为了保证会审公廨收回交涉的顺利进行，向北洋政府提出收回会审公廨交涉移至上海交由上海地方政府就地进行的建议。[3]

---

[1] 大概归纳为：（1）1913 年 12 月北洋政府外交部照会当时领袖公使英国公使朱尔典强调"中外之间要以条约为依据，约外扩张是不能得到承认"，并指示上海特派交涉员杨晨与驻沪领事团进行谈判。后来 1915 年公使团照会北洋政府外交部表示各国公使愿意在五个前提条件下将会审公廨交还中国。（2）1919 年 1 月 23 日以及 2 月 10 日北洋政府外交部先后两次照会北京外国公使团要求将会审公廨尽快交还。而公使团提出以扩展租界为交还会审公廨的交换条件。（3）1919 年在巴黎和会上中国代表团向和会提交包括对会审公廨进行收回要求的《中国希望条件之说帖》，但没有得到外国回应。（4）1921 年华盛顿会议中中国代表提出法权问题并特别强调中国"并非立即将各国领事裁判权完全废止，乃为邀请各国与中国政府协同办理改良或撤废现行领事裁判制度之着手办法"。重申对会审公廨权力收回的主张。尽管这与国人的要求相差甚远，但就连这一建议也未得到与会各国的同意。（5）1924 年 1 月在"自华会以后，中国人民始进行收回其已失之司法权，于是上海之公廨问题，遂成一时讨论之点"的大背景和上海各社团代表呼吁下，北洋政府外交部为收回会审公廨照会驻京外国公使团，在遭到拒绝后，又提出"部分收回会审公廨"的折中方案亦被拒绝。

[2] 1918 年 1 月时任淞沪护军使（即上海地区军政负责人）的卢永祥根据上海金业公会等组织的要求向北洋政府国务院提出收回会审公廨并同时设立上诉法院的呈文。当时北洋政府国务院在收到申请后的做法是批转司法部予以办理，然而司法部所能做的仍然是发咨稿给外交部要求外交部催促北京公使团交还会审公廨。但是一如之前的交涉惯例，外交部以已向领袖公使发出照会却没有得到照复为由而不再过问，致使会审公廨收回问题被拖延。

[3] 此时上海会计师公会亦致电中央及江苏省政府要求会审公廨就地解决，主张趁时局和舆论对我方有利的时机下应先将会审公廨的管理权及早收回，至于法院内部的事宜则等收回以后再作解决。参见：洪佳期：《上海公共租界会审公廨研究》，华东政法大学博士学位论文 2005 年，第 171～173 页。

面对当时上海各类团体的请求，加上中央政府对收回会审公廨无法取得进展的情况下，时任代理外交总长的颜惠庆决定将交涉事项交由江苏地方当局与上海领事团就地商议。此一做法客观上为会审公廨的地方解决模式提供了合法性和正当性基础。随后上海总商会、律师公会等社团推举的代表们即赴南京向时任五省联军总司令孙传芳及江苏省长陈陶遗当面建议由地方政府主持收回会审公廨。①事实上这种从中央政府处理会审公廨问题转到由地方政府处理的做法，也为后来上海临时法院地方化问题的出现埋下了伏笔。

会审公廨收回权责从中央转移到地方，是由当时复杂的社会、政治、经济、军事背景决定，实质是不同权力——利益主体的多元竞逐。当时主政江苏的五省联军总司令孙传芳及其派系，本身带有强烈的地方军阀特性，具体表现为政权地方化、割据化和军阀化，以垄断地方权力的运行和分配为手段实现其自身利益最大化。②而当时主政北洋政府中央的是皖系军阀集团，与控制江苏的孙传芳集团分属不同利益集团。正是基于这种无法对会审公廨所在地区的有效控制，加上政权的不稳定和交涉中外国势力的强烈反对，同时为了转移日益高涨的民族主义情绪对中央政府无能的不满，北洋政府才会将会审公廨收回的权责交由地方集团行使。

相对于中央政府在国内事务上的焦头烂额，刚刚控制江浙沪地区、筹划建立淞沪商埠督办公署的孙传芳由于意在长时间有效地控制上海地区，因此亦希望借收回会审公廨以获得民意支持，以强化自身统治的合法性，扩大其影响力来增加与北洋政府及广东革命政府抗衡的砝码。③由于洞悉此状况，当时代表团中的赵晋卿等人便向孙传芳建议：

> 到上海后，函应做几件有利于国家及大众所期望而中央不能解决之事。会审公廨为上海居民受害最深、最不合理之制度，如能收回法权，定得上海商民拥护。④

---

① 1926 年 4 月 24 日，上海总商会、律师公会等沪上各社团再次推举赵晋卿、董康、李祖虞、陈霆锐等 4 人为代表，联名致电江苏省政府表达上海商民要求收回公廨的意见。第二天，4 人赴南京与五省联军总司令孙传芳及江苏省长陈陶遗当面接洽。参见陈策：《上海公共租界法权变迁问题研究——基于会审公廨、临时法院、特区法院的考察》，复旦大学博士学位论文 2009 年，第 36 页。
② 陈志让：《军绅政权——近代中国的军阀时期》，广西师范大学出版社 2008 版，第 6～80 页。
③ 洪佳期：《上海公共租界会审公廨研究》，华东政法大学博士学位论文 2005 年，第 172 页。
④ 赵晋卿：《收回会审公廨交涉的经过》，载上海市政协文史资料委员会等编：《列强在中国的租界》，中国文史出版社 1992 年版，第 60 页。

代表团的建议正好符合孙传芳的意愿，在淞沪商埠督办公署成立后，他立刻表示其设置督办公署的初衷之一即为收回会审公廨，解决多年来的外交悬案，并指派总办丁文江与外交部特派江苏交涉员许沅会同办理。①在得知当时江苏省政府从北洋政府中央接受"沪案移地"交涉的权责后，北京外国公使团便通告上海领团要求驻沪领事团与江苏省省方代表直接就会审公廨的收回进行谈判。②

虽然将会审公廨收回交由江苏省地方政府与驻沪领事团协商，事实上北洋政府外交部对于会审公廨的此种地方收回模式并未寄予太大希望。1926年5月11日许沅在致北京外交部参事厅电文中陈述：

> 收回公共公廨事，省政府迭据总商会、律师公会等请愿，孙联帅会同陈省长，已委任淞沪商埠督办公署总办丁文江君查核实在情形，妥善交涉即日收回，并令沅会同办理。现正接洽进行。能否就地解决，尚无把握。③

基于此种担忧，北洋政府中央在5月19日外交部参事厅复电江苏省政府时做出明确要求：

> 收回沪公廨案由沪就地办理，极为妥善。仍请将商办情形随时摘要见示，以资接洽考虑。部中会同英、美、法、义（意）、日五国委员讨论情形及该国委员所提答案大旨，业于本月五日电达。此后如何进行，仍当随时电告。以期内外呼应，免为外人所乘。④

---

① 1926年5月4日，淞沪商埠督办公署成立，孙传芳自任督办公署主任，丁文江担任总办。在丁、许二人的要求下，上海总商会、律师公会等推选精通法律的李祖虞、陈霆锐二人为代表起草说帖，即将收回会审公廨的要求拟作说帖的形式，作为将来交涉的依据。所起草的说帖内容大致分四大纲：（1）刑事改革；（2）民事改革；（3）收回前之准备；（4）收回后之措施。各纲内又分子目若干项，详细说明交涉程序的步骤。参见：邓克愚、顾高地：《列强在上海侵夺我国司法权的史实》，载上海市政协文史资料委员会等编：《列强在中国的租界》，中国文史出版社1992年版，第41页。

② 席涤尘：《收回会审公廨交涉》，载《上海通志馆期刊》1933年第3期。

③ 冯绍霆、张蓉蓉：《收回会审公廨存档录·上海特派交涉员电（1926年5月11日）》，载《档案与史学》1996年第1期。

④ 冯绍霆、张蓉蓉：《收回会审公廨存档录·上海特派交涉员电（1926年5月11日）》，载《档案与史学》1996年第1期。

从电文可以发现，即使已经授权地方处理会审公廨收回问题，但是中央政府仍然希望能够主导会审公廨的谈判和收回过程，即北洋政府中央并不希望将会审公廨收回全权交由地方割据下的江苏省政府处理。事实上，北洋政府中央一方面将北洋政府对于收回会审公廨的草案转交江苏省政府，另一方面则要求许沅对于会审公廨收回过程中发生的事项"随时电告"，"以期内外呼应，免为外人所乘"。这种要求表面上希望能够避免出现中央地方沟通上的失误被外国势力利用导致会审公廨收回受阻，实质上一方面反映了北洋政府中央对于会审公廨收回背后的司法权力的主权性认识，即会审公廨收回过程中因涉及司法权的中央与地方划分问题并涉及敏感的中外关系而非常重要必须审慎处理，另一方面反映了北洋政府中央担忧在全国地方主义和割据遍布的情况下，完全授权会导致司法权力被地方权力—利益集团垄断，因而中央政府必须主导以及监督。

然而在随后 5 月 21 日、5 月 24 日、5 月 28 日、6 月 15 日江苏省政府和驻沪领事团举行的 4 次协商后，双方最终达成的收回会审公廨协议却是让中央政府和不少民众感到失望的：

> 交涉结果，除民事部分，早已商妥别无问题外，刑事陪审问题，省方让步，不复力争；省方容纳领事所提的折中办法，即：如关于直接与租界治安有关的案件，仍须有领团派员出庭观审。检察处改为书记处，仍由领团推荐人员，惟职权缩小，为附属于公廨行政的一部分。监狱问题，省方亦表示让步，公廨收回后，由法庭委派华委数人，西委一人，组织一委员会，随时考察监狱内部的设置状况，提议整顿或改良。法庭司法警察，仍由捕房派遣。完全收回的，仅有领袖领事传拘单签字一项。[①]

事实上《收回上海会审公廨暂行章程》基本上没有按照北洋政府中央的意图进行而达到对会审公廨的权力结构进行完全改变的状态。面对此种结果，当时已经无力干涉太多的北洋政府中央除了表示不满之外只能够默然接受：

> 沪廨案的交涉状况令外交、司法两部很是不满，但无计可施，仅在

---

① 席涤尘：《收回会审公廨交涉》，载《上海通志馆期刊》1933 第 3 期。

8 月 3 日由司法部派遣法权讨论会秘书长郑天锡前往上海探寻真相，作出虚弱的应对姿态。[①]

究其原因在于，此时江苏省实际上已呈半独立的趋势。因而在会审公廨的收回过程中，地方权力—利益主体成功介入到了本来应该在中央层面进行的会审公廨收回，而这使得会审公廨收回及其后的代替机构的权力竞逐中出现了更加复杂的多元化现象。

（二）会审公廨收回的地方模式及其问题

在当时复杂的社会环境和中央政府无能为力只能够默许的情况下，江苏省政府经过多次协商后与驻沪领事团签订《收回上海会审公廨暂行章程》，以上海临时法院取代了存在近五十年之久的会审公廨。这种会审公廨收回的地方模式在司法权收回过程中取得了一定成果，然而亦留下了不少理论和实践上的隐忧。

按照西方关于主权的经典理论，司法权作为现代民族国家主权的重要组成部分，必然处于主权者的掌控之下，具体表现为作为司法权具体化载体的司法系统的制度设置和运行的是按照主权者的意志形塑而成。在现代民族国家中，这种主权者对司法系统的制度设计和运行指引权力合法性或是来源于人民主权的授予，或者是社会契约缔结后的让渡。然而，取代会审公廨的上海临时法院其合法性却是建立于非中央性的协议之上，这亦是会审公廨问题移沪交涉所形成的地方模式必然催生的产物。然而除这种特殊协议自身的特点外，另外一个值得关注的特点是这种司法权的主权回收是在地方层面而非中央层面进行。在正常稳定的国家中，如果中央政府对于地方有较强的治理能力且地方政权并非处于割据状态的情况下，通过授权地方进行司法权收回不仅具有合法性也符合实用主义的评价要求。

然而由于受到国内外多元权力的竞逐，上海临时法院的制度设置与运行呈现出权力分享的色彩。从实践和理论上而言，司法权主要分为司法审判权和司法行政权两大类，而对这两类权力的分配状况决定了国家司法权力结构体系的运作生态。当时的司法系统结构是由北洋政府在修订晚清《法院编制

[①]《司法外交两部与沪廨协定》，载《现代评论》1926 年第 90 期。

法》《司法部官制》等法律规范体系的基础上组建而成的，其中司法审判权和司法行政权都具有较高的司法中央化特征。而在《收回上海会审公廨暂行章程》中对上海临时法院司法行政权和审判权的设置明显与北洋政府构建的全国司法体系存在较大差异，一定程度上紊乱了司法。[①]

对于司法行政权方面而言，由于司法人事任免权直接作用于司法系统内部不同层级之间以及司法机关与其他机关的关系，进而影响司法系统的运行状况，因而是司法权行使的重点。按照《中华民国临时约法》和《法院编制法（暂行）》等规定，在会审公廨收回的第一阶段，全国的各级法院院长及推事都应该由司法部总长呈请大总统任免并受司法总长的指挥与监督。[②]但《收回上海会审公廨暂行章程》第一条庚项中规定："临时法庭庭长及推事，由省政府任命之。"[③]由此规定可以明确发现对临时法院院长和推事的任免权和指挥监督权是由江苏省政府所拥有，这显然与《中华民国临时约法》和《法院编制法（暂行）》等规定所构建的司法体系相冲突。虽然在实践中，由于地方军阀割据影响了司法系统的整体独立性和运行的稳定有效性，但法律法规明文规定司法人事任免权排他性归属于中央政府的相关部门。所以《暂行章程》中临时法院受江苏省政府指挥监督且人事听命于其的规定，不但违背了更高位阶的法律（如当时生效的《法院编制法（暂行）》），而且还违背了自民国建立以来在司法改革中为社会大多数所接受的司法独立精神[④]，明显体现了地方割据政府对中央政府的无视和对全国性法律的违反。然而，作为有强大实力参与地方司法权力竞逐的权力—利益集团，实现司法权的地方化对其自身利益的最大化和统治合法性的证明具有重大意义。因此，面对来自中央竞逐主体的弱势地位，地方政府通过《暂行章程》将临时法院院长和推事的任免权垄断就成为必然。

在司法审判权方面，主要涉及司法管辖权和终审权问题。按照现代国家

[①] 陈策：《上海公共租界法权变迁问题研究——基于会审公廨、临时法院、特区法院的考察》，复旦大学博士学位论文 2009 年，第 52 页。

[②] 如在《中华民国临时约法》第 48 条中规定："法院以临时大总统及司法总长分别任命之法官组织之。法院之编制及法官之资格，以法律定之。"

[③]《收回上海会审公廨暂行章程及换文·收回上海会审公廨暂行章程》，载王铁崖编：《中外旧约章汇编》（第 3 册），三联书店 1962 版，第 591 页。

[④] 除了这种任免院长和推事的地方化问题之外，《暂行章程》中还明确规定任命临时法院法官必须通知外国公使团和驻沪领事团。对此燕树棠先生曾经评述："新协定承认中国有通知外国之义务，即是承认外国有进一步干预中国任命官吏之大权，这能够说是收回法权吗？"参见燕树棠：《评〈收回沪廨协定〉》，载《现代评论》1926 年第 36 期。

组织与主权理论，司法终审权作为一种司法判断的终局性决定权不仅对于参与诉讼的当事人具有重要意义，对国家权威和有效治理而言亦极其重要。从立法和实践上而言，司法终审权和管辖权不管是采取司法权的中央化模式还是司法权的联邦化模式，均必须按照全国性的立法规定进行构建和运作。恰如上文所述，《暂行章程》中对上海临时法院的制度设置明显出现多处与全国性司法终审权和管辖权制度的设计规定相违背的地方。就司法管辖权领域而言，按照北洋政府修订后的全国《法院编制法（暂行）》审级规定，各地方法院在刑事案件的管辖上只能审理四年以下有期徒刑、拘役或罚金之刑，或刑事第一审案件。[①]然而《暂行章程》第二条中却规定：

> 临时法庭判处十年以上徒刑及死刑案件，须由该法庭呈请省政府核准，其不核准之案件，即由省政府将不核准理由令知法庭复行讯断，呈请省政府再核。[②]……兹经双方了解，第二条所规定十年以上徒刑案件，须临时法院呈请江苏省政府核准一节，在会审公廨交还之第一年内，暂缓施行。一年期满，是否施行。由省政府决之。[③]

这种规定使得上海临时法院对属地内的所有刑事案件均拥有管辖权，尤其是审判权达及死刑案件，这种规定事实上使全国性法律《法院编制法（暂行）》中的相应条款在该地区无效。而在上诉问题上，按照《法院编制法（暂行）》规定，审级为四级三审制，全国的法院分为初级法院、地方法院、高等法院和最高法院，案件属于初级法院管辖的可上诉至高等法院，案件属于地方法院管辖的可上诉到最高法院。但《暂行章程》第一条已项对临时法院的上诉庭管辖权限及上诉条件进行了规定：

> 临时法庭之外，另设上诉庭，专办与租界治安直接有关之刑事上诉案件，及华洋诉讼之刑事上诉案件，其庭长由临时法庭庭长兼任，但五等有期徒刑以下及违反洋泾浜章程与附则之案件，不得上诉……凡经有

---

① 姚远：《上海公共租界特区法院研究》，上海人民出版社 2011 年版，第 52 页。
② 《收回上海会审公廨暂行章程及换文·收回上海会审公廨暂行章程》，载王铁崖编：《中外旧约章汇编》（第 3 册），三联书店 1962 版，第 591 页。
③ 《收回上海会审公廨暂行章程及换文·换文：中方回复领袖领事挪威总领事的照会》，载王铁崖编：《中外旧约章汇编》（第 3 册），三联书店 1962 版，第 594~595 页。

领事派员会同审判官出庭之华洋民事案件，如有不服初审判决之时，应
向特派交涉员署提起上诉，由交涉员按照条约，约同有关系领事审理，
但得交原审法庭易员复审。[①]

从以上规定可以发现上海临时法院的上诉制度异常特殊。一方面，按照
当时全国性法律的规定，上诉案件应该由上级法院进行审理，然而，临时法
院案件的上诉在临时法院内的上诉庭，而此上诉庭隶属于临时法院。[②]同时，
上诉案件受理的范围仅限于"与租界治安有关的，判处五等有期徒刑（五年）
以上，并非违反洋泾浜章程与附则"的刑事案件。对于民事案件的上诉则交
由江苏省政府直接管辖的特派交涉员署受理，即由交涉员约同相关国家的领
事来审理，而这种状况甚至在晚清帝制中国时期都未曾有过。[③]这种两审制
和一审制并存的状态毫无疑问违背了现代司法理念和世界各国对司法制度设
计的通例，也违反了北洋政府中央制定的关于司法制度的基本性法律。这种
将刑事案件的两审制设置在同一法院内的做法无疑是希望将案件的审理局限
于该地区中，以切断来自地区外的上级司法系统的监督，在客观上起到垄断
司法管辖权的效果。而把民事案件的上诉交付涉及外交事务的特派交涉员署
受理，则是希望通过行政权力的介入来加强对民事案件的行政意志干预。

在司法终审权方面，北洋政府延续传统儒家司法理念，对死刑核准严格
规定，如在《暂行新刑律》第四十条中规定："凡死刑非经司法部覆准回报，
不得执行。"[④]即死刑核准权统一由司法部行使。而《暂行章程》中第二条却
规定：

临时法庭判处十年以上徒刑及死刑，须由该法庭呈请省政府核准，
其不核准之案件即由省政府将不核准之理由令知法庭复行讯断，呈请省
政府再核。[⑤]

①《收回上海会审公廨暂行章程及换文·收回上海会审公廨暂行章程》，载王铁崖编：《中外旧约章汇编》（第 3 册），三联书店 1962 版，第 591 页。
② 陈策：《上海公共租界法权变迁问题研究——基于会审公廨、临时法院、特区法院的考察》，复旦大学博士学位论文 2009 年，第 111～112 页。
③ 姚远：《上海公共租界特区法院研究》，上海人民出版社 2011 年版，第 54-55 页。
④ 邱培豪：《收回临时法院问题》，载《社会科学杂志》1930 年第 1 期。
⑤《收回上海会审公廨暂行章程及换文·收回上海会审公廨暂行章程》，载王铁崖编：《中外旧约章汇编》（第 3 册），三联书店 1962 版，第 591 页。

此种对死刑核准权力的攫取行为严重扰乱了既定司法制度中对权力的划分安排。面对此种与现代司法理念和各国司法制度通例相背离的制度设计，社会各界都表达了不满甚至批评，如民国学者伍澄宇曾评述：

> 予实不解上海为各国租界世界人文荟萃之地，高唱文明法律者，有如是之制度，而尚日责人之司法不改良。藉口领判权之不取消，真异乎吾所闻矣。[①]

临时法院出现以上诸如此类违反当时司法结构体制与一般司法理念和通例问题的原因，在于会审公廨收回过程中的多元权力主体对会审公廨的权力竞逐。在此情况下，一方面会审公廨收回必然受到地方军阀利益最大化行动的影响，相应的司法权从外国控制收回国内控制的过程必然会偏离中央政府的预想（事实上军阀化的地方权力—利益集团随后亦对上海临时法院的组织结构和运行制度施加了影响）。另一方面，其收回处于中央政府与军阀化的地方权力—利益集团的地方统治合法性和权威的争夺中。面对着日益高涨的民族主义诉求，会审公廨的收回对于获得民众支持建立对江浙沪地区统治的合法性和权威性具有重要意义。这种复杂的背景，使得在会审公廨收回的谈判和后来取代会审公廨的上海临时法院的制度设置和运行中呈现了一种背离中央政府和全国法律政治结构的地方化色彩。而不可忽视的是，此种会审公廨收回的地方交涉模式同时能为外国势力维持已成利益格局提供机会，而反过来外国势力的干预亦为司法权的地方化提供了空间。

三、第二次司法改革中的会审公廨收回

（一）双重问题及其不满

按照《收回上海会审公廨暂行章程》成立的上海临时法院，深深镶嵌在当时复杂的中外关系和国内动荡的政局背景中，呈现出了临时性、特殊性并引发上述一系列司法结构性问题。当初北洋政府将会审公廨移沪由江苏省政

---

① 伍澄宇：《收回沪康章程详论及其关系法规》，国际通讯社 1928 年版，第 39 页。

府就地交涉的一个重要原因是希望能够通过地方交涉模式灵活解决中央层面由于各种原因暂时无法解决的谈判问题。然而当交涉进入地方层面之后，由于多元权力—利益集团对作为权力容器的会审公廨控制权的竞逐，使会审公廨收回过程呈现出了双重问题，即出现既被地方利益集团"俘获"的"地方化"现象，同时又不能完全祛除外国势力而仍然具有"外人化"的现象。但在日益高涨的民族主义思潮中，快速在收回问题上取得可见成效是当时中央和地方政府的必然选择。因而将会审公廨形式上先行收回而其他问题待收回后再作计议的"妥协原则"为地方模式的出现提供了基础，当然亦为各种后续问题的出现提供了温床。面对这种"外人化"叠加"地方化"问题的困境，著名学者邱培豪针对上海临时法院实质上仍为外人控制且出现地方化问题表示担忧：

> 公共租界，则有直接听命于江苏省政府而间接受领团牵制之临时法院。一个独立国家领土内，司法事权，如此四分五裂，受外人侵略，真为世界各国，闻所未闻，而由此种法权旁落的怪现象，所生种种恶果，当地我国行政机关办事之受其障碍，国民权利之被其剥削，实际固已难枚举。五卅喋血未干，而租界上我国独立自主之法院，迄今尚不克实现，民刑案件审理之受外领干预也如故，法庭判决执行之受捕房阻扰也又如故，凡稍有血气之同胞，宁不为之同声一哭。①

在收回后的不久，社会各界渐渐出现对《暂行章程》内容及上海临时法院状况的普遍不满，此种不满随后转变成对会审公廨真正收回的社会诉求。相比于北洋政府从中央到地方的温和解决模式，由国民党所主导的国民大革命采取了更加激进的手段，其将对上海临时法院的实质性改组纳入了实现"总理遗训"的国家权力重构革命运动中。此种精神在北伐中国民党对江苏省政府和朱沪领事团就会审公廨交涉问题的主张中体现得非常明确：

> 在革命势力东进之时，外人突把会审公堂交与人所共弃的孙传芳大帅，其用心，无非是反对彻底解决会审公堂问题，拒绝本党关于公堂应

---

① 邱培豪：《收回临时法院问题》，载《社会科学杂志》1930年第1期。

无条件交还中国的要求。[①]

这种主张表达了大革命时代国民党对于国家主权完整的革命外交主张以及对于地方割据的强烈打击方针。基于此，会审公廨第一次收回所产生的双重问题及其带来的社会不满，为会审公廨的第二次收回以及收回的新模式的出现奠定了基础。

（二）会审公廨收回诉求及中央模式

在 1927 年 8 月南京国民政府发布的修律宣言中，提出了废除前北京政府与各国所订各种不平等条约或者规定期限按期修律的要求。虽然后来实践中南京国民政府采取了相对温和的手段，但修律宣言为改组临时法院奠定了政策、舆论和社会基调。随着 1928 年南京政府通过"二次北伐"形式上"统一"了中国使国内政局渐趋稳定，临时法院改组再次进入官方议事日程。1929 年 5 月 8 日，时任外交部长王正廷照会英、美、法、荷兰、挪威、巴西等六国公使要求其接受中国政府撤废领事裁判权的提议，并派员与中方讨论改组上海公共租界临时法院之办法：

> "现在该租界内审判机关虽经变更，终以性质不明，系统紊乱，与全国制度歧异，人民因其不便，交相诟病"，故需要"开诚商议，迅速妥订正当圆满之办法，俾谋最后之解决，以维法权，而重邦交"。[②]

面对中方的要求，停留在北京的外国公使团以中国国内连年战争不断、近代法制尚未形成等理由搪塞，不愿就领事裁判权和临时法院改组问题进行谈判。值得注意的是，在外交部向北京公使团发出照会的同时，上海总商会、全国律师协会等上海社会团体亦纷纷致电外交部和司法部催促其对临时法院进行交涉和改组。面对在民族主义刺激下通过行动表达不满的社会各界以及迫于民意而日趋强硬的南京国民政府，北京外国公使团最终不得不对临时法院改组要求做出回应。然而基于过去借助会审公廨收回的地方模式使其利益获得基本保持的"成功"经验，公使团仍希望将改组临时法院的收回改组问

---

① 刘惠吾主编：《上海近代史》（下册），华东师范大学出版社 1987 年版，第 123 页。
② 洪钧培编：《国民政府外交史》（第 1 集），上海华通书局 1930 年版，第 323 页。

题定性为地方问题并交由上海领事团与江苏省地方政府进行谈判解决。同时将临时法院的交涉问题与撤废领事裁判权问题分作两个问题进行解决，以求不影响其在上海租界中的既得核心利益。①这在北京公使团代表公使回复外交部的照会中可见一斑：

> 改组法院问题须由一委员会研究考察……该委员会由驻在当地各关系国代表中推选，并会同中国代表组织而成，将来考察结果，须呈请各公使及国民政府鉴核。②

事实上公使团的态度是希冀借助当时国民政府中央与地方关系中存在的问题为机会延续其对改组后新的法院组织的控制权。面对外国势力这种拖延解决问题的策略，南京国民政府出于外交全局的考虑和国家政权独立性的要求而坚决反对。事实上，当时临时法院的"外人化"问题依旧没有解决而同时出现"地方化"问题的状况，根源于过去北洋政府在无力控制地方的情况下将会审公廨收回交由地方与外人交涉解决。这种在司法权力上出现的地方化现象就是南京国民政府北伐与随后的国家建构和中央政府权威树立过程中所力求完全消除的。因而，外交部长王正廷代表当时南京国民政府再次照会北京公使团领袖公使荷兰公使欧登科并表态："查本问题原非局部性质，其不宜委诸地方代表之审议"，并强调在处理临时法院改组中必须坚持"自以由中央政府与各关系国公使，开诚继续会商为适当"。③

此后，中外双方就出席谈判的人员身份进行了长时间的多次交涉，致使交涉一度停止。④为了能在《暂行章程》有效期届满前对临时法院实现改组，南京政府外交部与北京公使团"再三交涉"敦促公使团迅速开议法院改组问题。虽然随后北京公使团派出谈判的代表基本上是当时驻沪或者驻江苏的领事，且国民政府对领事充任谈判代表持反对态度⑤，但反复交涉后的北京公

---

① 姚远：《上海公共租界特区法院研究》，上海人民出版社 2011 年版，第 71～72 页。
② 国民政府行政院：《王宠惠等关于上海公共租界法院交涉情形的报告》，载中国第二历史档案馆编：《中华民国史档案资料汇编》（第 5 辑第 1 编外交），江苏古籍出版社 1994 年版，第 56 页。
③ 姚远：《上海公共租界特区法院研究》，上海人民出版社 2011 年版，第 71～72 页。
④ 在 1929 年 8 月 6 日北京公使团在讨论改组法院交涉问题时，有些国家代表提出了一种变通办法："不用使团出面办"，"仅由享有领判权之各国使馆派参赞或议员与该部当交涉之冲，遇有讨论事项，仍须咨询沪领团"，这样做的好处是"中国政府面子可以过去，而使团亦不算变更原案"。参见《沪临时法院问题，使团方面交换意见》，载《申报》1929 年 8 月 7 日。
⑤ 如王正廷在接受《申报》记者采访时表示："沪领事只能充任顾问，处咨询赞助地位也。"参见《昨日王正廷抵沪后谈话》，载《申报》1929 年 11 月 8 日。

使团方面仍坚持派领事为代表并授他们以全权与公使们一起参加讨论。面对这种情况，考虑到现实需要且基于实用主义的策略，南京国民政府只能做出妥协。①

随后自 1929 年 12 月开始的改组临时法院会议一直持续到 1930 年，中方"根据设立完全中国法院及完全适用中国法律之两大原则与之周旋，外国委员争执甚力，虽经我方委员反复辩论，而彼方总以事实上特殊情形为辞，未肯多让，颇多周折"②。双方谈判的问题聚焦在四个方面：领事观审会审问题、书记官长和法警问题、检察官和承发吏设置问题以及监狱管理权问题。在领事观审权这个损害中国政府对上海临时法院控制权和主权问题如何解决上双方陷入了谈判僵局。面对双方意见不一且外国使团不让步所造成的谈判困境和对《暂行章程》即将失效可能引发的问题的担忧，南京国民政府于当年 12 月 28 日单方面性地发布了国民政府特令：

> 查凡统治权完整之国家，其侨居该国之外国人民应与本国人民同样受该国法律之支配，及司法机关之管辖，此系国家固有之要素，亦为国际公法确定不易之原则。……国家法权不能及于外人，其弊害之深无容赘述，……兹为恢复吾固有之法权起见，定自民国十九年一月一日起，凡侨居中国之外国人民现时享有领事裁判权者，应一律遵守中国中央政府及地方政府依法颁布之法令、规章。③

这份强硬的宣言性特令以及随后江苏省政府电令上海交涉员通知驻沪领事团《收回上海会审公廨暂行章程》将于 12 月 31 日期满失效、司法行政部电令临时法院院长徐维震听候改组等一系列举措打破了谈判僵局，使外国公使团被迫放弃外国领事的观审会审权，接受南京国民政府于 1930 年初实现对上海临时法院改组、对会审公廨中权力基本收回的要求。伴随《关于上海公共租界内中国法院之协定》的签订，虽然外国势力对于新改组的法院仍然存在影响力，但南京国民政府基本完成了对会审公廨成立以来的在历史进程中

---

① 《改组临时法院会议讯》，载《申报》1929 年 11 月 24 日。

② 国民政府行政院：《王宠惠等关于上海公共租界法院交涉情形的报告》，载中国第二历史档案馆编：《中华民国史档案资料汇编》（第 5 辑第 1 编外交），江苏古籍出版社 1994 年版，第 56 页。

③ 国史馆：《国民政府特令》，载中国第二历史档案馆编：《中华民国史档案资料汇编》（第 5 辑第 1 编外交），江苏古籍出版社 1994 年版，第 52 页。

为外人所侵占权力的收回，使得"会审公廨"作为机构组织消失于上海公共租界并代之以上海特区法院。[①]同时，更值得关注的是《关于上海公共租界内中国法院之协定》对上海公共租界特区法院进行了司法制度和人事任免上的重新规定，将其纳入到了当时南京国民政府所构建的以司法院为顶点的党国司法体系结构中，此举至少从形式上消解了《暂行章程》中所呈现出来的司法"地方化"表达。

四、司法改革：从多元竞逐到单一效忠

近代中国在鸦片战争之后，面对"三千年未有之大变"开始了艰难回应，经历了洋务运动到戊戌变法的失败后，救亡图存的方法从器物改良进入制度变革层面。而法律制度的变革则是救亡图存和收回被外人所攫取权力的必然方式。发端于甲午战争后的晚清法律改革运动，一方面为废止对华领事裁判权和收回租界会审公廨做准备，另一方面则为应对时局建立新的有效治理结构提供尝试。这场包含司法改革的法律改革运动并没有因晚清政府覆灭而中断，反而延续到国民政府时代。肇始于 1912 的会审公廨收回尝试，属于旨在废除以领事裁判权为核心的外国在华司法特权为目标的司法改革运动的重要组成部分。在对会审公廨收回过程中，"地方化"问题开始并未显现，其时主要是如何从外国势力手中收回会审公廨的司法权力，即"外人化"问题。但随着民国社会局势的变化，1925 年"五卅"运动后的会审公廨收回不仅涉及国民政府与外国的博弈，同时也涉及中央政府与地方政府之间的司法权力分配博弈，出现多元主体间的权力竞逐。而在 1925 年到 1930 年上海特区法院成立的近五年当中，贯穿其中的是"外人化"和"地方化"两个问题，直到南京国民政府成立后开始的第二次司法改革中，会审公廨问题才在实质意义上获得基本上的根本性解决。

（一）多元博弈下的司法改革策略转变

南京国民政府在对会审公廨收回问题上坚决要求由中央层面与外国势力进行商谈而反对过去的地方模式，这种转变反映的是南京国民政府中央在司

---

① 钱泰：《上海特区法院成立之回顾》，载《中华法学杂志》1930 年第 3 期。

法改革中对会审公廨问题解决的理念和策略上的变化。促成变化的原因是多方面的，但是有两点原因对此种理念和策略的确立起到决定性作用。

一方面，南京国民政府基于统治有效性的要求必须要完成司法权的统一，实现司法机构的单一效忠。经过1924年改组后的国民党，以"以党治国"理念为指导建构了意识形态、政治组织和军队三位一体的新型权力结构模式。这种模式的目标在于实现国家政权的统一和建立有效的国家治理。依据此理念与模式建构的国民党党治政府对司法权力的全面掌控，不仅符合此种权力结构模式所要求的中央集权化并为其通过司法权力实现对辽阔国家疆域进行有效治理提供了基础，还为其实现"总理遗训"以证明自身合法性和正统性提供了重要手段。在第一阶段会审公廨收回过程中，由于中央权威疲弱与地方权力—利益集团的介入造成了会审公廨收回无实质进展，还引发替代法院的地方化问题—出现了与中央确立的司法体系相背离的司法割据，极大削弱了中央对上海地区司法权力的有效监督和控制。这种威胁中央权威和治理有效性的状况进一步催生了南京国民政府的政策转变，从而出现第二阶段会审公廨收回中要求替代法院对中央权威单一效忠的强烈诉求。

另一方面，这种以党治权力结构模式建立的南京国民政府，其目标在于建立民主富强统一的现代化共和国，而司法主权的对外独立和对内统一是实现这个目标的必要条件，亦是回应强烈民族主义诉求为自身提供合法性的重要来源。因此作为对统治权威合法化具有证明作用的司法权力成为南京国民政府权威构建中的关注对象之一。[1]面对第一阶段会审公廨收回因多元竞逐造成的问题，通过进一步权力竞逐排除地方和外国势力的介入，解决"外人化"和"地方化"问题的双重叠加不仅是其实现有效统治的必然选择，亦是其合法性构建不可回避的选择。因而实现会审公廨收回后的替代机构对中央政权的单一效忠，具有了证成自身合法性、回应高涨民族主义诉求和社会民意的价值。这种认知和行动不仅为当时国民政府中央统治集团中诸如王宠惠等人所持，亦为当时知识分子和各阶层所赞同。如民国学者邱培豪在上海临时法院改组交涉之时指出："临时法院之收回，其成败利钝，关系我国恢复法权前途甚巨，勿谨以局部事件目之，尤冀我国外交当局，本革命精神，贯彻主张，勿徒托诸空言委曲求全也可。"此语显然是敦促南京国民政府中央对"会

---

① 张欣：《军阀政治与民国社会（1916～1928年）》，华东师范大学博士学位论文2005年，第217～288页。

审公廨问题"做出全局解决，以实现对双重问题的有效解决而避免第一次收回中的问题再现。

　　基于以上两点原因的对策转换实质上都导向了会审公廨收回的中央模式，即司法权中央集权化。这种对司法权中央集权化包含了对外对内两方面要求，即对外实现司法主权的独立和对内实现司法主权的统一，而这两个要求始于晚清司法改革并贯穿民国各次司法改革运动。相对于司法权中的"外人化"问题所引来的社会各界的强烈关注和不满，"地方化"问题因"外人化"问题的直观和尖锐而被隐蔽，直到1920年前后才因民国地方主义和军阀割据日趋剧烈而逐渐成为司法改革不可回避之问题。如在第一阶段中的 1924 年初，上海总商会、律师公会等各社团推举董康等人组成代表团前往北京请愿收回会审公廨时曾拜访当时主政江苏省政府的江苏督军齐燮元、江苏省长韩国钧，以探询地方当局对收回会审公廨的态度。在这个过程中，齐燮元表示支持但认为此事应由北京政府出面交涉为宜：

　　　　齐虽口头上表示同情，却推说上海固在江苏省治，但法权问题向由中央主持，仍劝我等前去北京商讨。[①]

　　这种态度与随后由孙传芳主导的江苏省地方政权在处理会审公廨时候的"主动"乃至"越界"形成鲜明对比。其原因为 1924 年主政江苏省政府的齐、韩二人与北洋政府中央处于同一派系，在根本利益上存在一致因而无须对上海地区的司法权实行地方割据式的控制来实现自身利益的最大化。因此央地关系实质上决定了会审公廨收回的策略和最终结果。而自民国建立以来的不正常央地关系引发的社会问题最终亦引发了整个社会思想和行动的变化。由于受到来自苏联革命运动成功的刺激，"革命"取代"法治"成为社会思潮的主流，20 世纪 20 年代则成为中国近代史上的"革命之再起"时期。[②]在此社会思潮转型的过程中，以通过司法现代化实现司法主权对外完整的司法改革运动必然深深镶嵌在"革命之再起"的大历史中，更加激进和集权化的手段同样亦会被要求使用于司法领域。具体反映到司法领域，则是由中央政府从

赵晋卿：《收回会审公廨交涉的经过》，载上海市政协文史资料委员会等编：《列强在中国的租界》，中国文史出版社 1992 年版，第 57 页。

② 李在全：《法治与党治：国民党政权的司法党化（1923～1948）》，社会科学文献出版社 2012 年版，第 3～23 页。

上至下推动的司法改革运动亦被要求在实现司法主权的对外独立目标同时回应当时民国政府实现国家有效治理的需要——消除司法权地方主义和实现地方司法机构对中央权威的单一效忠。

从北洋政府无力控制下的江苏省政府之会审公廨收回到南京国民政府主导下的上海临时法院改组，事实上反映了民国两次司法改革运动中从目标单一向双重目标叠加的转变：一方面力求通过司法现代化改革实现司法主权独立，另一方面希冀借助司法中央集权化以应对地方主义对于司法权的分割。这种司法改革目标的多元化，使政治性色彩浓厚的司法改革与其所欲实现的司法独立目标之间出现"手段——目的"的紧张关系。

（二）司法改革中的司法工具主义化

1929 年 3 月，时任司法院院长的王宠惠在南京国民政府司法改革会议上曾对 1911 年民国以来的司法工作进行反思总结：

> 近十余年来，司法改良之说，亦尝熟闻之矣。然卒未能目睹改良之效者：其一，则由于司法权之不能统一；其二，则由于司法制度未臻完善；其三，则由于司法人才缺乏；其四，则由于司法经费之不能确定。[1]

其对过去近二十年司法改革问题的客观描述展现了 1911 年以来民国司法制度创建和法治追寻的曲折，究其原因是：

> 而总其原因，则实由于军阀专横，对于司法事务，或漫不加意，视为具文；或恶其害己，时加蹂躏。因此之故，从前司法事业，从一方面观之，不过仅具雏形，从他方面观之，实则统一赘疣。以此而云改良，真是欲南辕而北辙也。[2]

作为在北洋政府及南京国民政府中均充任司法领域领导级别的官员，王宠惠对造成司法改革问题根本原因的理解必然与其任职期间的经历有关。作为接受西方现代法律教育并出身于北洋政府"司法不党"环境下的技术型司

---

[1] 王宠惠：《今后司法改良之方针（一）》，载《法律评论》1929 年第 21 号。
[2] 王宠惠：《今后司法改良之方针（一）》，载《法律评论》1929 年第 21 号。

法人才，其仍然将军阀割据作为造成民国司法现代化失败的根本原因之一，进而支持国民党推行司法党化，可见当时地方割据对司法制度的负面影响之严重。毫无疑问，这种状况对南京国民政府所努力实现的现代化民族国家目标造成了阻碍。①在解决此问题过程中，历届民国中央政府以司法权对外独立和对内统一为目标的司法改革运动则必须服从于调整司法权的央地关系这一政治目标的需要。因而司法改革运动中的中央集权化和工具主义化成为1920年后司法改革不可避免的主流趋势。这种司法中央集权化在具有高度中央集权特征的国民党政府中更为凸出，而在上海临时法院改组过程中的集权化手段又明显体现司法的工具主义化转向。

事实上，在第一阶段会审公廨收回过程中，司法机关曾尝试通过纯粹司法手段对会审公廨问题做出处理。1917年，当时最高审判机关大理院指出上海会审公廨判决权无合法有效的条约规定作为基础因而无效，并以此尝试收回会审公廨的司法终审权：

> 上海会审公廨，系根据前清同治七年洋泾浜设官会审章程，本系因协定所生之特别制度，该公廨审理诉讼，依照章程，应在中国领土内行使中国之司法权，其裁判固不能认为外国裁判。惟该公廨自辛亥以来，系由驻沪领事团代行管理。其判案之适用法律亦与原章程所定，不能相符。是该项章程之效力，即因事实上一时之阻碍而停止。此种阻碍事实，中国国家既未明认有效。则此事实上之判断行为，亦不得为条约上中国司法衙门之裁判。犹之在中国国法上毫无司法权限之机关或个人，纵使事实上处理司法案件，仍不能即认为法律上有效之裁判。故现在会审公堂判决之案，如将其执行之事，嘱托中国司法官署代为办理，则其所为之执行，亦仅为事实上之协助行为，不得即认为中国执行衙门之执行。即不能取得中国国法上执行衙门之资格。因是之故，如有第三人就其执行提出异议，即应将其异议作为民事诉讼，依普通诉讼程序受理审判。不能作为执行异议之诉。②

此举表达了大理院认为 1911 年被领事团接管后会审公廨所作判决不具

① 姚尚贤：《国家统一中的司法》，中山大学硕士学位论文 2013 年，第 5～18 页。
② 梁敬婷：《在华领事裁判权论》，商务印书馆 1930 年版，第 138 页。

法律效力的态度，亦是最高司法机关在司法体系范围内试图实现地方司法机关对中央司法机关单一效忠的统一司法权尝试。然而在当时行政控制司法的地方割据背景下，这种不具备其他权力条件支持的努力注定了其只能作为一种宣示而最终被湮没。在司法权无法通过自身内部调整实现对会审公廨"外人化"和"地方化"问题有效解决之际，司法的工具主义化逐渐成为当时中央政权解决司法问题的策略。这种工具主义化观念事实上在"地方化"问题尚未凸显前就已在北洋政府中央和各地方权力—利益集团对会审公廨司法权的竞逐中有所萌芽。当时主政江苏的孙传芳曾就会审公廨收回改组问题指出：

（督办公署成立后），我们的责任比从前的官吏要专、权限比从前的官吏要大，不能不向诸君开诚布公的，以友谊的态度来交涉，希望在最短的时间以内，想法子把多年的悬案，逐一来解决了……（完整彻底的收回会审公廨）[1]事实上骤难办到，徒延时日，无益事情。而租界人民十余年来所受痛苦，呼吁无门，对于公廨收回莫不喁喁属望，实有不能蔓延之势……外交部十四年提案以及法权讨论会所主张……此项暂行章程，属于临时性质，仍留中央回旋之余地，不受任何之拘束。[2]

这里一方面折射出当时中央疲弱而地方割据的局面导致在会审公廨收回过程中央地方关系的复杂微妙，另一方面反映了当时从中央到地方的各权力竞逐主体对于司法权的实用主义和工具主义认知。这种对司法的实用主义态度和工具主义化的认知，在会审公廨收回过程中的政府和民众互动中极为明显地表达出来。恰如前文所述，在1926年会审公廨收回过程中，当时江苏省地方政府接受由地方处理会审公廨问题的一个重要原因在于希望通过对会审公廨的收回来有效回应社会民众的民族主义诉求，进而为其地方割据提供正当性。这在当时上海各界代表团的"会审公廨为上海居民受害最深、最不合理之制度，如能收回法权，定得上海商民拥护"[3]的劝说中可体现。

这种通过会审公廨收回来满足民众需求以提供割据正当性及加强割据

---

① 括号内容为笔者增补以便于阅读理解。

② 江苏省政府：《江苏省督办孙传芳致外交部电》，载中国第二历史档案馆编：《中华民国史档案资料汇编》（第3辑外交），江苏古籍出版社1991年版，第90页。

③ 赵晋卿：《收回会审公廨交涉的经过》，载上海市政协文史资料委员会等编：《列强在中国的租界》，中国文史出版社1992年版，第60页。

能力的做法无疑使司法走向工具主义化，即以实用主义的政治统治要求来界定司法改革的目标。这种工具主义司法观念的兴起，与当时社会思潮的变化密切相关。晚清以来地方主义的兴起与民国地方割据导致的社会动荡引来了当时社会各界的不满。而国民党主导下的北伐就是回应了当时社会各界的要求——对军阀割据、社会动荡和民族国家构建失败等问题进行解决的强烈诉求。而这种强烈诉求与民族主义思潮一道形成强大的社会民意与舆论，在会审公廨收回的局部场域中则具象化为要求主政政权迅速从外人手中收回会审公廨以解决"外人化"问题，无论是何种层级的政权。然而这种诉求导致会审公廨收回过程中出现悖论——社会各界对当时全国地方割据所带来的军阀混战的不满认知与对会审公廨收回中的地方化处理认知之间形成冲突。一方面，军阀割据导致民众对强有力的统一政府带有强烈诉求；另一方面，在会审公廨收回中基于有效快速收回的期待致使社会大众对于本应由中央处理的会审公廨收回这种主权性事务交由地方层面处理表示了理解、支持甚至鼓动。在对军阀化的地方主义表示不满的同时，社会各界对会审公廨收回的地方模式的理解和支持所隐含的是整个社会对司法工具主义化的认知和接受。

这种认知在意识形态更加激进的国民党政府时代达到顶峰。由于南京国民政府在第二次司法改革中对会审公廨收回的目标从单一解决"外人化"问题转向到解决"外人化"和"地方化"双重问题，所以其在实现对会审公廨从外人手中收回中呈现出司法工具主义化认知，同时在解决会审公廨收回的地方割据中亦明显出现对司法改革的工具主义化定位——即通过司法改革来实现司法权的中央与地方调整，实现司法系统的单一效忠。而为实现对会审公廨收回后的替代机关进行有效控制和保持其单一效忠，更加激烈的司法中央集权化的策略成为必然选择。这一方面亦为 1920 年后出现的大规模"司法党化"思潮提供了环境和需求基础，而通过党义化和党人化两种手段实现的司法党化则成为保证会审公廨收回后单一效忠的重要保障措施。[①]

从本质上理解，来自中央、地方和外国的多元权力—利益团体对于会审公廨及其替代机构的权力竞逐，都是希望获得会审公廨的效忠来实现有效统治并提供合法性证明，进而实现利益最大化。而在因多元竞逐导致会审公廨收回地方模式问题四起的情况下，南京国民政府运用更为激进的司法中央集

---

① 如对于取代临时法院的上海特区法院的推事（即法官）任命上更为严格，必须经受过"法官训练所"的培训。参见姚远：《上海公共租界特区法院研究》，上海人民出版社 2011 年版，第 88～89 页。

权化和司法党化方式来推进司法改革运动，应对"外人化"和"地方化"对司法权的肢解，以完全排斥其他权力—利益集团的介入实现对会审公廨的替代机构的单一控制。①相应地，中央集权模式下的会审公廨收回所取得的成效进一步强化了南京国民政府在后续的司法改革运动中沿用工具化的司法中央集权化和司法党化方式。在此过程中，南京国民政府乃至社会各界对司法改革目标进行了多元化重构，即在实现司法现代化目标之外赋予了司法改革更多的目标——通过司法中央化来调整央地关系实现民族国家的建立和有效治理。这种多元目标的形成和落实，在当时的背景下，反过来为司法党化和司法中央化等工具化手段及策略提供了合法性和经验性支持，进而使得南京国民政府时代的司法改革基本上处于司法工具主义化影响下。但是，这种方式所带来的成功并没能够根除地方主义对于会审公廨及其替代机关司法权力的竞逐、渗透和攫取，如在上海特区法院成立并代替上海临时法院后，死刑案件的复核仍经常被江苏省政府所控制等。②这事实上反映了工具主义化的司法改革本身存在的局限、问题和不足。

五、会审公廨收回的经验与反思

会审公廨问题作为近代中外文明冲突和中国法律改革中的一个重要问题，呈现出中外关系和国内央地关系相互叠加的状况。随着近代中国的遭遇以及现代化民族国家构建的推进，会审公廨的收回在以法制现代化和统一化为目标的司法改革运动中成为社会关注点。近代中国面对外国冲击所经历的主权丧失遭遇，使会审公廨收回成为"冲击——回应"背景下中外就司法权进行争夺的重点，这在一定程度上遮蔽了会审公廨收回过程中的主权对内要求。而在会审公廨改组为上海临时法院的交涉过程中出现的地方主义及其后被地方割据势力俘获的状况，致使南京国民政府改组上海临时法院过程中在需继续处理"外人化"问题的同时必须正面回应"地方化"问题。在"革

---

① 事实上当时的会审公廨收回和随后的上海临时法院的改组，是南京国民政府在全国推行的司法改革过程中的一个组成部分。在 1927 年国民政府北伐开始至 1929 年东北易帜后，南京国民政府都在全国推行司法权统一并将其作为司法改革运动的一个重要组成和目标。当时相应的是最高法院广西分院和最高法院东北分院的裁撤和收回。详细内容可参见姚尚贤：《国家统一中的司法》，中山大学硕士学位论文 2013 年，第 30~40 页。

② 姚远：《上海公共租界特区法院研究》，上海人民出版社 2011 年版，第 128~130 页。

命再起"的 20 世纪 20 年代，已成为社会思潮主流的激进革命理念使得中央集权化和党国化策略成为南京国民政府处理会审公廨中"外人化"和"地方化"双重问题时候的必然选择。南京国民政府在对待上海临时法院的改组问题上坚决拒绝过去的地方模式，以中央政府为主导并在中央层面推进协商。正是这种策略的转变使得南京国民政府的第二阶段收回运动获得成功，在改组上海临时法院的《关于上海公共租界内中国法院之协定》第二条中规定：

> 中国政府依照关于司法制度之中国法律章程，及本协定之规定，在上海公共租界内设置地方法院及高等法院分院各一所。所有中国现行有效及将来依法制定公布之法律、章程，无论其为实体法或程序法，一律适用于各该法院。至现时沿用之洋泾浜章程及附则，在中国政府自行制定公布此项章程及附则以前，须顾及之；并须顾及本协定之规定。高等法院分院之民刑判决及裁决均得依中国法律上诉于中国最高法院。[1]

此一为解决"地方化"问题所做的成文法规定，改变了过去临时法院上诉院对案件终审权的垄断，将公共租界内除归属领事裁判权管辖外的所有案件及法院系统纳入了全国司法体系中，至少在形式上赋予了司法院下最高法院管辖租界内所有上诉案件的权力。司法工具化所带来的上海临时法院改组成功，使得司法中央化和司法党化等司法工具主义化策略被南京国民政府沿袭于整个司法改革中，以实现其国家权威重建的统治目标。与前者相伴随的是，南京国民政府推行的司法改革从追求西方现代司法体系在中国确立和有效运行转变为通过对司法的工具主义化来实现党国体制下的现代民族国家构建追求。毫无疑问，以司法中央化和司法党化为代表的司法工具主义化手段在一定程度上使南京国民政府有效处理了因中外关系和央地关系导致的司法权支离破碎问题，但这种司法工具主义化的策略却是有限度的，如随着南京国民政府统一中国的形式性和现代国家权力构建的不完全性，导致了新地方

---

① 国民政府：《关于上海公共租界内中国法院之协定》，载王铁崖编：《中外旧约章汇编》（第 3 册），三联书店出版社 1962 年版，第 770～774 页。

割据的出现并进而使司法权出现了新的地方化倾向。①相类似的是，此种司法工具主义化认知和实践随后成为南京国民政府推进司法改革实现构建现代独立司法制度的反抗力量，最终影响了司法的独立运行及公平正义的落实。这种从司法独立到司法工具化的转变，是晚清以来近代中国民族国家构建中的核心问题——中央与地方关系问题在民国时代司法领域的一种解决尝试，从后来的历史轨迹来看，其所造成的影响极为深远。

在当下中国，执政党着力推进的司法改革所要努力解决的一个重要问题即如何实现司法的去行政化和去地方化，而去行政化和去地方化的重点之一就是要理顺司法权中的中央与地方关系。时至今日司法权的央地关系不正常问题尚未能够获得彻底解决，而这个问题的实质与民国时代司法改革所面对的地方化问题具有一定相似性，在这种情况下会审公廨收回中的经验值得总结，从而为今日的司法改革提供反思素材。

目前，我国司法改革中实现去行政化和去地方化的策略具体而言为推行司法的省级统管或探索与地方行政适当相分离的司法管辖区域。这两种策略方式实质上主要为司法中央化或者"次中央化"，即通过更高层级的司法权集中来实现不受地方主义和行政权力的影响而实现司法保护社会公平正义的功能。然而，目前司法改革的措施从策略上虽然具有针对性，但却同时是分散性而非整体性的，带有明显的先行先试色彩。按照目前的做法，是授权各地区在中央的政策性纲领指导下进行适合地方社会情况的改革尝试，以求在地方的各种改革尝试中积累相应的经验再反馈集中成一般经验向全国推行。此种"先行先试"的司法改革策略实质上沿用了过去三十多年经济和行政体制改革上的策略，以地方突破的方式推进整体改革成果的产生。不可否认，此种策略的确为司法改革的整体推进提供了突破口和试验经验，然而由于司法体系与人民权利直接相关且其对整体性、独立性和稳定性的强烈偏好等特点，使得其应有不同于经济和行政体制的改革逻辑——应在地方先行先试中更加关注中央层面的把握和整合，更加强调司法体系的整体性和顶层设计。此种

---

① 据资料显示，在 1930 年度特区法院的工作报告中，1930 年度共有 59 名人犯被核准死刑，其中仅有 3 人被处以绞刑，且全部是犯杀人罪，这 3 人的死刑判决均由司法行政部核准。除此 3 人之外判处死刑的罪名大多是掳人勒赎，有 49 人。其余核准死刑的罪名是盗匪及强盗，均由江苏省政府核准。依照司法独立和当时南京国民政府所建立的以司法院为顶点的带有司法中央化特征的全国司法体系，江苏省政府及江苏省高等法院作为一省最高机关是无权复核死刑案件。这一行为不仅体现了行政干预司法，也展现了即使在改组上海临时法院之后的上海特区法院依旧存在司法地方化和司法行政化的余孽。参见姚远：《上海公共租界特区法院研究》，上海人民出版社 2011 年版，第 127 页。

对于整体性、全局性和稳定性的优先关注和对顶层设计的强调，可以一方面为推进司法改革提供尝试机会和积累有益经验，另一方面可在去地方化和去行政化的同时避免由于"先行先试"策略所可能带来的区块性和隐藏的地方主义问题。

另外，在推进司法改革的过程中，需要注意在推行去行政化和去地方化的应对策略过程中司法改革的"手段——目的"关系。在会审公廨收回过程中由于对收回强烈急速的需求加之其他因素，使得南京国民政府选择了司法的工具主义化手段以求有效回应社会民众诉求。这个过程使得司法改革的"手段"和"目的"产生了颠倒——指向司法现代化和独立的目标反而成为手段而非最终目的，这事实上偏离了南京国民政府司法改革的最初目标。从本质上而言，任何值得被称之为法律制度的制度，必须关注某些超越特定社会结构和经济结构相对性的基本价值①，任何时代的司法改革目标最终都将指向公平正义和社会善治的实现。因此，当今进行的司法改革，其推行司法去行政化和去地方化追求的是实现司法作为一种权力捍卫社会公平正义的目标。目前，国家希望通过在司法管辖区域的范围调整、司法系统经费人事的统管等手段来去地方化和去行政化以最终实现司法改革的目标，此过程同样必须注意处理好司法改革的"目的"和"手段"的关系。在处理此"目的"和"手段"的关系中，必须要避免作为司法改革手段（"去地方化"和"去行政化"）在改革实践中转而成为了司法改革的目标，及在具体实践中出现"手段"俘获"目的"的司法工具主义化现象和对司法改革最终目标的遮蔽。

Multiple Competitions and Single Allegiance of ROC's Judicial Reform
——A Case of the Recovery of the Shanghai Mixed Court

Yao Shangxian

Abstract：Shanghai Mixed Court has an important role in the modern Chinese legal modernization. The past studies of Mixed Court have focused on the legal system and its operation from the late Qing Dynasty to the early Republic of China, depending on the foreign relations perspective. And the past

---

① ［美］E. 博登海默：《法理学：法律哲学与法律方法》，邓正来译，中国政法大学出版社 2010 年版，第 4 页。

studies pay less attention to the recovery of Mixed Court, especially on the domestic factors impact to the movement. In this paper, depending on the domestic perspective, the author places the recovery of the Mixed Court under the background of ROC judicial reform. In this context, the Mixed Court's recoveries during the first and second ROC judicial reform were affected by multiple subjects' competitions leading to a conversion from a single "outsiders" problem into the "outsiders" and "localized" double problems'superposition. Faced with the multiple competition, the new central government used the centralization model to replace the past recovery localized model to achieve the single allegiance and effective governance in alternative court. The centralization model was an exemplification of judicial instrumentalism. To some extent, this method let the Nanjing national government achieve the diverse goal of judicial reform and strengthened their faith in the effectiveness of the judicial centralization model. However, the localization problem was not eradicated and, combining with the judicial instrumentalism, brought a negative impact to the judicial development. The problems which faced by nowadays judicial reform have similarities with the past and reflection on past experience is worthy and necessary.

Keywords: judicial reform; Shanghai Mixed Court; multiple competitions; single allegiance; instrumentalism

（本文编辑：陈上海）

破除风险升高理论之迷思

——客观归责中的"薛定谔之猫"

沈斌[*]

内容摘要：风险升高理论是客观归责原则下的下属归责，自提出开始便受到了各种质疑，文章希冀带风险升高理论走出三个迷思：风险社会中因果关系的不可测性使得因果关系的处境面临危机，疫学因果关系使风险升高理论有了从事实层面判断的合理化标准；风险升高理论是一种风险竞合，不仅仅是因果关系的累积，而且还包括因果关系中断的可能性，但这些都是不可知的；对于风险升高理论危险犯倾向的指责并不妥当，与其说是危险犯归责，毋宁说未遂的归责。最后风险升高理论可以从不作为犯的组织管辖与制度管辖两个范畴寻找归责路径。

关键词：客观归责原则；风险升高理论；风险；风险降低

一、客观归责原则的规范性维度

客观归责原则经过多年的发展，已被学界逐渐接受并在因果关系的基础上不断完善。对于客观归责原则的内涵也早已达成共识：（1）行为是否引起了法不容许的风险；（2）该风险引起的结果是否得以实现；（3）结果是否在

---

[*] 作者简介：沈斌，南京大学法学院 2013 级刑法学专业硕士研究生。

规范的有效射程内。

客观归责理论在我国刑法教义学中存在一种误区，即认为客观归责原则已经将因果关系的地位取代，理由是在客观归责原则中因果已得到了充分的介绍，但是对于客观归责原则和因果关系的区别和联系实有叙述的必要。现有学说存在各种缺陷，很难适应因果关系有无判断的技术性要求。这种对客观归责理论的理解有失偏颇，因为不论是因果关系理论衍生的相当因果关系说还是客观归责原则，都离不开条件说的基础。而因果关系理论，是各种归责于客观行为构成的基础。①换句话说，条件说是一切因果归责的基础，是从客观实在和本体论的立场出发所做出的因果关系判断。与之不同的是，客观归责原则的立足点在于规范论，一个人能否被归责，并非是从本体的角度去看待，而是从规范的角度和立场去阐述归责理由。

所以，因果关系和客观归责原则可以区分为本体和规范两个维度，客观归责原则是继因果关系这一事实判断之后的价值判断。因果关系的功能在于"归因"，客观归责原则的功能是"归责"。客观归责理论对于刑法教义学最大的贡献便是通过规范的视角提供了一个可归责于行为人的标准。正如熊琦教授所言，客观归责之所以是客观归责而不是因果关系（及其变体），根本原因就在于规范评价的有无，而不在于本体或价值评价的有无或精细化程度。②

但是，客观归责原则并非已经在教义学中站稳了脚跟，仅仅面对第一项"升高法不容许的风险"便存在着诸多质疑，而首当其冲的便是由罗克辛（Roxin）提出的风险升高理论。即使是在客观归责原则的支持者之中，对于这项理论的观点也是针锋相对。风险升高论者认为，如果遵守义务规范可以降低结果发生几率的话，那么规范违反与结果事实的发生之间就具有可归责的关系。因此，对于这项辅助原则的争议点在于对结果不可避免性的事实判定不明时应该如何裁判，在讨论这些问题之前，首先需要对风险升高理论的内容做一个认识。

---

① ［德］克劳斯·罗克辛：《德国刑法总论》（第一卷），王世洲译，法律出版社 2005 年版，第 231 页。
② 熊琦：《论客观归责理论的规范维度——兼析本体论、价值论因果关联与客观归责的本质区别》，载《刑法论丛》2012 年第 3 卷。

二、风险升高理论的提出

风险升高理论所要着重讨论的问题是，当一个结果通过一个合法替代行为不是肯定的，而仅仅是很可能或可能被阻止的时候，这个结果是否应当被归责。风险升高理论所探讨的最经典案例记录在《联邦最高法院刑事判例集》第 11 卷第 1 页：

> 一辆载重卡车的司机想要超越一辆自行车，但是没有遵守应当保持一定距离的要求，最近时与骑车人仅仅只有 75 厘米。在超车的过程中，这个骑车人处于酩酊状态，由于在酒精作用下而反应迟钝地把自行车向左打过去，被卡车的后轮碾压致死。最后证明，如果卡车司机遵守道路交通的规定与骑车人保持足够的距离，那么这个事故也仍然极有可能或者可能发生。

类似案例经常被讨论的情形是，如果卡车司机遵守道路交通的规定，这个事故依旧会发生，那么就排除这种归责，因为超越被容许的风险不是在实际事件中发生的。而罗克辛认为，根据风险升高理论，即使合法替代行为的结果只是有可能发生，依然要进行这样一种归责，因为这的确有可能拯救被害人的生命，由于卡车司机超越法定距离的驾驶超车，的确升高了自行车骑士被卷入后轮的机会，因此在重大意义上提升了不容许的风险。

罗克辛运用风险升高理论检验归责的步骤是：首先，依容许风险的原则，确定哪一种行为不可以作为违反义务的行为而被归责于行为人。其次，将被告的行为方式和被容许的行为方式加以比较，并确定：在具体判断的事实方面，相较于被容许的风险，结果发生的机会是否因行为人的不当行为而升高？[①]因此立足于平等原则的立场，只要现实中行为人升高了法不容许的风险，则应当对其进行归责，行为人若处于容许的风险行为中，则免除归责。立足于法益保护的立场，只要合义务行为能明显提高法益保护的机会，纵使不必然能获得拯救法益的机会，立法者也会要求遵守这一规范。

---

① 郑铭仁：《危险升高理论之研究》，收录于政治大学法学研究所毕业论文，第 119 页。

对于卡车骑士案的审判，德国联邦法院的争议核心在于对于因果关系的证明需要到达何种程度。第一审法院援引通说的多数见解，认为必须要有确定的或者几近确定的可能性，纵使没有违反注意义务，结果仍旧会发生时，才能认为违反注意义务的行为与结果没有因果关系。换句话说，排除因果关系的标准需要是即使不存在注意义务违反结果依然确定或几乎确定仍会发生。在本案中，由于结果的发生并未到几乎确定发生的程度，在卡车司机遵守注意义务的时候结果有较大的几率不发生，即距离结果发生的"几乎确定"仍有一段差距，因此无法排除因果关系，卡车司机仍需负过失致死的刑责。然而联邦法院认为，根据一定事实来获得心证是法官的义务，如果对于非难的事实仍存怀疑时需要做有利于被告的考量，即根据存疑有利于被告的原则免除卡车司机的刑责。

面对罪疑唯轻的指责，罗克辛反驳，当行为人逾越了风险进而在整体上升高了风险的时候，它在结果出现的时候也就实现了，这里不存在一丝的怀疑。所以可以认为，在罗克辛看来，注意义务违反和结果发生之间的关联性证明，只要有不容许的风险升高和结果发生二者已足。对于风险升高理论和罪疑唯轻之间的区别，它们各有其适用范围：针对有待澄清的事实情况即实际发生的事实部分适用罪疑唯轻的原则，而对于假设性的事件流程则不适用。例如，耶赛克认为，只有对违反注意义务的行为是否导致危险显著增加存在疑问时，始可适用罪疑唯轻原则。[1]

在风险升高理论的视野下，因果流程的发生进入了一种测不准的状态。正如著名的薛定谔猫实验，在打开盒子之前，猫是一种既生既死的状态，除非打开那只盒子，猫的生死才能最终确定。这种由行为人所引发的风险之于结果到底有无因果力不得而知，而这段因果流程的有效性，由于其不可知或者技术条件不可测，使得这个过程如同那只既生既死的猫一般处于混沌状态。而值得思考的是，之所以将因果流程设定为封闭的匣子，不为人所知，恰恰是基于因果关系的不可测。

所以，如上所述，在进行客观归责之前，因果关系的判断便已然出现了问题。因果关系的条件说，即"想象其不存在"的逻辑，在条件不确定的前提下是否可以继续客观归责则成为本文要讨论的重点之一。如果像罗克辛一

---

① [德]耶赛克、魏根特：《德国刑法教科书》，徐久生译，中国法制出版社2001年版，第703页。

样把因果关系看作客观归责的前提阶段，因果流程的不确定性便使得客观归责出现了波动。

三、因果关系面临的危机——"测不准原理"

在早期19世纪自然科学盛行的时代，自然因果法则被古典犯罪体系所推崇，因果行为论应运而生。实证主义者和经验主义者们普遍认为机械的因果律是最基本的一条自然定律，而且只有通过物质的相互作用和机械的因果关系来解释才是合理的。

针对机械因果论的抨击已为学界耳熟能详，在条件说基础上所产生的相当因果关系说在日本大行其道，社会相当性概念由韦尔策尔提出，但是其"社会相当性"一词仍然陷于经验法则的泥潭，且虽是归因之名，确是归责之实。因此与其采用"社会相当性"一词，莫不如从规范的目的角度用规范的射程更为合适。所以归根结底，这些建立在条件说基础上的学说都脱离不开条件说本身。

但是，条件说本身的概念存在着这样一个危机——正如前文所提到的——如何证明这个结果一定是这个始作俑者的行为导致？抑或这个始作俑者的行为是否必须是结果产生的充分必要条件？因此曾经针对条件说扩大归因的批评，如今已经将矛头指向因果关系本身，这种因果关系难以准确认定最主要的领域是在医疗事故案例中。

在台湾法院的一项判决中，甲是小儿科医师，某日幼儿乙出现呕吐、腹痛等症状，丙母带着乙前往甲诊所求治，甲在第一次诊断中，给乙口服治酸剂与消化酵素，注射止吐剂后，即让乙返家，乙的情况却未因此改善。当晚丙再次带乙前往甲处求诊，甲未作其他检查，只给乙施打内含维生素与少许抗生素的点滴，当晚乙的情况转坏，丙再转诊至医学中心，不久即因重度弥漫性心肌炎引起急性心肺衰竭死亡。

在本案中，法院引用二审采纳的鉴定意见，认为由于甲进行第二次诊疗时，未进行理学检查，无法发现心肌炎症状，虽有疏失，但是"被告纵有未予乙施以身体检查，致未发现乙有'急性心肺衰竭'并发症之过失情事，但即使予以检查发现，并予适当之处置，仍难免死亡结果之发生，二者间并无相当之因果关系"。①依据当时的医学技术，依照正确的检查能否发现心肌炎症状依然是不能确定的，本案中被告虽然没有依照义务进行检查，但却被豁免了责任，理由是"难免"死亡，进而认为，二者之间没有相当因果关系。有疑问的是，被告确实是因为心肌炎并发而死，但是法院所援用的意见当真能对被告归责吗？因为这里只是"难免死亡"，如果依照现今的科学技术，病人"必然死亡"，那么就可以确定被告即使履行义务也依然无法避免结果，自然可以免除责任。

所谓"测不准原理"，是由德国科学家海森堡提出，并将其带入了量子物理时代。霍金解释道："你对粒子的位置测量得越准确，你对速度的测量就越不准确，反之亦然。"所以，在整个微观世界中粒子的运动并非人们所想象那般绝对，而在宏观世界中，"测不准原理"很容易导致相对主义，在那个著名的"薛定谔之猫"实验中，薛定谔便是将微观变化和宏观运动巧妙地联系起来，希冀突破这种悖论，但终究还是留下科学的谜团。

透彻地讲，我们谁都不知道因果流程是如何发生的，如果将视野重新转回到客观归责原则，那么存在这样一个无法肯定的现象：在风险升高过程中，这个风险事实上没有导致结果的发生。在这种情形下，要攻克的不是存疑有利于被告，因为对于假设性的问题不再是一种事实，只有在确实发生的事实基础上的疑问才是适用罪疑唯轻的前提。而在上述案例中，被告确实没有履行其职业义务，升高了不能发现这种病因的概率，这是一个既定事实。

因果关系测不准的例子随处可见：甲和乙同时朝丙开枪，丙只中一颗子弹身亡，在无法确定是谁的子弹引起丙死亡的时候，甲和乙都被归责，但只负未遂责任；有人溺水，在他人用救生圈救助的时候，甲将救生圈捞走，事后查明由于水流的流向被救者即使抓住救生圈也可能会溺毙；医生眼看着被他人重伤的病人死亡，事后无法得知病人是否有得到治愈的可能性。

于是在因果关系法则中为了解决此类问题，概率性法则便出现了，也就是疫学因果关系。而在本文看来正是这种疫学因果关系为客观归责下的风险升高理论提供了成立依据。针对一项因果关系，在行为不能确定是否绝对引起法益侵害的情形下，就需要根据概率分析来进行归因，这是复杂风险社会一般化的经验法则无法实现因果分析的必然选择。在概率性的因果关系视野

---

① 台湾"最高法院"1989 年度台上字 5241 号判决。

117

下，风险升高理论便可在规范层面对引发的概率性风险进行归责。值得说明的是，如果低概率发生的行为，在因果关系判断上便将因果关系否定，那么就不必深入到客观归责，换言之，进入风险升高理论的概率性风险，则说明它已然具备了归责的条件。

至此，风险升高理论的迷思之———因果关系"测不准原理"已经寻到了解决途径，并且为风险升高理论提供了风险社会情境下的必然性要求。而针对因果关系的质疑则可以给出一个回音：机械的因果关系论已经无法适应现代社会的因果判断，立足于传统的条件说已经很难再对数种不确定的原因进行归属，而只能进行概率性的判断，这种概率性因果判断是不可或缺的，因为一种连概率性都不能满足的先行为，根本就不可能对其进行归责。正如我国台湾许玉秀教授所言：风险升高理论正好不是把结论建立在虚构的假设事实上面，正好不是借由虚构事实确认归责与否，而是针对反证规则无法剔除的因果条件，危险升高理论尝试着正面决定客观可归责性，以行为已升高结果实现的可能性说明对这种行为归责的必要性，风险升高原则并不是取代条件理论，更没有因此省略因果关系的认定。①

四、风险升高与风险竞合

在破除了风险升高理论的第一个迷思之后，进一步要思考的是，风险升高本尊的真实面目到底是什么？在上述论证中，风险升高可以看作因果关系条件说的风险化转型，而在罗克辛提出的机车骑士案之中，稍加注意便能发现，卡车司机和自行车骑士都各自引发了不同的风险，这两种风险可能只有其中一个发生了作用，也可能共同做功使得法益被侵害。

雅各布斯（Jakobs）很敏锐地发现，这其实是一种累积的因果关系，他将其归之为风险竞合。传统的因果关系所检讨的累积的、双重的因果关系和因果中断，雅各布斯认为在风险实现的判断中，都可以按照风险竞合的原则来处理。②在风险升高理论适用的案例中，这些案例都是属于被限制结果的风险竞合。雅各布斯举了电梯案作为例子，在这个案例中，甲事先将电梯钢索损坏，以至于电梯只能承受原来一半的重量，而乙在运货过程中超载了数

---

① 许玉秀：《当代刑法思潮》，中国民主法制出版社 2005 年版，第 519 页。
② Jakobs，AT2，7/72r，83.

倍的重量，结果电梯失事。在电梯案中，没有乙的搬运甲的行为不能单独使电梯失事，只有甲破坏电梯钢索加上乙运输货物才能组合实现一个风险。同样属于被限制结果因果关系的还有卡车骑士案，为了对竞合的条件进行区分，雅各布斯以对结果解释的充分量为界限，因此首先考虑的是在时间上充分说明结果的条件。吊诡的是，雅各布斯对于电梯案和卡车骑士案却采用了不同的分析路径，因为在电梯案中导致风险的条件时间上有先后顺序，但是卡车骑士案中的条件却是同时出现的，因此在电梯案中采用的是自然主义的时间优先性，而卡车骑士案中却采用了他所反对的假设因果关系，动用合法替代行为作为参照。①

卡车骑士案中，由于卡车司机近距离驾驶和自行车骑士醉酒都是解释结果所必需的，近距离驾驶与醉酒骑车才能构成一个完整的风险。但是在同时实现风险的情形中雅各布斯却采用了合法替代行为，理由是为了确定究竟是哪一个条件变量真正起到了原因作用，必须找到一个规范化的标准，这需要寻找到属于规范禁止的那个条件，因此必须在规范保护目的中对各个条件进行评价，这就必须通过合法替代行为的假设来进行。在采用合法替代行为考虑的时候，卡车骑士是保持安全距离驾驶的或者自行车骑士也没有醉酒，如果卡车骑士非常接近骑士以至于即使不醉酒也会跌倒，那么卡车骑士率先实现结果；如果骑士醉酒极其严重以至于任何人安全距离行驶也会发生事故，那么是自行车骑士率先实现风险。但是由于这种具体情况难以查明，因此他认为，如果从客观的、事后的、可证明的角度来看，行为人升高风险的行为与损害结果没有法律关联性的话，根本不能归责，应适用"罪疑唯轻"的原则，因此否认了风险升高理论。②

本文认为，风险竞合这一主张值得采纳，但仅仅将风险升高的情形看作一种累积的因果关系并不完整。除了因果关系累积共同作用外，也不能排除任意单个风险直接足以引发结果的情形，因此雅各布斯单纯地在卡车骑士案中认为单个条件都不足以引发风险是不正确的，因为事实上是任何一个条件都可能"足以"引发风险。只是在因果流程的"黑匣子"中，谁都不能准确测量出到底哪一个条件发生了作用。称之为风险竞合，描述的是一种现象，两股甚至多股因果流彼此交融，谁胜谁负无从知晓，但谁都应当为自己引发

---

① 参见吴玉梅：《德国刑法中的客观归责原则研究》，中国人民公安大学出版社 2007 年版，第 55 页。
② Jakobs, AT2, 7/72r, 83.

的风险负责。因此这确实是一个风险竞合，但不应该属于雅各布斯所划分的被限制结果的风险竞合。

风险升高理论将因果关系的累积与因果关系的替换的混沌状态包括在内，这只"薛定谔之猫"既可能是因果关系的累积，也可能是单个因果关系单独作用。不过虽然测不准，但是终究都升高了风险导致结果的概率，风险竞合对其进行归责也就是值得肯定的。

既然如上所述，风险升高即风险竞合包容如此多的可能性，如何能够做到全部归责？本文认为，所谓归责，不等于"既遂归责"。这也正是随后要进行论证的一个关键点之所在。如果是双重因果关系流程，那么都适用既遂归责。例如甲和乙同时朝丙开枪，二人子弹同时打中了丙并且致其重伤死亡。如果是因果关系中断，那么适用未遂归责，例如在甲意图杀丙在其重伤时，乙一枪将其打死。如果是累积的因果关系，例如两人不约而同向咖啡里投二分之一的毒，被害人死亡的，由于都提高了死亡的风险，且是肯定的，那么都适用既遂的归责。由此，对于风险竞合，至少都会是未遂的归责。

风险升高理论所描述的是物理学的"薛定谔之猫"，也是文学中的"罗生门"。它是一种风险竞合，一种不知何种风险才是始作俑者的竞合，对那些风险各执一词，企图逃避归责的，风险升高理论将这些辩护都置之不理。因为雅各布斯的风险竞合在本质上要求，除了信赖利益之外，每个人都应当在属于自己的管辖或者支配范围内，尽到必要的注意义务，也正如罗克辛所说，如果行为人尽到了必要的注意义务可以降低这种危害，那么在其风险升高的前提下，就有了归责的必要。

因此，关于风险升高理论的基础便显而易见了，风险升高理论也就是风险降低的反证。而风险降低的反证，所建立的基础恰恰是因果概率学上的判断，是在风险化社会环境下的必然选择，也是应对因果关系测不准的必然选择。但是这也就引发了风险升高理论的第三大迷思：风险升高的归责，是否便是将实害犯转化成了危险犯进行处置？

五、危险犯倾向还是未遂归责

罗克辛提出的风险升高理论之所以引起学界的轩然大波，最大的质疑便是在于反对派指责其违背法律规定将结果犯当作危险犯。罗克辛指出，一个结果归责于客观行为构成，总是仅仅通过一种由行为人创设的危险来帮助完成的。侵害犯和危险犯的区别仅仅在于侵害性犯罪的不容许风险是在结果中实现的，危险犯中的危险则在一个根据不同要求来确定的危险结果中实现。在讨论的合法替代行为案件中，当存在一种风险提高的情况时，一种禁止的风险就表现在一种行为构成的侵害性结果中。^①换言之，在罗克辛看来，侵害犯和危险犯之间的差别只是在于"结果"的定性不同，一个是实然发生的结果，一个是由不同标准构建出的危险性情状作为结果。因此风险升高理论可以在侵害犯和危险犯中通用，差别只是在于出现的结果最终形态不同。

罗克辛在其教科书中进行对客观归责原则及其风险升高理论的全面解释，辩称侵害性犯罪和危险性犯罪之间的区别仅仅在于，在侵害性犯罪中的不允许性危险是在一种行为构成性的侵害结果中实现的，同时，在危险性犯罪中，这个危险仅仅在一个根据不同要求来确定的危险结果中实现。^②也因此，当存在一种风险升高的情况时，一种禁止的风险就表现在一种行为构成性的侵害性结果中。但是这些辩护依旧没有说服反对论者。

其弟子许乃曼（Schünemann）进一步辩护道，在超车案中，保持安全车距的规范虽然不能百分之百排除肇事结果的发生，但可以减轻结果发生的概率。从容许风险这个概念来看，可知注意规范从来没有以百分之百防止结果发生为目的，而是以明显降低风险为目的，因此注意规范是为了防止具体事件流程有无法弄清楚的细节所准备的安全措施，要求行为人利用避免风险来控制意外结果，所以在注意规范中已包含禁止结果犯的规范目的。^③

在本文看来，这些辩护都无法摆脱对于危险犯倾向的指责，因为任何一种实害犯，其结果发生之前都具备了危险犯的特质，这种特质本身便是未遂。未遂犯和危险犯之间的区别更可以说是存在着位阶关系。许玉秀教授点评道，以侵害法益的风险为构成要件的主张，是根本以危险犯为归责的典型。^④

或许危险犯和实害犯的位阶关系可以提供一种思路，就像在客观归责原则的角度下过失和故意存在着位阶关系一样。对于危险犯，风险升高理论的适用应当是无疑的，对于实害犯，风险升高理论其实是在即使不能确定实害到底由何种风险引发的情形下，谴责一项行为风险的引起并将其升高，从而

① [德]克劳斯·罗克辛：《德国刑法总论》（第一卷），王世洲译，法律出版社2005年版，第258页。
② [德]克劳斯·罗克辛：《德国刑法总论》（第一卷），王世洲译，法律出版社2005年版，第258页。
③ [德]许乃曼：《关于客观归责》，陈志辉译，载《刑事法杂志》1998年第6期。
④ 许玉秀：《当代刑法思潮》，中国民主法制出版社2005年，第411页。

对其归责。那么风险升高理论当真存在"危险犯倾向"，还是其实它是将既遂犯作为未遂犯处理？

显然的是，将实害犯作为危险犯处理是混淆实害犯和危险犯界限的不当举措，就连罗克辛教授都会指责反对，而在归责和既遂未遂两方面之间，不存在着矛盾，对于未遂犯依然需要归责，而归责的理由，便是未遂本身已经接近行为构成并威胁着法益。风险升高理论绝对不能将实害犯拟制的危险犯，但是将其作为未遂犯进行处罚确实是理由充分的。

所以，在通说认为客观归责只能在结果犯或者实害犯之中进行讨论的时候，这里的客观归责是一种狭义的客观归责原则，而这种狭义的客观归责原则的作用其实极其有限，而本文提出更进一步的观点在于，需要一种广义的客观归责原则，一种以行为而非以结果进行归责的客观归责。所以，许玉秀教授和许乃曼教授都认为，从客观归责理论借由制造风险诠释行为不法，可以看出客观归责的重心在行为归责而不在结果归责。[1]罗克辛教授所认为的客观归责是对构成要件的归责也是如此，因为构成要件本身的实质便是一种行为特征。这也难怪可以说客观归责理论另一项重大的意义，便是预先为危险犯提供了不法的归责基础。所以针对危险犯，同样可以进行客观归责，但是不再是通过结果，而是行为构成。

以上便是对于客观归责理论机能的新定位，将狭义的结果视角转化为行为视角，但是这并非将风险提高理论拉入了结果犯向危险犯倾向的泥潭。相反，结果犯与危险犯之间的区别必须明确，而结果犯中的未遂虽然是属于广义的危险犯一类，但是狭义的危险犯便是既遂，因此结果犯的未遂和狭义的既遂危险犯又有不同。区别这二者的特征，可以为风险升高理论和既遂的危险犯划开一道鸿沟。因此，在卡车超车案中，整个案件本身就应当定位在结果犯，而非危险犯，但是由于结果到底由何而生并不确定，故而存疑有利于被告，因此要按照结果犯的未遂进行处罚。

如果非要认为客观归责理论只适用于结果犯，那么结论更显而易见，因为那些结果已经发生的案例中，例如卡车超车案，按照客观归责该结果已经发生，通过结果认定应当客观归责，完全满足客观归责的三阶判断，而风险提高究竟有无导致结果损害，已经从概率性因果判断中得出结论，因此甚至

---

[1] 许玉秀:《当代刑法思潮》，中国民主法制出版社 2005 年版，第 411 页。

可以认定既遂。而德国最高法院认定罪疑唯轻的无罪，其理由已失去了存在的基础，而本文借助对结果的罪疑唯轻，认定为未遂，相比既遂的归责来说，或许更为合理。传统客观归责所一直提及的对结果归责并非是客观归责的全部，同时也应当具备对行为构成的归责，这样危险犯与未遂犯也能融入客观归责领域了。

在张明楷教授举出的案例中，甲在乙开枪的同时也向丙开枪，导致丙死亡的只有一颗子弹，但是究竟是谁打的不得而知。张明楷教授认为，一方面，不能查明甲的行为与丙的死亡之间具有物理的因果性；……所以，只能认定甲成立故意杀人未遂，乙同样仅负故意杀人未遂的刑事责任。[①]这个案例张明楷教授作为片面共犯一节内容来阐述，因此并没有提到风险提高，但是很显然的是，这个案例是一个典型的风险升高理论对未遂的归责。

批评风险升高理论的，如德国最高法院认为的那样，应当适用存疑有利于被告，但是确定的风险已经不存在疑问，因此存疑有利于被告在此完全没有适用的空间。真正可以适用罪疑唯轻的，是对已知的事实，这是本文一直反复提及的，然而虽然针对升高的风险不能适用存疑有利于被告，但是却可以对其中的风险流程进行存疑。

因此，本文的观点也就可以顺利指出，在那个因果流程的黑匣子中，虽然行为提高了风险，但是究竟是否确然引发结果不得而知的时候，可以适用未遂。因为对于因果流到底有没有实现结果是不确定的，而其确实引发了这样的风险，那么在接近行为构成的未遂中，这样的升高风险确实威胁着法益，就应当归责。所以针对风险升高理论的争议，不在于是否应当对提高的风险归责，而是在于是认定既遂还是未遂。那么在本文看来，针对升高的风险，至少认定未遂是合适的，更毋庸是归责。

六、不作为视野下的风险升高理论

在破除了针对风险升高理论的三大迷思后，对于至少应当以未遂归责的结论是合乎理性之目的的。对于作为犯所采用的风险升高理论可以作上述思路，而对于不作为犯风险升高理论则需要转化成风险降低理论进行归责。于

---

① 张明楷：《刑法学》（第四版），法律出版社 2011 年版，第 393 页。

是罗克辛教授提出这样一个问题：人们是否能够把对实行性犯罪适用的风险升高理论专用于不作为犯罪，从而带来这样的效果——在不作为人的行为虽然还不是十拿九稳的，但却很有可能阻止这个结果的出现时，就已经把一个结果归责于这个不作为人了？

针对因果关系的"测不准原理"，在不作为犯中更加能体现出来。针对因果关系的质疑，自19世纪以来就是一直被热烈讨论的问题，并且这个争论被李斯特称为："刑法学曾进行的最无成果的争论之一。"不言而喻的是，证明不作为的原因力在科学上遭受到了失败，也因此在作用力意义上认为不作为能够对结果有原因性的观点已经不再有人主张。如今主流观点已经接受了韦尔策尔的观点："不作为行为人不会因为他造成了符合行为构成的结果而受到刑罚，而是因为他没有阻止其发生……不作为作为一个行为的不实施，是完全不会造成什么的。"①

值得注意的是，对于因果关系的不同态度，是建立在不同的因果力定义之上的，诸如将其定义为合法的关系、一种能量动态变化等，所以站在不同的因果力定义上，对不作为的因果性的必要性态度不同也就是必然的了。更为重要的是，那些否认不作为因果性的学者，并不认为这样的不作为不应当受到处罚，而仅仅是否定了因果关系对于可罚不作为的必要性。

本文赞同罗克辛教授所说的，人们依然能够毫不顾忌地谈论不作为的因果性。因为在作为的场合下，因果关系都是处于测不准的状态，在不作为的环境中，因果关系不似作为以积极主动的能量投入，而是仅仅限制在不作为与结果之间的合法联系上。而此时所谈论的因果关系，其实质已经趋于可有可无了，尤其是在特定的义务犯角度下，一种义务违反抛弃因果关系便足以归责。但归根结底，因果关系只是一种事实层面的判断，问题的关键还是在于归责。在罗克辛看来，正确的解决方法必须从这里入手，即一种风险降低仅仅在一种事前的观察中看起来是可能的（在这里就没有对这个结果的归责），或者是在一种事后的评判中才会真的出现一种风险降低（在这里就能够归责）。②

罗克辛认为，对于客观归责原则应当从事前和事后两个维度进行判断，首先能够证明所要求的行为可以十拿九稳地引起因果过程发生一种减少风险

---

① Welzel, Strafrecht Allgemeiner Teil,11, 212f.
② ［德］克劳斯·罗克辛：《德国刑法总论》（第一卷），王世洲译，法律出版社 2005 年版，第 486 页。

的改变时，毋庸置疑便是对于不作为的因果性进行归责。例如对于心脏病人，医生没有采取及时的救助措施，只要这种作为能够维持病人心脏的机能，那么其不救助便值得归责，哪怕事后病人会产生副作用。但是如果在所要求的行为仅仅是可能降低风险的情况下，罗克辛教授认为是仅仅作为未遂来处罚的，而从缺失的因果性中引导出来的反对意见都反对对结果的归责。罗克辛教授的观点正如本文所主张的——恰恰说明了对未遂可以归责的合理性——在因果关系的判断日渐测不准及因果规范化的趋向中，对于未遂的归责是适当的，在不作为与结果之间不能证明合法关系时，一个真正降低风险不能从所要求的行为中得到肯定，或者是低概率时，对结果的归责就违背了罪疑唯轻的原则。也就是只能对未遂归责。

所谓"事前判断看来仅仅是可能的，就不存在对结果的归责"，在本文看来其是指对既遂不应当归责，但是未遂依然存在，例如医生没有及时履行救助义务，病人无论如何都得不到救助几率的场合，便不能作为既遂的杀人，而只能作为未遂处罚。而事后判断中，一种真的风险降低会出现，此处"真的"一词依然存在着概率性问题，应当是指高度盖然性指数。假如是中度概率性，诸如"很有可能"，则很可能对未遂归责，但不可避免的是，由于因果流的不确定，需要融入必要的价值判断。

不作为犯最大的疑云在于，其背后的作为义务来源，而有些不真正不作为其实和不作为本身的定义走向了不同归途。该问题并非本文讨论的重点，仅通过雅各布斯教授对犯罪管辖的重新分类来简要叙述不作为背后的义务来源和风险降低来源。雅各布斯将犯罪重新分类成组织管辖和制度管辖，在组织管辖中，乃是支配性行为，即支配犯罪，也就是一般认为的作为犯，违背的是禁止性规范；在制度管辖中，是基于团结的积极义务所构成的义务犯，也就是通常所说的真正不作为犯。而针对那些不真正不作为犯，其实可以根据其背后所要求的禁止性规范或者命令性规范重新划分到组织管辖或者义务管辖。[①]

于是，这些不作为犯便可以转到制度管辖中进行讨论，而制度管辖中那些降低风险的义务来源便是背后的积极义务，例如医生要履行积极的救助义务，一旦违反这些义务，便足以进行归责，因为支配性的因果力在制度管辖

---

① 何庆仁:《义务犯研究》，中国人民大学出版社 2010 年版，第 23～27 页。

之中毫无用武之地，之所以对制度管辖下的义务犯进行归责，便是由于其不履行一项积极义务。在此，所谓的因果关系便几乎烟消云散，而直接对其进行客观归责，而且可以是既遂的归责，只要一项法益与其积极义务联系在一起，对于这种违背积极义务的义务犯，既然归责的是一项义务违反，而这项义务违反很可能就是法益本身，那么归责既遂并无悬念，因此对于上述罗克辛的不作为风险降低理论更多是针对不真正不作为范畴，进而至少是未遂的归责。但不管怎么说，未遂的归责是必然的。可以说，在制度管辖之下，风险升高理论这只"薛定谔之猫"的神秘性没有组织管辖中的支配性作为那么强大，归责的理由更加充分完备。

所以，在不作为犯罪中，风险升高理论转型为风险降低理论仍然发挥着作用，只要作为对于结果的发生有降低可能性的，便需要对不作为进行至少是未遂的归责，如果是能通过实验可以得出极大结果的概率便是对全部结果即既遂归责。

七、结论

风险升高理论正如本文所比喻的，是一只状态摇摆不定同时存在多种可能的"薛定谔之猫"，也是在因果流程之中上演着一段精彩的"罗生门"表演，它有着三层主要的神秘面纱，导致了与之相关的无数争论与迷思。但是随着风险社会的不断演进，以及机械因果论的衰落和犯罪构成体系的不断规范化，概率性的因果关系成为首要选择，以应对那些"测不准"的因果关系。风险升高理论正是因为概率性的因果关系与之相互补充，得以在客观归责原则中占得重要的一席之地。

因果关系的测不准使得风险升高理论得以证明，此为解谜之一；风险升高理论本质便是风险的竞合，当然并不仅仅是累积的因果关系，此为解谜之二；与其说风险升高理论具有将实害犯拟制危险犯的倾向，不如说在测不准因果关系之时至少按照未遂归责是必然也是最起码的要求。客观归责理论传统观点认为只适用于结果犯，殊不知对于危险犯来说本身已经具备了客观归责的前提，其差别只是在于结果产生的有无，针对结果犯未遂的归责不等于对既遂的危险的归责，此为解谜之三。在不作为的视角下，风险升高理论即是风险降低理论，只要事前作为十拿九稳地阻止结果，便能对既遂归责，否则在盖然性之下对未遂归责，或者事后判断确定地能降低风险，便能对既遂归责，否则对未遂归责，而在制度管辖下的不作为不需要因果关系的判断，只要直接对义务违反进行归责便可。

关于风险升高理论的论证还有其他角度，例如许玉秀教授便从共犯的加功行为，指出风险升高便是累积的因果关系，每个共犯的因果力补充使得共同犯罪得以归责集体，假如否定风险升高理论，那么共犯的处罚根据便无从存在。此种论证视角亦能给人很大启发。

至此风险升高理论的迷思解惑便告一段落了，对于既遂还是未遂的归责更能提供很大的讨论空间，也是风险升高理论进一步深化的价值所在。

或许，在很多时候，真正要进行归责的，不是计较那只黑匣子的"薛定谔之猫"到底是生是死，而是在将猫放入盒子盖上盖子的时候，便应当开始归责了。

Get Rid of the Mysteries of Risk-increasing Theory: Schrodinger's Cat of Objective Imputation

Shen Bin

Abstract：The risk-increasing theory is the lower principle of the theory of objective imputation, which has been questioned as soon as it raised. The article hopes to make this theory out of the three myth：Causality in risk society makes the situation unpredictable causality crisis, and epidemiology causation makes this theory has ontological criteria. Risk-increasing theory is a concurrence of risk. It is not only the cumulative causation, but also the possibility of a causal relationship between the interruptions, but all these are unknown. The accused about the breach of dangerous crime tendencies is not correct. It is not about Perilous imputation, but about attempted offense imputation. At last risk-increasing theory can find the path from the two areas in the omission's organization jurisdiction and system Jurisdiction.

Keywords: the theory of objective imputation; risk-increasing theory; risk; risk-decreasing

（本文编辑：晋涛）

《明会典》的纂修及其"大经大法"地位之演变

梁健*

内容摘要：中国传统法律自明清开始进入以《会典》作为大经大法的"会典时代"。《明会典》之纂修，主要历经弘治、正德、嘉靖、万历四个时期。《明会典》的纂修过程，也是其大经大法地位逐步形成之过程，其中弘治朝为大经大法之肇基阶段，正德朝为大经大法之确立阶段，嘉靖朝为大经大法之巩固阶段，万历朝则标志《明会典》作为大经大法进入定鼎时期。万历以后，《明会典》虽无修订，但仍在朝政中发挥作用直至明亡，并成为清初循用的旧典、旧章和清修《会典》的重要参考。

关键词：《明会典》；纂修；大经大法

《明会典》修于弘治年间，正德初年重校，嘉靖、万历年间重修、增补；其纂辑参考书目，大抵以《诸司职掌》为根基，并参以《皇明祖训》《大诰》《大明令》《大明集礼》《洪武礼制》等十二部颁降之书。可以说，《明会典》于明典章之蒐集，最为赅备，时人称之为"大经大法"，绝非空言，究其原因有三：一、所蒐集的典章在形式和内容上的赅备，二、所蒐集的典章是实在施行与可操作的制度，三、所蒐集的典章在思想观念上体现了统治者对"大

* 作者简介：梁健，法学博士，广西经济管理干部学院讲师。

基金项目：国家社科基金重点项目"重新认识中华法系"（13AFX003）；中央财政支持地方高校发展专项资金"法律文化研究传播协同创新团队"建设项目。

经大法"治道的追求。《明会典》(下简称《会典》)之纂修，也是其大经大法地位逐步形成之过程。今就此略作梳理并予阐明。

一、弘治朝：大经大法地位之肇基

弘治十年，《会典》开修之际，明孝宗即谕内阁云："朕嗣承丕绪，以君万邦。远稽古典，近守祖宗成法。夙夜祗惧，罔敢违越。惟我太祖高皇帝创业定制，所以为子孙计者至矣。御制诸书连篇累帙，宏纲众目，极大而精。随制随改，靡有宁岁。后所施行，未尽更定。……兹欲仰遵圣制，遍稽国史，以本朝官职制度为纲，事物名数仪文等级为目，一以祖宗旧制为主而凡损益同异，据事系年，汇列于后，粹而为书，以成一代之典。"①十五年书成，孝宗为之序云："朕惟自古帝王君临天下，必有一代之典，以成四海之治。虽其间损益沿革，未免或异，要之不越乎一天理之所寓也。纯乎天理，则垂之万世而无弊；杂以人为，虽施之一时而有违。盖有不可易言者。……朕祗承天序，即位以来夙夜孜孜，欲仰绍先烈，而累朝典制散见叠出，未会于一。乃敕儒臣发中秘所藏《诸司职掌》等诸书，参以有司之籍册，凡事关礼度者悉分馆编辑之。百司庶府以序而列，官各领其属，而事皆归于职，名曰《大明会典》。辑成来进，总一百八十卷。朕间阅之，提纲挈领，分条析目，如日月之丽天而群星随布。我圣祖神宗百有余年之典制，斟酌古今足法万世者，会粹无遗矣。"②尽管此部《会典》未及施行，但其所弥漫的"无违旧宪、无遗典章、为万世法、为子孙计"的主旨，成为以后各朝修典的纲领和精神指引。

二、正德朝：大经大法地位之确立

正德四年，开始校订《会典》，六年书成刊行。时李东阳等上表云："伏以有谟训以贻子孙，垂万世之燕翼。观会通以行典礼，昭百世之鸿规。盖非天子则不考文，然惟孝者为善继志。粤自结绳政代，契托书传，象魏法陈，理同家喻。制备于周官之后，经传于孔壁之余。汉模略定乎三章，唐式仅颁乎《六典》。《会要》始于宋，而光岳弗完。《经世》纪于元。而彝伦攸斁。肆

---

① 【明】李东阳等纂、申时行等重修：《大明会典·敕谕》。
② 【明】李东阳等纂、申时行等重修：《大明会典·序》。

天心之厌乱，属圣主之开基。峻德神功，弥纶宇宙。宏纲大法，敷贲臣民。……昔我孝皇之志，实惟英庙之遗。上逆累朝，仰稽烈祖。谓一代开基之制，在《诸司职掌》之书。或更定于暮龄，或增修于继世。发石室金縢之秘，征两京百府之藏。仪文每据乎旧章，义例特施乎宸断。命官分局，开六馆以编摩。类事归曹，备百年之损益。"英宗为之序云："朕惟古之君天下者，或创业立法，或因时制宜，皆有册籍以垂久远。其见于书，若唐虞之世则有典谟，夏有典则，商有谟言，周之礼制号称大备，下及汉唐宋皆有《会要》，而唐之《六典》尤详且悉。我太祖高皇帝稽古创制、分任六卿，著为《诸司职掌》，提挈纲领，布列条贯，诚可为亿万年之大法也。……国是所存、治化所著，皆于此乎系。"①从英宗序和李东阳等上表可观，《会典》"典"之意义，被正式凝练，即坚守《诸司职掌》等开国"大典"，远追三代典谟，近仿唐宋元《六典》《会要》《经世大典》。《会典》作为"会要典章"，承袭前代制典传统，所充当的不仅是"一代之典"，也是"亿万年大法"。

三、嘉靖朝：大经大法地位之巩固

嘉靖八年，续修《会典》。时明世宗谕内阁云："朕躬承天命，入继祖宗大统，君临天下，凡致治保邦之道远稽古典，近守祖宗成法，夙夜祗慎，罔敢违越。仰惟我皇伯考孝宗皇帝命儒臣纂修《大明会典》一书，我圣祖神宗累朝以来，创业垂统，守成致治。凡官职制度、事物名数、仪文等级、宏纲众目，本末备书，因时修改损益具载，大要以祖宗旧制为主，节年事例附书于后。……朕惟此一代通典，百司之所遵行，后世以之为据，岂宜有此错误。彼时纂修者既失于精详，总裁者又不能订正，均难辞责。然亦因举行稍迟，先朝之事，故老凋丧，案卷磨灭，典籍无考，致有前失。及今修改，犹或可及。不然，岁复一岁愈远愈忘，终难考订。"②二十四至二十八年，世宗屡诏内阁接踵其事，续修新例并新增卷目，但都未予刊布。看似遗憾的结果，或可揭示：《会典》既要作为"一代通典"而为当时百司所遵行，又要成为"亿万年大法"且"后世以之为据"，兼备此二者，实非易事。因此，修订就并非技术操作要求，而是关系到"典"的权威性，更确切说是"大经大法"的完

---

① 【明】李东阳等纂、申时行等重修：《大明会典·序》。
② 【明】李东阳等纂、申时行等重修：《大明会典·敕谕》。

备性、正确性及代代相承的问题。

隆庆二年，孙应鳌奏请采辑"嘉靖四十五年间现行事例"，以续《会典》。时礼部以《世宗实录》尚未修成，不可施行，穆宗亦未许其请。①是年，已致仕的王世贞亦上书"修典章以昭国纪臣"云："《大明会典》一书，实我祖宗经世大法，百司庶僚奉而行之，可以传示永永，而时涉变通，事多损益，先该嘉靖二十九年间修完进呈，不知何缘废阁。然自二十年以后，隆庆二年以前，中间典仪之更革，兵制之裁定，财赋之出纳，又有不容于不修者。臣愚欲命内阁辅臣作速更订，进御颁行。至于法司上慑天威，下媚政府，以意为师，颠倒二尺，或疏辞引二王而比以诈传令旨，或出题涉风谏而比以子骂父，或奉旨延迟而比以弃毁诏书，或奏事欠实而比以冲突仪伏舞文弄法，不可枚举，亦宜明旨禁革，著之《会典》中，永以为戒。"②可见，《会典》"岁复一岁"考订，但又"岁复一岁"停工，不仅牵动在职官吏之心，也让退休官员念念不忘。从王世贞之疏，不难看出由于《会典》废阁，所造成的不仅是制度缺失，更导致司法颠倒是非、舞文弄法之乱。

四、万历朝：大经大法地位之定鼎

经历了嘉靖纂而不刊，隆庆废阁不议，《会典》"不容于不修"的境况，自然成为后朝臣工的共识和愿景。换言之，嘉、隆两朝对修典刊布"慎之又慎"的消极举动所产生的积极结果，是为万历朝重修奠定了舆论先声和材料基础。同时，也奠定了人才基础，明穆宗所倚重的张居正，在神宗即位后即被任命为《会典》总裁官，统领重修事宜。

因此，万历重修，必须面对弘治以来"岁复一岁"不及考订所带来的弊病，损益沿革也就成为张居正等重修工作的题中之意。前朝重修《会典》的议案，也成为张居正等重修的论证依据和工作铺垫。早在万历二年，林景旸就奏议重修，但礼部覆以世宗、穆宗实录尚未纂成，不能顾此失彼，须待此事功毕方能重修。同时又言：《大明会典》一书，即唐宋《六典》《会要》之遗意。以昭一代之章程，垂万年之成宪，至精且当。顾其为书，成于弘治之末年，至今代更四圣，岁逾六纪。典章法度不无损益异同，其条贯散见于简

①《明实录·明穆宗实录》卷二一，隆庆二年六月庚子。
②【明】王世贞：《弇州四部稿》卷一〇六《文部·奏疏五道·应诏陈言疏》。

册卷牍之间。凡百有司艰于考据，诸所援附鲜有定画。以致论议烦滋，法令数易。吏不知所守，民不知所从。甚非所以定国是而一人心也。"[1]如此直指弊病的回复，绝非礼部单方意见，应代表了朝野的基本态度。重修《会典》，可谓万事俱备，只待实录修成、"国家闲暇"、实录纂修官"在馆稍暇"而已。作为仰承祖宗大经大法，"以光继述大孝事"的当朝君主明神宗，对重修也表了决心。万历三年，沈樉奏议："乞将见行事例悉令诸司循年顺月，别类分门，举要刘烦，斟酌损益，汇书进呈，刊布天下，与《会典》、律令诸书并传，使中外人人得以通晓。"沈氏所议本为另撰他书，但神宗诏以："国家典章法度备载《会典》，待纂修《实录》完日命官续修，不必又创一书，徒滋繁冗。"[2]可见，万历二年礼部给林景旸的议覆已得到神宗首肯，此诏也昭示重修即将展开。

万历四年，身兼实录纂修总裁的张居正正式提议重修《会典》[3]，并对当年孙应鳌、林景旸的议案进行回顾，肯定前人之议"委于政理有裨"，也表明了通过补辑缺漏、维新良法而达一制度、一人心的修典宗旨："《会典》一书于昭代之典章法度，纲目毕举，经列圣之因革损益美善兼该。比之《周官》、唐典，信为超轶矣。顾其书创修于弘治之壬戌，后乃阙如。续编于嘉靖之己酉，未经颁布。又近年以来，好事者喜于纷更，建议者鲜谙国体，条例纷纭，自相抵牾。耳目淆惑，莫知适从。我祖宗之良法美意几于沦失矣。今幸圣明御极，百度维新。委宜及今编辑成书，以定一代之章程，垂万世之典则。"[4]张居正等上奏后，神宗即依其请颁旨重修，并谕内阁云："惟我祖宗之旧章成宪，是守是遵。仰惟皇曾伯祖孝宗皇帝命儒臣所纂《大明会典》一书，其于我祖宗列圣创业垂统典章法度之详，通变宜民因革损益之迹，固已纲目具存，足垂彝宪。……其近年六部等衙门见行事例，各令选委司属官遵照体例，分类编集，审订折中，开具送馆。卿等督率各官悉心考究，务令诸司一体，前后相贯，用不失我祖宗立法初意，以成一代画一经常之典，昭示无极。庶副朕法祖图治至意。"[5]重修时，张居正等也力求"体例宜有变通""务期考究详确，不失敕旨折中之意"的体例，"从事分类，从类分年"，有遗则补，有

---

①《明实录·明神宗实录》卷二四，万历二年四月甲寅。
②《明实录·明神宗实录》卷四四，万历三年十一月乙未。
③《明实录·明神宗实录》卷五一，万历四年六月壬午。
④【明】李东阳等纂、申时行等重修：《大明会典·重修题本》。
⑤【明】李东阳等纂、申时行等重修：《大明会典·敕谕》。

重则并，有绝则削，尽行增补厘正之责。①此以张居正等上疏裁定宗藩条例以纂入《会典》作说明。

万历七年，张居正等奏："近该礼部将所纂礼曹事例呈稿，臣等仔细参详，国家典礼如仪制秩祀者，皆出祖宗列圣亲裁，至精极当，分类编录，足垂永久。惟宗藩一事条例最繁，前后参差不一。至嘉靖四十四年始定为《宗藩条例》一书，比时礼官亦自以稽考累朝典制，斟酌损益，既殚厥心矣。然以臣等愚见，揆诸事理，尚多有未当者。"随后列举了宗藩管理制度存在的"或减削太苛，有亏敦睦；或议拟不定，襄所适从；或一事而或予或夺；或一令而旋行旋止；或事与礼舛，窒碍难行；或法与情乖，轻重失当"等弊，使得"奸猾得以滋弊，有司无所持循"。嘉靖朝修成《宗藩条例》，万历朝承袭，尽管适用"似亦未为大害"，但就此勒成简册，纂入《会典》以昭示将来，尚不能情法允协，成为"垂万世不刻之典"。因此，张居正等提议："此等条例都著议拟停当改正行，合无敕下礼部，遵照前旨将前项条例再加斟酌，并上请圣裁著为宪令，然后开送臣等纂入《会典》，庶法以画一万世可遵矣。"②同年十二月，礼部会同宗人府等部门对宗藩条例详加斟酌，并表示要做到"情法适中，科条画一，足以昭示久，远为经常不易之规"，以便日后纂入《会典》并颁布王府"永永遵承"。③万历十年，礼部"删烦撮要"，将累朝宗藩事例重新整合为41条，神宗钦名《宗藩要例》，同时"令史馆纂入《会典》，颁示各藩。"④《宗藩要例》之文散在万历《会典》"卷五五王国礼一""卷五六王国礼二""卷五七王国礼三"中；然万历《会典》228卷之多，《宗藩要例》3卷之文，百不占一，尚须三年修订磨成，窥一卷而反观此皇皇巨典，不可谓著功不细、立制不精。因此，万历修典既解决制度的纷纭之况与好事者的纷更之议，也维护了祖宗的"立法初意""良法美意"，进一步巩固《会典》作为一代大经大法、万世章程典则的地位。

万历十五年，《会典》告成，申时行等上表云："伏以鸿谟启佑，贻万年定保之征；钜典裁成，备一代经纶之迹。述作兼资乎明圣，信从允协于臣民。克绍前休，永垂后法。粤自高皇肇造，陈纪立纲。暨夫列圣嗣兴，觐光扬烈。盖历承□之百载，始成《会典》之一编。远仿虞书，列九官而亮采；近参周

①【明】李东阳等纂、申时行等重修：《大明会典·重修凡例》。
②《明实录·明神宗实录》卷八四，万历七年二月乙酉。
③《明实录·明神宗实录》卷九四，万历七年十二月甲午。
④《明实录·明神宗实录》卷一二二，万历十年三月甲戌。

礼，标六职以提衡。政刑明张弛之宜，文武揭修攘之要。图籍藏诸天府，章程播在人寰。……敕天而惟时惟几，益谨无虞之戒；法祖而善继善述，丕延有道之长。"①这种"善继善述"的法祖"达孝"，神宗亦在序中极尽表露："惟自古帝王之兴，必创制立法以贻万世，而继体守文之主，骏惠先业，润色太平，时或变通以适于治。故前主所是著为律，后主所是疏为令。虽各因时制宜而与治同道，则较若画一焉。朕践阼以来，夙兴夜寐，思绍休圣绪，惟祖宗成宪是鉴是式。"②经张居正等人努力，《明会典》作为庞大的法典工程，体例结构更加完善、内容更加丰富，作为一代定制的权威性更为巩固。就黄仁宇"大历史观"而言，万历十五年如其名著开篇所言："在历史上，万历十五年实为平平淡淡的一年。"但历史本不平淡，由于此年《会典》重修刊行，历史上的大经大法得以进入新的鼎盛阶段。

万历十七年殿试，时制策以礼法为问，并重申重修《会典》之深意："朕惟自古帝王立纲陈纪，移风易俗，一禀于礼法使尊卑有等，上下相承，然后体统正于朝廷，教化行于邦国，所以长久安宁，有此具也。……我太祖高皇帝用夏变夷，敷政立教，尝谕侍臣曰礼法明，则人志定，上下安。又曰制礼立法非难，遵礼守法为难。乃集为礼制，著为定式，颁律令、《大诰》于天下。洋洋圣谟，布在方策，可得而扬厉欤？朕以冲昧，嗣守鸿业，十有七年，夙夜兢兢，惟成宪旧章是监是率。间者深诏儒臣进讲《礼经》，重辑《会典》，使诸司有所遵守，庶几绍休圣绪，以兴太平。"③作为重修后的首次殿试，述"善继善述"修典之盛事，问天下学士礼法之大道，彰治道之大经大法，可谓用心良苦。

万历《会典》刊行后，不少在乡士大夫曾紧遵《会典》所订礼制行事，《会典》成为制定家礼书的重要参考。就在《会典》修成当年，闵元衢云："今上十五年，又重修辑，自上达下，皆当遵行"，但卷帙浩繁，非常人能寓目，故采"有关官民乡里日用之不可缺者"编成《会典士民便览》一书，"庶几家传户诵，一道同风，有裨教化"④。冯复京以"冠昏丧祭，不当抗《家礼》于《会典》"，因作"《遵制家礼》"⑤。刘元卿亦以"我国朝以德出治，而《大

①【明】李东阳等纂、申时行等重修：《大明会典·进重修大明会典表》。
②【明】李东阳等纂、申时行等重修：《大明会典·序》。
③《明实录·明神宗实录》卷二〇九，万历十七年三月壬戌。
④【明】闵元衢撰：《欧余漫录》卷六《会典士民便览》。
⑤【清】钱谦益撰：《初学集》卷五五《墓铭志六·冯嗣宗墓志铭》。

明会典》与《大明律例》并行于世，若日月之相代"；然士民未必得观，故取二书"四礼之切于日用，与五刑之易犯"者编成《礼律类要》，"刻而流之人间，俾知大礼大法，共相趋避云尔。"①万历二十五年，冯从吾在关中书院定下《关中士夫会约》以冀士风"返薄还厚"，其云："省会风气近古，诸凡礼节颇有先民之意，弟恐久而浸失，其初是不可不一申之者。其冠婚丧祭当以《会典》家礼为主。至于冠礼久已不行，尤望诸公亟倡之。"②这位曾谏言神宗，而险遭廷杖被削籍归乡的大儒③，也不得不依《会典》来崇正辟邪，弘扬礼教以使理学不坠于世。定私书而参官制，制家礼而本《会典》，这种自上而下的奉行与维护，主动传播大礼、大经、大法，使《会典》作为大经大法，不管是观念认同还是制度实施都迈进了定鼎高峰。

五、万历朝以后：大经大法地位之坚守

至明亡，《会典》一直沿用并无修订。修典"停滞"或可说明，经万历事功，"大经大法"确已定鼎，故朝野的态度惟有坚守二字。此以两则"反面"材料为证。

其一：万历二十一年，陈于陛上疏详考史家之体，并请纂辑当朝正史，其言："我朝兴造功业，建立法制，事事超越，而史书独有列圣《实录》藏之金匮石室，似只仿宋世编年《日历》之体，但可谓之备史，未可谓之正史。至于《会典》屡修颁布，凡六曹政体因革损益之宜，虽已该载，而庙堂之谟谋、册诰、臣工之议论文章不与焉，但可谓之国有典制、百司遵行之书，而非史家之体。"④观其意，累朝《实录》虽可"备史"，却未有资格称为"正史"；而"国有典制、百司遵行"的《会典》，甚至连"史家之体"的条件都不符合。考《明史》本传，陈氏万历初曾预修世、穆两朝实录，后又获任《会典》纂修官。⑤陈氏既修《实录》，又纂《会典》，其对《会典》的地位和作用，自然会比常人有深刻认识。将《会典》排除在"史家之体"外，看似"轻蔑"，实视其为超越正史的一代大经大法；谓其"非史家之体"，是因其属经

① 【明】刘元卿：《刘聘君全集》卷四《序·礼律类要序》。
② 【明】冯从吾撰：《少圩集》卷五《关中士夫会约原序》。
③ 《明史》卷一三一《冯从吾传》。
④ 《明实录·明神宗实录》卷二六四，万历二十一年九月乙卯。
⑤ 《明实录·明神宗实录》卷一四〇，万历十二年四月庚申。

邦之法。作为修史、修《会典》者最基本、真实的价值判断，不以"史"来称述《会典》，从反面说明：《会典》不管是体例形式或内容，因其大经大法的属性，使得正史无论如何都难以比肩和涵盖其大义。

其二：崇祯四年，钱谦益为《洪武正韵笺》一书作序时曾感慨：洪武年间朱元璋命宋濂等人所编，以求训民同音的官方韵书《洪武正韵》，当时早已"束之高阁，不复省视"。更有甚者，"太祖颁行《大诰》，户藏一本，有者减罪一等，无者加罪一等。今不问书之有无，动曰《大诰》减等。学断狱者，并不知《大诰》为何书矣"①。作为"圣经"的《大诰》尚如此，《洪武正韵》这种对现实政治、法律产生不了直接影响的韵书，其命运可想而知。尽管在崇祯元年也有"命重刊《大诰》及《大明会典》，令辅臣各拟序以进"②之举。实际上，自明中后期，《大诰》权威地位已每况愈下。与此形成反差的是，朝野对待《会典》的态度并未受影响。其作为皇上与臣工共守的大经大法，仍是共识，如天启三年，姚思仁言："皇上所与内外臣工共守者，《大明会典》一书耳。"③崇祯元年，徐光启议"另辑《会典》"。④就在钱氏堪忧《大诰》的同年，已致仕的何如宠上书云：《大明会典》一书，无一事不备，无一法不善，无一时不可遵行，此我二祖列宗不朽之谟烈，为世世圣子神孙所当世守者。但能力追旧，贯自有一是而无二非，臣故因论史而并及之惟皇上宪天法祖，酌古准今事至，则按之《会典》事前则参之，史学将天下不足治矣。"⑤可见，《会典》作为"世世圣子神孙"所守的"大经大法"，臣工对其权威性维护的热情要远高于其他典章，人不知《大诰》的境况并未在《会典》身上重演。

至于何如宠所言，仍可从一些正面材料得到例证。检《崇祯长编》⑥及《崇祯实录》，当时谕旨或臣工在讨论朝政、案件，援引《会典》作参照施行或重申其中规定者有 30 例之多⑦（除前引徐光启上疏、重刊《会典》、何如宠上疏三例）。见表所示：

---

① 【清】钱谦益撰：《初学集》卷二九《序二·洪武正韵笺序》。
② 【明】佚名撰、【清】汪楫辑：《崇祯长编》卷一五，崇祯元年十一月辛酉。
③ 《明实录·明熹宗实录》卷三〇，天启三年正月辛丑。
④ 【明】佚名撰、【清】汪楫辑：《崇祯长编》卷一三，崇祯元年九月丙寅。
⑤ 【明】佚名撰、【清】汪楫辑：《崇祯长编》卷五四，崇祯四年十二月己巳。
⑥ 按，《崇祯长编》现存 68 卷，前 66 卷本者（起天启七年，止崇祯五年）为汪楫所辑。后 2 卷者（起自崇祯十六年，止十七年），撰者佚名，亦称痛史本。
⑦ 按，《崇祯长编》所录史事，缺崇祯六年至十五年事，其例应有更多。

序号	材料	出处
1	赠□□□王机太仆寺少卿，仍谕吏部以后恩例，须照《会典》及万历二十年以前事例相合者方许奏请，无援近例，以杜牵合。	《崇祯长编》卷六，崇祯元年二月癸丑。（注：此为汪辑本，下同。）
2	江西道御史叶成章言："稽《会典》祖宗原有召商之法，但曰商，则本贸迁之人非受廛而聚处者也。曰召商，则自有招徕鼓舞之术，非势逼而威胁者也。法行既久，渐失其初。审编徧于市民，抑勒甚于刑驱，是岂立法之初意哉。今日之变通，维稽祖宗朝召商之法而善用之耳。"	同上，卷八，崇祯元年四月戊戌。
3	谕通政司近来章奏陈乞及恤典太滥，以后年远及与《会典》成例不合者，不许一概封进。	同上，卷八，崇祯元年四月庚戌。
4	礼部教习驸马主事陈钟盛言："……谨按《大明会典》，公主长成选择驸马，驸马选中公主，从宫出。至府，与驸马拜天地，设公主座于东西向，驸马拜位于西东向。公主升东座，驸马就位，向东行四拜礼。公主坐受两拜，答，两拜后，入室行合卺礼。十日后，公主驸马谢恩。上另赐宴，礼毕，回府。次日，见舅姑答两拜。是公主下降于府时，即与驸马宜其室家矣。臣讯永固，则曰公主入府，行合卺礼，如《会典》所载。合卺后又同床对坐，特未成婚与行见舅姑礼。夫以驸马匹公主，虽贵贱不敌，然业已举案合卺，则俨然夫妇也。独不成婚何为者哉。查《会典》原有次第，故令驸马先拜公主，拜后合卺，明乎合卺后无拜礼矣。况又称臣馈送站立视膳者乎，今巩永固行礼未毕，而闻齐赞元见在视膳，种种恶习，臣实不知起自何年。《大明会典》一书，我祖宗辰告，吁谟万世遵行，既不载此礼数，急当厘而正之，何烦斟酌哉。……伏乞皇上敕部详定，自后降府即遵《会典》行，不许行《会典》外，相沿积习，令巩永固、齐赞元即择日成婚，行见舅姑礼，得遂室家之好，无违夫妇之伦，三纲正，五伦明，风化端，而国体尊矣。"	同上，卷九，崇祯元年五月辛巳。
5	令吉安一府照《会典》仍食淮盐。	同上，卷一二，崇祯元年八月甲午。
6	旧制，南京仓粮拨附近南地，浙江、湖广、江西、应天等郡充之，共一百四万二百余石，皆以民运，遂致拖欠数多。至是从御史吴焕议，令府佐部运不及千石者县佐运，定限十一月收粮，正月运解，三月兑收。部运官逾限者，照《会典》例治，著为令。	同上，卷一二，崇祯元年八月庚戌。

137

序号	材料	出处
7	贵州总督张崔鸣以科臣瞿式耜、万鹏疏纠具辨云："……边臣失疆土，边臣失律必扯本兵与边臣同罪，则本兵一身可胜诛乎。即本朝前代，事有大于辽阳者，从未坐本兵罪。盖本兵主枢密之权，原无封疆之任。《大明会典》《邦政条例》，法制所无者，而诸臣昧心强坐，臣以莫须有之罪而借以轻廷弼之罪，臣不受也。"	同上，卷一三，崇祯元年九月癸亥。
8	惠安伯张庆臻回奏疏言："臣后府金书、左府掌印，积十六年，戎政员缺，会推及臣。初受任时，见都城内外盗贼纷纭，协臣吕纯如调官军缉获。臣思缉盗多捕营之职，因查《会典》，于七月二十一日具揭，一投内阁，一投兵部，揭中之语并无私增字样。行贿一事，臣身为世臣，岂不自爱如是？"	同上，卷一五，崇祯元年十一月甲子。
9	巡青给事中刘汉儒、御史黄仲晔言："……臣等以为，凡屯牧等地，各州邑版籍具存，宜照《会典》《会计录》所载，每处原额、见额、开垦、荒占、存留各若干，逐一清查，定其界限，勒之版册，则放青可行而祖制画一矣，所当责实而正疆界者四。"	同上，卷一六，崇祯元年十二月乙未。
10	禁民间私自阉割。上谕，略云："朕览《会典》有宫禁例一款：民间有四五子，愿以一子报官阉割者，有司造册送部选用，敢有私自净身者，本身及下手之人处斩，全家发烟瘴地方充军；两邻歇家不举者治罪。我祖宗好生德意其至周密，故立法严明如此。近来无知小民希图射利，私行阉割，咨伤和气，童稚不堪，多致殒命，违禁戕生，深可痛恨。自今以后，且不收选，尔部可布朕意，多刊榜文，自京师五城及省直近畿州县、藩封处所，穷乡下邑，遍行晓谕，谕到之日为始，敢有犯者，按法正罪。"	同上，卷一八，崇祯二年二月壬寅。
11	上曰：驿递之设，原为紧急文书、飞报军情。今遣白牌，骚扰驿递，朕屡旨严禁，全不遵行，朕当以重典处之。……炉奏：各差自有祖宗旧制载在《会典》，原有定额。……炉奏：为遵照《会典》的行。上曰：昨主事吴鸣虞疏说，天下兵马钱粮等项，谁是《会典》之旧？惟恩典等事辄引《会典》为言，还照祖宗旧制行才是。	同上，卷二〇，崇祯二年四月辛亥。
12	帝言：御史回道考察，称职照旧管事，不称职奏请罢黜，具载《会典》，遵行已久，近来并无不称即，平常亦无何以激劝。这开覆职款依议参酌，平常无过者照考满例对品调用，外转司道，亦是从优，岂得以待不职？年例照旧另行，其降调京职、降俸、罚俸俱不准。	同上，卷二四，崇祯二年七月壬子。

序号	材料	出处
13	兵部以湖广所解军器火药屡试不堪，请发工部改造。帝曰：如此则将来外解益滋滥恶矣，其酌妥驳回，勿使虚费。帝以驿递裁节务须定例永遵，而兵部所议参差未善，明系立意脱漏以为传会徇私之地，命遵照《会典》，与兵科逐一详议，勒为规条，务使勿滥勿疏，可行可久，称朕体臣恤民之意。	同上，卷三〇，崇祯三年正月癸巳。
14	行人司行人韩一元等上言："伏读《大明会典》，一应差遣，先尽行人，行人不敷，然后访取别署。煌煌祖制，谁敢违之？不谓因循既久，弊窦旁开，行人遂为赘员。臣等顾名思职，无可自效，不知三年报绩之日，何所据为考课之资？况军兴多事，人人当思报称，与其虚各官当尽之职业，何如还行人应效之驰驱？是又官方法守所宜亟为辨定者也。"	同上，卷三一，崇祯三年二月丙子。
15	户部尚书毕自严覆奏御史饶京鼓铸之议，谓铸钱一节，不独南北开局，先经通行各省广铸取其息以补新饷之不足，乃苦于无息施开旋罢。……臣考《会典》，洪武之初及永乐九年、嘉靖六年，俱差官各省铸钱，盖因利于天地，取不竭而用不穷，有俾军需，良非浅鲜。	同上，卷三二，崇祯三年三月庚子。
16	提督马政太仆寺少卿郑宗周以京营马匹倒失不堪，疏请照《会典》定例，将副参以下官降罚示惩。从。	同上，卷三二，崇祯三年三月丁未。
17	（太仆寺少卿提督马政郑）宗周又言：……祖宗创制立法，皇上砺世磨钝，止有此赏罚大典，守锜谓臣参及副将，为功令不载。夫京边副参各官按损失分数以降罚之差，载在《会典》，遵行已久，况臣祗奉敕书，年终例应参罚，即督臣亦尝言之，而谓功令不载，敕书、《会典》非朝廷之功令乎？军中之事将领任之宠等钤束不严、稽核无法，以致马匹多损，自应为法受过，乃规造巧言，希图幸免，此无异故，情面相沿耳。	同上，卷三三，崇祯三年四月癸亥。
18	祭酒顾锡畴言：文庙先贤自四配十哲外，两庑共六十二人，《会典》所载东自淡台灭明，至颜哈三十三人；西自宓不齐，至步叔乘二十九人，位次多紊，且有汉儒次宋儒下，非所以妥先儒也。宋罗从彦、李侗虽万历时从祀，而实朱熹父执，所从受学，既皆从祀，不可不论其世。章下所司。	同上，卷三六，崇祯三年七月丙午。
19	原任东江游击周文煌疏请毛文龙恤典。帝以文龙历年糜饷，牵制无功，文煌岂得借端渎奏？本当究处，姑念愚弁从宽，其文龙骸骨准家人领埋。浙江巡抚陆完学以《会典》载文职二品以上八十者备彩币、羊酒问劳，九十者具实奏闻，遣使存问。今原任南京工部尚书太子少保丁宾，齿届八旬有八，相应再沐殊恩，但九十仅少二龄，或即仿九十例特恩宠异，此则皇上优礼老臣之至意也。	同上，卷三九，崇祯三年十月乙丑。

序号	材料	出处
20	礼部右侍郎王应熊上言：……臣请敕下府部院寺，凡职掌内事，督率僚属，遵照《会典》一一讲求，权其今昔时，宜酌其轻重缓急，均使不失祖宗良法美意，每衙门逐款胪列，恭请圣裁钦定，于是悬象魏以示之，严考课以绳之，当必有竭蹶共赴，以襄我皇止中兴之绩者，又奚俟区区内臣为哉？	同上，卷五三，崇祯四年闰十一月庚子。
21	云南道御史张聚秀以登兵倡乱由平日防制失宜上言：……至各州县，既苦无兵，复苦无饷，备御无资，宜速行团练乡兵之法，敕部照《会典》开载，酌定赏格，颁示天下，令巨室富户各量已力，捐资畜兵，有能输粟五百石以上，或募养健丁百名以上，或临阵杀贼获有功级者，分别题请给冠带荣身，或加应得职衔，每州县得五六百人或千人，报名在官，屯聚训练。	同上，卷五四，崇祯四年十二月辛卯。
22	蓟辽总督曹文衡疏奏：内监邓希诏听神奸南拱北挑激，无端生嗔，其意不过欲臣夤缘交结，事事请裁于彼。然臣素矢砭砭，耻为谄媚于其上。……神庙时，各省钦遣内监，遇庆贺大典，皆于本衙门行礼，如遇接诏，内监先于槛内行礼，立于龙亭之傍，昨万寿庆贺，臣议内监于槛内龙亭前行近臣礼，臣率司道遵《会典》行出使礼，希诏不从，必欲与臣同班，踞于班首，不知朝廷之上，圣明之前，果有内监同班否？	同上，卷五五，崇祯五年正月乙卯。
23	吏部尚书闵洪学奏称：国家典制，昭如日星，有非臣下所得妄意置吻者。按《会典》官制，自洪武二十二年，以亲王领宗人府，后但命勋戚大臣摄之，未尝备官。至永乐间，以驸马王宁署印，自后相沿遂为故事。	同上，卷五八，崇祯五年四月己巳。
24	吏部等衙门会议请以原选庶吉士改中书舍人朱统铈仍为庶吉士。先是，吏部以统铈宗室，不宜官禁近，请旨改为中书舍人。统铈上疏争之，章下部院详议。吏部尚书闵洪学、左都御史陈于庭等谓："……顾自靖难来，二百六十余禩，宗室惟有胙土分茅，食租衣税，并未拔用一人。考之《大明会典》，宗藩条例但有宗学并无宗科，遂并无宗科选法，即宗人亦不许擅出城人京，宗戚仕宦亦仅止外寮矣。高皇帝之时庸展亲非偏于仁，列圣之曲防尽致非偏于义，要皆时之所设耳。	同上，卷六〇，崇祯五年六月乙酉。
25	刑科给事中锺斗上言：……臣又见《会典》载问狱衙门供招之外不许妄加参语，诚以口供既明，何须蛇足？意念深矣。近供招多不出囚口，但雕琢为工，犯人难解，殊非刑名之体，此又以烦文而掩律者。不思狱以得情为明，律以主中为要，情滥乎法，法逾乎情，皆非确拟。	同上，卷六三，崇祯五年九月庚申。

序号	材料	出处
26	山东巡按兼军前监纪谢三宾疏奏：……巡按监纪,《会典》原属两差,往时虽有巡按而不兼纪功,查核之而已。今既监纪则岂有笔之于下而不告之皇上者？不知一切功绩,臣当报乎？臣当查乎？当报则已有抚臣,当查则未奉明旨发下章疏,按监两职俱无安顿,此当请者二也。	同上,卷六四,崇祯五年十月庚午。
27	谕历法仍遵《会典》,行《大统历》,如交食、经纬、晦朔、弦望,许张守登等旁考推测。	《明实录·崇祯实录》卷一一,崇祯十一年正月癸巳。
28	工科都给事中何楷上言："……今爰书之烦极矣,部司议宥,止于重辟数人；而未结之案,先后累累,谁复过而问焉。《会典》热审事例,有轻重囚犯急与问理及出狱听候之令,今亦可仿而行之。"	同上,卷一一,崇祯十一年五月丁丑。
29	汝宁真阳知县朱蕴疏言："……再考《会典》,勋戚不许干预朝政,防危杜渐,固自有见；臣愚以为作监军可,何则？勋戚为天子亲臣,择才望素著者持节监军,可俾大帅。一以制其跋扈,俾官军中举动巨细,日夕得以上闻,诚便计也。"	《崇祯长编》卷一,崇祯十六年十月辛丑。(注：此为痛史本,下同。)
30	帝谕："《会典》钞法六等,旧式见存在库,该司察照印造。其四年界限,如尚有精好不愿换者,听从民便。"	同上,卷二,崇祯十七年正月甲午。

据表可见,崇祯朝援引《会典》,涉及赠官、召商、恩恤、礼制、盐法、漕运、军法、缉盗、版籍、宫禁、驿递、考满、官制、钞法、马政、团练、宗藩勋戚、问狱、巡按、历法、热审等内容。尽管明朝就此走向覆亡,就算人不知《大诰》为何,但《会典》作为君臣共守大法,仍在合适时机发挥作用。这并非简单的旧事重提、旧制重议,而是如何如宠所言,其确是"无一事不备,无一法不善,无一时不可遵行"。在施行上,《会典》比《大诰》更为持续、广泛和稳定,这使得其大经大法地位并未产生动摇。就算明亡,仍有人追忆。曾仕明、后投李、终降清的孙承泽,在多年后云："弘治五年命内阁诸臣仿唐宋《会要》及元人《经世大典》《大元通例》编成一书,赐名《大明会典》,其书以《诸司职掌》为纲,以度数名物仪文等级为目,附以历年事例,使官各领其属,而事皆归于职用,备一代定制以便稽考。嘉靖二十八年修之,万历十五年再修之,一代之大经大法备焉。"①作为遗臣和贰臣,孙氏对《会

---

① 【清】孙承泽撰：《春明梦余录》卷一二《文渊阁》。

典》的追忆，对前朝之制的肯定，又何尝不是另一种"大中至正之心"？[①]因此，把《明会典》称为明朝的大经大法，实是古人确凿之论、众服之说。

六、余论

弘治朝祖《诸司职掌》始制"一代之典"；正德朝明"会要典章"之义而订"亿万年大法"；嘉靖朝屡经续增却留禁"一代通典"；万历朝鉴式前宪终成"一代画一经常之典"。凡此四朝纂修《会典》之过程，亦即《会典》逐步形成其大经大法地位的过程，中国传统法律开始进入以之作为根本法的"会典时代"。

清顺治十二年，为了求证前朝旧典，编写《国榷》而奔波至北京的谈迁在《北游录纪闻》中写道："清朝礼制，悉仿先朝。如丧服，百官并依《会典》行事。《会典》仍旧刻，未尝另梓，而诸臣封事，辄引《会典》，亦误矣。"[②]这种"误"，在谈迁这种去国怀乡的"江左遗民"看来，或许是新朝建立却承袭旧朝旧刻典章的制度"误用"，也是旧臣以之"恨"、新臣不以"耻"的人心"误会"。但就作为大经大法的《明会典》本身而言，政权的更迭并没有使得其产生历史价值的"误用"和"误会"，相反，其不仅为清初朝政的巩固和人心的安抚产生了积极影响，更为有清一代大经大法——《大清会典》的产生提供了重要借鉴。

Researches on the Forming Process of "Ming Hui Dian" as the Fundamental Law of the Ming Dynasty

Liang Jian

Abstract: The traditional legal Chinese entered the "Hui Dian" era from the Ming and Qing Dynasties, and the "Hui Dian" becomes the representative of this period. The compilation of "Ming Hui Dian" has been through four processes.

---

① 按，乾隆四十年诏修《贰臣传》，孙氏名列其中，时诏云："朕思此等大节有亏之人，不能念其建有勋绩，谅于生前；亦不能因其尚有后人，原于既死。今为准情酌理，自应于国史内另立《贰臣传》一门，将诸臣仕明及仕本朝名事迹，据实直书，使不能纤微隐饰，即所谓虽孝子慈孙百世不能改者……此实乃朕大中至正之心，为万世臣子植纲常！"

②【明】谈迁撰：《北游录纪闻》卷下《丧礼》。

The Hongzhi period, belongs to the pioneering stage of "Ming Hui Dian" as the fundamental law of the Ming Dynasty. The Zhengde period, belongs to the formal establishment stage of "Ming Hui Dian" as the fundamental law of the Ming Dynasty. The Jiajing period, belongs to the consolidation stage of "Ming Hui Dian" as the fundamental law of the Ming Dynasty. The Wanli period, marks "Ming Hui Dian" as the fundamental law of the final status of formation. After the demise of the Ming Dynasty, there has been no modification of "Ming Hui Dian". But it is still in use in Qing Dynasty, and as the important basis for the compilation of the "Ming Hui Dian".

Keywords: "Ming Hui Dian"; compilation; the fundamental law

（本文编辑：赵岑）

信用证交单期限研究

王金根*

内容摘要：信用证是国际贸易中重要的支付与融资工具。信用证下受益人取得款项需严格按照信用证有效期与交单日期(或 21 个日历日)交付单据。除按照 UCP600 第 29 条顺延之外，在有效期届满后交单的，银行有权拒收单据，而在交单日期届满后有效期届满前交单的，银行有义务接收单据，并有权以迟延交单为由拒付。在信用证有效期届满后交单与交单日期届满后有效期限届满前交单两者在法律效果上并不相同。

关键词：有效期；交单日期；顺延；法律效果

信用证是国际贸易中一种重要的支付与融资工具。而信用证交单，则是信用证交易必不可少的环节之一。自然，信用证下受益人应于何时交单方为妥当，如迟延交单法律效果如何，自是有必要予以探讨。

一、信用证中交单时间限制

跟单信用证统一惯例第 600 号（以下简称 UCP600）以及信用证中就受益人交单一般都会涉及一系列时间要求，例如 UCP600 便有"信用证有效期

---

* 作者简介：王金根，泉州师范学院陈守仁工商信息学院副教授，佛罗里达大学访问学者。

（expiry date of a credit）""信用证交单到期日（expiry date for presentation）"
"21 个日历日""交单时间（hours of presentation）"等规定，而信用证中则一
般还会出现"交单日期（period for presentation）"的条款。这几个时间要求
之间关系究竟如何？受益人究竟应于何时交单才不会存在交单迟延？鉴于
UCP600 的规定在措辞方面存在模棱两可之处，易导致实务中产生不必要的
疑问甚至误解[①]，笔者特此试分析如下。

（一）信用证有效期

就信用证有效期（expiry date of a credit），UCP600 第 6 条 d 款 i 项规定：
"信用证必须规定提示单据的有效期限……"在环球同业银行金融电讯协会
（以下简称 SWIFT）信用证中，则规定在 31D: Date and Place of Expiry 这一
栏。至于有效期的法律意义，UCP600 在第 6 条 e 款有所规定："除非如 29
（a）中规定，由受益人或代表受益人提示的单据必须在到期日（expiry date）
当日或在此之前提交。"从该两款规定来看，所谓信用证有效期，其实只不过
是受益人向开证行或指定行等交付单据的有效期间，受益人必须在该期限之
内交付单据。阎之大在其《UCP600 解读与例证》中指出，信用证有效期（expiry
date of a credit）与交单的到期日（expiry date for presentation）应该是一个概
念。两者都是指交单的截止日期，超过这一期限信用证也就失效了，自此便
不能再装运货物及缮制并提交单据。[②]

要准确把握这一概念，笔者以为，一方面，我们不能将信用证有效期
（expiry date of the credit）理解为信用证作废日，如果将其理解为信用证作废
日期而不是交单的截止日期，显然将与信用证的机制不相吻合。因为不仅远
期信用证的付款往往在信用证有效期之后，即便是即期信用证，如果临近信
用证有效期交单，付款也往往发生在信用证有效期之后，何况有时信用证可
能还会有信用证有效期之后相当长时间才能支付的尾金。正是因为如此，信
用证交单到期日和信用证有效期才应理解为一回事。信用证有效期的实质在
于受益人交单的有效期间。[③]

但另一方面，信用证中也不应将其规定为指定行承付或议付的有效期限。

---

① See Gary Collyer, Frequently Asked Questions under UCP 600 ("FAQ"), Collyer Consulting Ltd., 6.1, 6.27, 6.43, 6.55, 14.8, 14.9, 14.14, 14.15, 14.17, etc.
② 阎之大：《UCP 600 解读与例证》，中国商务出版社 2007 年版，第 77～78 页。
③ 阎之大：《UCP 600 解读与例证》，中国商务出版社 2007 年版，第 77～78 页。

这是因为，受益人能够保证且必须保证自己能够按照信用证要求履行交单义务，但其无法保证银行会在有效期内办妥"承付或议付"。[①]如，信用证规定指定银行议付有效期限为 2013 年 5 月 1 日。受益人于 5 月 1 日下午 4 点（议付行营业结束前）将单据交到议付行，议付行当日没有时间处理，第二天审核并议付，开证行不能以指定银行未能在 5 月 1 日当日或之前议付为理由拒付。因为显然，这样的做法使得指定银行的 5 个银行工作日失去意义；而且，与 UCP 600 第 7 条 a 款所规定的相符单据交到指定银行便构成开证行确定的付款承诺这一精神相违背。[②]

因此，如果信用证中规定"最迟承付或议付日期"，该规定是不妥当的。原则上来说，受益人应当联系申请人修改该规定。当然，就算是受益人未要求申请人修改，在法律上，我们也必须将所谓的"最迟承付或议付日期"理解为"最迟交单期限"。对此，UCP600 第 6 条 d 款 i 项规定："……规定的用于承付或者议付的有效期限将被认为是提示单据的有效期限。"应注意的是，这里所谓的"被认为是"，系 UCP600 的强制性拟制，并不允许当事人予以推翻或反证。

（二）交单日期与 21 个日历日

信用证中除了规定信用证有效期外，通常还会规定一个"交单日期（period for presentation）"。所谓交单日期，系指信用证交易中，受益人自货物装船之后所享有的将单据交付开证行或指定行的期间限制。对此，SWIFT 信用证规定在 48: Period for Presentation 一栏。如信用证规定[48] "Documents must be presented within 15 days after issuance of the transport document but within the validity of this credit"，即意味着受益人必须在运输单据签发日之后的十五日内向开证行或指定行交单（当然，前提条件是仍在信用证有效期内）。信用证中之所以会有此规定，主要是申请人期望通过限定交单日期促使受益人将货物付运后及时交单，从而使得申请人在货到目的港或目的地时能够及时通过运输单据提货。[③]

然而，除了前述交单日期外，UCP600 第 14 条 c 款还规定了 21 个日历

---

① ICC Official Opinion R257.
② 阎之大：《UCP 600 解读与例证》，中国商务出版社 2007 年版，第 79 页。
③ 杨良宜：《信用证》，中国政法大学出版社 1998 年版，第 99 页。

日的问题："提示若包含一份或多份按照本惯例第 19 条、20 条、21 条、22 条、23 条、24 条或 25 条出具的正本运输单据，则必须（must）由受益人或其代表按照相关条款在不迟于装运日后的二十一个日历日内提交，但无论如何不得迟于信用证的到期日。"这里应注意的是，该款强调只要提交的单据包含 UCP600 第 19～25 条所规定的正本运输单据（即多式运输单据或联合运输单据、提单、不可转让海运单、租船合约提单、空运单据、公路、铁路或内陆水运单据以及快递收据、邮政收据或投邮证明），则受益人"必须（must）"在装运日后的 21 个日历日内提交。[①]由此产生的问题是，如果信用证在 48:Period for Presentation 有明确规定交单日期，则该交单日期和 21 个日历日之间是什么关系呢？

对此，便涉及 UCP600 第 14 条 c 款如何理解的问题。我们知道，UCP600 第 14 条 c 款是源自 UCP500 第 43 条 a 款："除规定交单有效期以外，每个要求提交运输单据的信用证还应（should）规定一个在装运日后根据信用证条款必须交单的特定期限。如未规定该期限，银行将不接受迟于装运日后 21 天提交的单据。但无论如何，提交单据不得迟于信用证有效期。"

将这两条规定进行对比可知，两者主要有如下区别：第一，UCP500（跟单信用证统一惯例第 500 号）中 21 天针对的是"运输单据"，而 UCP600 中 21 个日历日所针对的是"正本运输单据"；第二，UCP500 中 21 天的适用有前提条件，即信用证中未规定"交单的特定期限"，而 UCP600 中 21 个日历日并未明确此限定条件；第三，UCP500 对 21 天用的措辞是"银行将不接受……二十一天提交的单据"，而 UCP600 中 21 个日历日的措辞是"必须……二十一个日历日内提交"；第四，UCP600 明确了此处 21 天系指 21 个日历日。

那么，我们是否可以简单地由 UCP600 措辞变动得出结论认为，信用证中已经没有必要规定"交单日期"，即使有规定，在交单日期与 21 个日历日不一致时，仍应遵守 21 个日历日的规定呢？笔者对此持否定态度。因为，UCP 之所以规定 21 个日历日，其目的和信用证规定交单日期是一样的，即

---

① See ICC Official Opinions R691 and R692. 该两意见中涉及的是两份独立信用证，它们分别规定受益人应提交利息发票与汇票的单据（申请人承担自议付之日起至付款到期日止这段时间的利息）。两信用证同时规定，单据必须自提单日后 21 个日历日内提交。运输单据及其他单据于 21 个日历日内提交，议付行也已议付。随后受益人根据议付行具体议付日期提交利息发票与汇票，此时 21 个日历日已届满。开证行拒绝承付，理由是单据晚于 21 个日历日提交。国际商会支持了指定行的反驳意见，认为利息发票和汇票是一项独立的交单。鉴于此独立交单中并不包含运输单据，故此 UCP600 第 14 条（c）款并不适用。

考虑到随着货物运输速度的提高，货物运输在途时间越来越短，为避免货物已到目的地或目的港，而受益人却仍在拖延未将单据交付开证行或指定行，导致申请人无法提货，而要去考虑安排无单放货或支付额外仓储费用等麻烦与损失，同时也会影响申请人及时提货转售，贻误商机。①换言之，既然于特定信用证中，申请人和受益人愿意规定并接受长于或短于 21 个日历日的交单日期，事涉双方的合同自由，UCP600 没有必要也没理由去干预或禁止。②比如说，在我国出口贸易中，一般欧洲客户允许 15~20 天左右的交单期，而日、韩及东南亚地区客户则倾向于更短交单期。因此，UCP600 所规定之 21 个日历日只有在信用证中没有规定"交单日期"的情形下，才有适用之余地。至于 UCP600 删除 UCP500 中所规定之前提条件"如未规定交单日期"，是为了条文的清晰、准确与简洁明了。既然 UCP600 第 1 条已经明确规定"除非信用证中另有规定，本惯例对一切有关当事人均具有约束力"，自然没有必要在随后的各条款中（当然包含第 14 条 c 款）再去重复"除信用证另有规定交单日期外"之类的了。

由此，就信用证交单期限我们可以得出结论认为，信用证中交单期限不仅要遵守信用证有效期的规定，还要遵守交单日期的规定；只有在信用证没有规定交单日期、且要求提交 UCP600 第 19 条至第 25 条所规定的正本运输单据时，UCP600 第 14 条 c 款所规定之 21 个日历日才有适用之余地。③

当然，在某些情况下，并不是绝对不允许在信用证有效期过后交单的，但信用证应当另行明确规定，比如尾款。买卖合同往往会约定尾款要待申请人检验货物之后确认没有不符，或者要安装调试确认正常时，方才支付给受益人。而信用证的有效期一般并不延至该尾款的收讫。故此信用证往往会规定说："延期支款下所需提交之单据不受信用证有效期限制"（Required documents for the deferred payment of invoice value is not subject to the expiry

---

① 杨良宜：《信用证》，中国政法大学出版社 1998 年版，第 99 页。

② See Gary Collyer, Frequently Asked Questions under UCP 600 ("FAQ"), Collyer Consulting Ltd., 14.9, 14.14, 14.15。在 FAQ 14.9 中，Gary Collyer 就此解释认为："Sub-article 14 c) establishes the default period for presentation following the date of shipment. This default period is set at 21 calendar days where the credit is silent as to the period required. The credit may specify any period of time for the presentation of documents, up to and including the expiry date of the credit."

③ See Heritage Bank v. Redcom Laboratories, Inc., 250 F. 3d 319 (5th Cir. 2000). 在该案中，信用证明确规定，开证行将承兑任何相符交单，只要"on delivery of documents as specified if presented at our counters on or before the expiration date"。受益人在 21 个日历日之后交单，开证行以法院禁令为由止付。法院判决认为，从信用证的规定及开证行的拒付理由来看，显然开证行是认为信用证条款已经排除了 UCP21 个日历日的规定的。

date of the credit.）或"发票5%的金额将在提交申请人签发的接受证书时支付，且该证书可于信用证到期日后提交"（5% of the invoice value is payable against the certificate of acceptance issued by the applicant which may be presented after the expiry date of the credit.）。[①]

（三）交单时间

受益人交单不仅要遵守交单期限限制，而且应注意交单时间（hours of presentation）问题。UCP600 第 33 条规定："银行在其营业时间外无接受交单的义务。"这个应当说属当然之规定，即使 UCP600 没有明确规定，银行也不承担在营业时间外接受交单的义务。但 UCP600 之所以单独设此规定，更多的在于强调，尽管银行没有义务在营业时间外接受交单，但其可以或者说有权在营业时间外接受交单。

在这一点上，《国际备用证惯例（ISP98）》的规定比较清晰。在规则第 3.05 条（何为及时提示）第（b）款规定："如果提示是在提示地营业结束后做出的，应视为是在下一个营业日做出。"不过，ISP98 规则第 3.11 条（开证人放弃和申请人同意放弃提示规则）第（a）款（iv）项又规定，虽然单据是在营业结束后提交的，但开证行可以在没有通知申请人或获得申请人同意且不影响申请人对开证行义务的情形下，依其独立判断，放弃将营业结束后做出的提示如同该提示是在下一个营业日做出的同等对待。也就是说，银行有权放弃认定在营业时间结束后的交单作为下一个营业日交单，而直接将其视为该营业日交单。这主要是因为，要求营业时间内交单的主要目的是为了开证行的利益或操作便利。当然，我们要注意 ISP98 这一条款适用的前提，即"不影响申请人对开证行义务的情形下"。这主要是针对受益人或交单人在信用证交单期限最后一天营业结束后交单的情形。如果开证行有权将此原本应视作下一个营业日交单的行为视为是在交单期限最后一天交单，必然影响申请人对开证行的权利。因为，如果系在下一个营业日交单，则意味着信用证交单期限已过，开证行有权拒付，也必须拒付，而不论单据是否相符。换言之，开证行放弃自身利益的行为，不能影响到申请人利益。因为开证行未经申请人同意无权擅自处分申请人享有的权利或利益。

---

① 阎之大：《UCP 600 解读与例证》，中国商务出版社 2007 年版，第 151 页。

当然，受益人完全可在开立信用证时，通过申请人与开证行达成协议，约定银行有义务在其营业时间之外接受交单之义务。或者，开证行与受益人也可约定比一般营业时间"更短"之接受交单时间，比如只限于营业日之上午 12 时之前接单等。[1]

而且应注意的是，此所谓"营业时间"，判断之根据一般是在于银行处理信用证业务之部门的营业时间，而非银行普通柜台等部门之时间。当然，如果信用证中没有明确规定具体部门，而是只提及交单银行具体地点，则只要受益人将单据交至银行该地点之任何部门，均属满足要求。换言之，如果开证行要求交单至某个具体部门或具体负责人，其必须在信用证中明确规定。[2]如在卡特石油产品公司案（Cater petroleum products, Inc. v. Brotherhood Bank & Trust Company）中[3]，信用证规定受益人交单地点为 7499 Quivira, Shawnee, Kansas，受益人赶至该地点时已是下午 5:05，银行营业大厅（lobby）已于下午 5:00 停止营业，但该银行免下车窗口（drive-through window）仍处营业之中，法院判决认为受益人满足了信用证所规定的交单时间要求。在该案中，还有一点值得注意的是，尽管该银行大厅中有明确公告说"下午两点后之任何交易均将推迟至第二个营业日"（any transactions occurring after 2 p.m. would be posted on the next business day），但法院认定是，这只是银行内部单方规定，只要没有在信用证中明确说明，便对受益人无拘束力。因此，如银行期望限制受益人交单时间的，应在信用证中明确规定，否则无效。[4]对此，国际商会正式意见（以下简称 ICC Official Opinion）R265 及 R648 也予以了确认。如在 R265 中，开证行在星期六的营业时间为 9: 00-13: 00，收发部门则一天 24 小时工作。该收发部门在银行营业时间之外签收了议付行寄交的单据。开证行的信用证部门在星期一即下一个营业工作日收到的单据。则此时开证行收到单据的日期是星期六还是星期一呢？对此国际商会的结论是：UCP 允许银行拒绝接受营业时间结束之后提交的单据。而正常营业时间外接受单据，就本例而言，意味着星期六将作为收到单据的日期计算在内。唯一

---

[1]　See Raymond Jack, et al., Documentary Credits (3rd ed.), Butterworths, 2001, p.109.

[2]　See Gary Collyer, Frequently Asked Questions under UCP 600 ("FAQ"), Collyer Consulting Ltd., 33.1, 33.5。在 33.1 中，Gary Collyer 明确指出："Banking hours means the hours that the bank will advertise as being their hours for normal banking business and/or presentation of documents." 在 33.5 中指出："Banks could announce or publish banking hours for the presentation of documents that are different for those in respect of other services."

[3]　Court of Appeals of Kansas, No. 90998, 09. 17. 2004.

[4]　See also Avery Dennison Corp. v. Home Trust & Savings Bank, 2003 WL 22697175 (N.D. Iowa 2003).

的例外是，若信用证明确要求单据提交到信用证部门而不仅仅是提交到开证银行，则开证行审单日期的时间应是自信用证部门收到时开始。

二、信用证交单期限顺延

（一）信用证交单期限顺延限制

如前述，受益人必须按照信用证所规定之有效期与交单日期要求向开证行或指定行交付单据。然而，现实情况是，有可能受益人信用证下应交单之截止日期刚好落在银行因周末或国家法定节假日而歇业之时，为避免因此歇业而实际上缩短受益人所享有之交单期限，UCP600 第 29 条 a 规定："如果信用证的截止日（expiry date）或最迟交单日（latest date for presentation）适逢接受交单的银行非因第三十六条所述原因而歇业，则截止日或最迟交单日，视何者适用，将顺延至其重新开业的第一个银行工作日。"[1]

从 UCP600 第 29 条 c 款规定可知，能够自动顺延之期限仅限于信用证的有效期与交单期限，而不适用于最迟装运日，[2]之所以如此，是因为现实中船运公司、航空公司或其他运输公司都是连续营业，一般都不存在所谓的节假日问题。[3]而且应注意的是，能导致交单期限顺延的只能是银行因正常原因歇业，而不应当是 UCP600 第 36 条所规定的不可抗力造成歇业。这主要是考虑到，因不可抗力持续时间一般不可确定，甚至是可能持续相当长时间。如果允许不可抗力导致之银行歇业也可以使交单期限顺延，则会导致银行承担的信用证下付款责任无限顺延，而这并不符合信用证为受益人提供确定付款保障之精神。[4]更何况，如果允许受益人可以无限等待银行恢复营业，对货物到港或目的地的处理也会造成不便，极可能会给申请人造成不必要的仓储费或安排无单放货的损失与麻烦。也不利于易腐烂货物的及时保存与处理，同时也会影响买方及时提货转售，贻误商机。因此，UCP600 特此设定例外，禁止交单因不可抗力导致之银行歇业而顺延。此时，申请人与受益人完全可

---

① See DOCDEX Decision No.286.
② See Gary Collyer, Frequently Asked Questions under UCP 600 ("FAQ"), Collyer Consulting Ltd., 29.5: "The beneficiary is permitted to complete the presentation that day including the issuance of any documents except the transport document which must be dated no later than the original expiry date or latest shipment date that is stated in the credit."
③ 李金泽：《UCP600 适用与信用证法律风险防控》，法律出版社 2007 年版，第 80 页。
④ See Raymond Jack, et al., Documentary Credits (3rd ed.), Butterworths, 2001, p.107.

以通过基础合同予以处理。

（二）交单顺延面函

由于信用证交易中一般开证行和指定行并不位于同一国家，所以受益人交单之指定行何时歇业，开证行并不一定清楚。为避免开证行误解，导致认为受益人交单迟延而拒付，UCP600 第 29 条 b 款特规定："如果在顺延后的第一个银行工作日交单，指定银行必须（must）在其致开证行或保兑行的面函中声明交单是在根据第二十九条 a 款顺延的期限内提交的。"如指定行可于面函中声明 "单据系在跟单信用证统一惯例 2007 年版第 600 号出版物第 29 条 a 款顺延期限内提交" [The documents are presented within the time limits extended in accordance with Article 29（a）of the Uniform Customs and Practice for Documentary Credit 2007 Revision ICC No.600]或 "我行确认所提交单据与信用证相符"（We certified that the documents presented are in compliance with the credit.）。^①

在此，UCP600 强调的是，指定行 "必须（must）"向开证行提交面函表明交单系在第 29 条 a 款顺延期限内提交。问题是，如果指定行没有作此声明时，开证行可否拒付？对此问题，笔者以为，鉴于银行只限于审查单据，并不审查单据背后之任何事实，故此，银行可根据严格相符之审单原则表示拒付。然而，我们应明确的是，受益人之交单顺延是自动顺延，受益人取得信用证款项的权利并不取决于指定行向开证行提交证明受益人于顺延日期交单的声明。故此，笔者以为，一旦开证行拒付，受益人可要求指定行补发一份声明，以表明单据系在 UCP600 第 29 条 a 款顺延期限内提交。只要开证行收到该声明，其即应承担信用证下承付责任。^②至于说如果开证行因指定行迟延提交声明而遭受任何损失（如劝说申请人单据交单时间满足信用证要求的沟通成本），其可要求指定行给予赔偿。但其不得仅凭指定行未提交声明而不再承担信用证下承付款项之责任。毕竟，一方面受益人已经完全履行了信用证下交单义务之要求，自然有权获得信用证项下款项；另一方面，指定行未

---

① ICC Official Opinion R372 says that: "There is no requirement within UCP for the confirming or nominated bank to indicate to the issuing bank the date of receipt of documents or the date of negotiating. A statement on the covering schedule stating that all terms and conditions have been complied with (or similar) would constitute an acceptable confirmation that the documents were received within the time frame allowed by the terms and conditions of the credit."

② See ICC Official Opinion R480.

提交声明表明单据系在UCP600第29条a款顺延期限内提交仅仅只是次要义务之违反，并不构成根本违约，开证行也不能仅凭此而不再承担对指定行的偿付责任（如指定行已经向受益人承付或议付），指定行完全有权在合理期限内补交声明。[1]

三、信用证交单期限届满后交单效果

已如前述，受益人必须按照信用证所规定之有效期与交单日期（或相应顺延日期）向开证行或指定行交付单据。然而，如果受益人未能在该交单期限内交单，法律效果如何？

（一）信用证有效期届满后交单效果

笔者以为，如果受益人系在信用证有效期之后交单，由于信用证已过有效期，银行信用证下付款义务已然截止，其不再受信用证拘束，自然也就不用承担审单并付款以及在五个银行工作日内发出拒付通知等义务。国际商会ICC Official Opinion R13认为"已逾期信用证到期日"即意味着信用证已进而变得无用，单据不再受"国际商会出版物跟单信用证统一惯例"的约束。国际商会于ICC Official Opinion R331中也明确肯定了上述观点。国际商会银行委员会前技术顾问盖瑞·考利尔（Cary Collyer）亦认为，未能就交单系在信用证有效期届满后提交给予通知，并不导致开证行丧失拒付的权利。[2]ISP98第5.04条（逾效期的通知）同样规定，"没有发出关于提示是在到期日以后做出的通知，并不影响因此而拒付"。其背后的逻辑也就是，信用证到期便失效，开证行无义务承担于一定限内发出拒付通知之义务。

对此，美国统一商法典第五编信用证第5-108条（d）款规定也可作为佐证："未能按前述（b）款之规定发出通知或未于通知中提及欺诈、伪造或到期，并不妨碍开证人以第5-109条（a）款之欺诈或伪造或以交单前信用证已到期为理由之拒付。"[3]统一商法典第5编官方评论5-108 para.3指出，在信用证期有效期届满后交单时，尽管开证人通常会发出迟延交单不符点通知，

① See Bayerische Vereinsbank AG v. National Bank of Pakistan [1997] 1 Lloyd's Rep. 59.
② See Gary Collyer, The Guide to Documentary Credits (3rd ed.), IFS School of Finance, 2007, p. 68.
③ UCC Article 5 5-108(d): Failure to give the notice specified in subsection (b) or to mention fraud, forgery, or expiration in the notice does not preclude the issuer from asserting as a basis for dishonor fraud or forgery as described in Section 5-109(a) or expiration of the letter of credit before presentation.

但他们却无义务发出该通知。即使他们未能发出该通知的，本条规定也允许他们提出迟延交单不符点作为抗辩。[1]

信用证有效期届满后开证行无义务给予拒付通知，也为判例所确认，如亚美西科亚洲（私人）有限公司案、巴伐利亚联合银行有限公司案与托蒂出口公司案[Amixco Asia (Pte) Ltd. v. Bank Bumiputra Malaysia Bhd[2]、Bayerische Vereinsbank Aktiengessellschaft v. National Bank of Pakistan[3]与Todi Exports v. Amrav Sportswear Inc.[4]]等。[5]

至于现实中银行仍在信用证交单期限届满后接受受益人交单问题，笔者以为，可以视为受益人要求开证行与申请人延长交单期限[6]，如申请人认可且开证行也明确表示同意，自然该原本已失效之信用证"起死回生"，开证行应按该信用证及UCP600之规定审单并付款。[7]但我们并不能仅凭开证行同意在信用证失效后接收单据本身便认定开证行同意延长信用证有效期。

当然，如果开证行与申请人并不愿意延长交单期限并使信用证起死回生，并不意味着开证行就此不承担任何义务。首先，根据诚实信用原则与后合同义务，开证行仍承担着在合理时间内通知受益人，并告知听候单据的处理方法或尽快退回单据的义务。否则，如果因此给受益人造成其他损失，开证行应承担相应的赔偿责任。[8]其次，开证行还承担着妥善保管该批单据的义务，未经受益人同意，开证行不得擅自将单据交付申请人。如开证行擅自将单据

---

① UCC Article 5 official comment 5-108 para. 3: Even though issuers typically give notice of the discrepancy of tardy presentation when presentation is made after the expiration of a credit, they are not required to give that notice and the section permits them to raise late presentation as a defect despite their failure to give that notice.

② [1992] 2 SLR 943, 947.

③ [1997] 1 Lloyd's Rep 59, 67.

④ No. 95 Civ. 6701 (BSJ), 1997 U.S. Dist. LEXIS 1425 (S.D.N.Y. 1997).

⑤ For different opinions, see Peter Ellinger and Dora Neo, The Law and Practice of Documentary Letters of Credit. Hart Publishing 2010, p.224. 他们认为，上述两个支持信用证到期后开证行无义务发出拒付通知之判例，在UCP600语境下并不适用。因为根据UCP600第2条，相符交单的是指"与信用证中的条款及条件、本惯例中所适用的规定及国际标准银行实务相一致的提示"。从而，受益人之交单，不仅应与信用证所规定的单据条款相符，而且必须与信用证所规定的非单据条款（如信用证有效期等）相符。自然，如果受益人交单不符（非在信用证有效期内交单），开证行应当发出拒付通知。

⑥ See Richard King, Gutteridge & Megrah's the Law of Bankers' Commercial Credits (8th ed.), Europa Publications Limited, 2001, p. 138.

⑦ See Co-operative Centrale Raiffeisen-Boerenleenbank BA v. The Sumitomo Bank Ltd [1988] 2 Lloyd's Rep 250.

⑧ 参见中国光大银行天津分行诉唐山汇达集团进出口有限公司信用证纠纷案二审判决书，天津高级人民法院民事判决书（2002）高经终字第51号。Gary Collyer 在 FAQ 16. 34 中也指出：If the issuing bank is able to determine that the credit had expired at the time of presentation, and they do not wish to process under the credit, they should inform the presenter that due to the fact that there was no credit in place at the time of presentation that they are only willing to handle on a collection basis and seek instructions from the presenter before proceeding any further.

交付申请人而导致受益人丧失单据控制权利的，受益人可以侵权为由追究开证行责任。但国际商会在 ICC Official Opinion R311 中认为，此时开证行丧失"拒绝接受"单据的权利，并应承担信用证项下付款责任，换言之，即开证行应承担赔偿受益人"信用证款项"的"赔偿责任"。

（二）交单日期届满后有效期届满前交单效果

然而，如果受益人系在交单日期届满后、有效期届至前交单，此时效果如何？李金泽认为："最迟交单日与信用证截止日均有交单期限的效果，但两者的法律效果不完全相同。在最迟交单日后但在信用证截止日前的交单，虽是延迟交单，但开证行或指定银行仍有义务接受单据并予以审单，其迟延交单的行为将作为不符点而可能遭到拒付，但若受益人[1]放弃这一不符点，开证行可能会对受益人付款。"[2]换言之，交单日期届满但信用证有效期尚未届满时，信用证仍为有效，[3]开证行仍应承担接收单据并审核单据的义务。之所以如此，是因为，受益人交单是否符合交单日期要求，有些情况下开证行或指定行只有经过审核才能知悉。如信用证规定：最迟装运期为 6 月 15 日，交单日期为装船后 16 天内，有效期为 6 月 30 日。此时，由于交单日期要根据具体装船日期确定，自然，开证行或指定行在没有收单据并审核前，是无法判断受益人是否迟延交单的。正是因为如此，笔者赞同前述观点以为，在正式审核单据之前，开证行或指定行有义务接收受益人所交单据。而这不同于信用证有效期，因为一般而言，信用证有效期是无须审查受益人所交单据便可确知之事情。自然只要信用证有效期一过，开证行便可拒绝接收受益人交单。更何况，就"交单日期"本意而言，其限制的也仅仅是受益人交单时间而已，而并非像信用证有效期那样，还限制了信用证本身的效力。信用证不应因交单时间已过而当然丧失效力。

既然开证行有义务在交单日期届满后有效期届满前接收受益人交单，而且，信用证本身依然是有效的，自然开证行仍应按照 UCP600 的有关规定进行审单并在存有不符点时按要求发出拒付通知，否则开证行便丧失声称单据

---

① 原文如此，应为"申请人"。

② 李金泽：《UCP600 适用与信用证法律风险防控》，法律出版社 2007 年版，第 79 页。

③ For different opinion, see Larry A. DiMatteo & Lucien J. Dhooge, International Business Law: A Transactional Approach, (2nd edition), Thomson West 2006, p. 379: If the exporter obtains the bill of lading and delays presentation past the 21 days, then the letter of credit expires, even though the expiration date on the letter has not passed.

不符的权利。^①

此外，我们应明确的是，如果受益人在交单日期届满后有效期届满前交单并被指定行或开证行合法拒付，受益人便丧失了修改不符点并再次交单的权利。^②在 Runinahui 银行案（Banco General Runinahui S.A. v. Citibank Int'l.）一案中法院便认为："允许受益人在信用证有效期届满前享有无限制的修改不符点的权利将使得交单日期实质上毫无意义，并彻底颠覆了严格相符标准……只有在单据及时交付银行进行审核、通知不符点并在交单日期截止前进行第二次交单方时，方才产生修改不符点之权利。"^③

On the Period for Presentation under Letter of Credit

Wang Jin-gen

Abstract: Letter of credit is an important method to pay and finance in international trade. The beneficiary shall present the required documents to the issuing bank or nominated within the date of presentation or 21 calendar days but in any event not later than the expiry date. Unless the date for presentation or expiry date has been extended in accordance with UCP 600 Article 29, the issuing bank or nominated bank may refuse to accept the presented documents if they are presented after the expiry date, but in case the documents are presented after the date for presentation but before the expiry date, the issuing bank or nominated bank is obligated to take over the documents and may refuse to honor or negotiate on the reason of late presentation. The legal effects between the documents presented after the expiry date and the documents presented after the date of presentation but before the expiry date are different.

Keywords: expiry date; date of presentation; extension; legal effects

（本文编辑：王硕）

---

① 换言之，受益人在交单期限届满前便提交单据的，随后对不符单据的修改并再次提交并不构成"两次"交单（参见前注 2，阎之大书，第 149 页）。当然，由于信用证有效期的限制，银行只承担对在信用证有效期届满前提交的相符交单承担付款责任，自然，一旦受益人对修改的单据未能在信用证有效期限内提交的，信用证失效，开证行不再承担信用证项下付款义务，自然也就不再承担依据 UCP 600 审单及拒付等义务了。

② ICC Official Opinion R328.

③ United States Court of Appeals, 11th Circuit, No. 95-4444.

碳交易市场跨国合作中的法律原则初探

魏庆坡[*]

内容摘要:《巴黎协定》打破了《京都议定书》自上而下的体系化减排模式，开启了自下而上单元层次减排新局面。产权市场强调制度体系建构对目标实现的约束性和规范性，碳交易市场跨国合作更凸显对制度规则的倚重性。碳交易市场跨国合作的法律原则对于评估合作可行性、探索合作步骤和深化合作模式具有重要评判意义。结合全球气候合作的宗旨和跨国碳交易市场合作的路径初衷，公平公正原则是减排各方合作的价值标准所在，环境整体性原则是合作的基本要求，经济受益性原则是合作具有可行之动因，而政治互信与可行性原则是推进合作重要现实基础。在当前跨国碳交易市场合作缺乏统一范式下，框架原则建构有助于《巴黎协定》减排模式的推进，也为中国碳交易市场未来国际化提供框架性评估标准。

关键词: 碳交易市场；法律原则；公平公正；气候合作

一、绪　论

与《京都议定书》规定的时间表和部分国家承担减排不同，《巴黎协定》借助"国家自主减排贡献"和定期评论机制来推进各方减排，开启了全球气

---

* 魏庆坡，中美富布莱特联合培养博士，对外经济贸易大学法学博士研究生。

候合作新局面。虽然《巴黎协定》第六条提出了各国之间可以通过贸易形式实现减排合作，但没有具体明确合作方式。伴随着美国加州与加拿大魁北克，欧盟与挪威等国的碳交易合作实践，单元层次的碳交易市场合作开始受到各国关注。

碳交易市场跨国合作以各国碳交易市场制度规则的协调性和兼容性为基础，通过配额跨国流动来扩大减排选择性，进而降低减排成本。通俗而言，碳交易市场的合作类似贸易协定具有自身特色，这是因为每个国家或地区都有独特的产业和经济部门，社会经济发展程度也不同，对应减排的具体经济部门行业也就有所差异。但总体而言，碳交易市场跨国合作中还有一些共性的方面，如确保环境整体性、减排成本激励性、市场公平运行的有序性等，这些都是合作中应该主要把握的议题。通过对碳交易市场跨国合作实践和制度理论进行探究，努力挖掘其中一些共性问题，对于促进不同国家地区的碳交易市场合作具有重要指导意义，进而为国际社会应对气候变化提供新的思路和方法。

基于大陆法系的传统，客体之于主体的价值判断需要借助一些原则或规则来指导实施。[1]而碳交易市场这种人为设定的产权制度更加侧重目标规则导向和偏重利益维护，即要实现环保减排与减排成本降低的目标。如此，碳交易市场跨国合作也不能影响减排这一主要目标，同时，如何扩大市场规模以提升市场流动性和降低减排成本是另一个应予关注的重要问题。

二、公平公正性原则

作为重要的法律原则，公正公平一直是法律所追求的价值目标，但对于公平公正性原则很难找到一个确切的定义。公平的概念由来已久，但人们却很难将其作为一个法律概念进行定义。这一方面由于其含义的不确定性，因具体场合不同而含义不同；另一方面则是其丰富的内涵和内容。[2]而王海明老师则认为：公平是平等（相等、同等）利害相交换的善行；不公平是不等（不同等、不相等）利害相交换的恶行。[3]而公正性也是一个富有争议性的概

---

① 王玉樑：《论价值本质与价值标准》，载《学术研究》2002 年第 10 期。
② 王湘英、胡应志：《国际法上的公平原则及其运用》，载《法学评论》1990 年第 4 期。
③ 王海明：《试论公平五原则——兼析罗尔斯正义论之误》，载《北京大学学报（哲学社会科学版）》1996 年第 4 期。

念[1]，简单而言，公正包括以下几个意思：公正涉及关系问题，不是单个个体，而是所有个体之间的关系；公正会牵扯到分配关系，如分配权利、财富、机会等具有正面性的东西；公正是一种价值追求，强调分配公平、合理，个体应获取其应获得的那部分；同时要在需要的情况下进行适度调整。最后公正强调每个个体都应获得其应该获得的，这是公正的根本要求。[2]因此，公平性否定特权和不当义务，即对等的同等、同等的对等[3]，强调平等合理性、权利义务对等性，而公正性也强调所有个体之间在分配关系中的公平合理，即过程公正和结果公正。

与实物市场交易不同，碳交易市场依据产权制度交易规则设立，创设之初就注定了对规则制度的倚重性。确保制度规则的有效实施不仅关乎参与者对市场建设的信任和支持，而且关乎配额价格和整个市场健康有序运行。而对于碳交易市场的跨国合作，制度规则的重要性自然无须多言。从主体的角度来说，公平性基于平等权，要求碳交易跨国合作中管理者要受到减排主体的反作用，进而保障整个市场合作的稳定有序；而公正性则从碳交易市场管理者的角度而言，在设定规则或对待减排体时，要平等合理，一视同仁，不能徇私偏袒。[4]

（一）公平性原则

公平性原则从减排体的角度要求碳交易市场管理者及时调整不当行为，维护减排者对整个市场运作的制度信心，进而实现整个碳交易市场的有序稳定发展，从而降低减排成本。对于同一个企业单个减排行为导致多种污染排放减少，以及单个企业参与多个减排项目都不应双重计算（Double Counting）。例如欧盟从 2013 年开始将硝酸、乙二酸等生产过程中产生的氧化亚氮和电解铝行业产生的全氟化碳（PFCs）纳入管制，为避免单一减排行为同时获取多个减排配额，当该减排行为获取配额后，应立即终止或取消其他牵扯本次减排行动的配额申请行为。同时如英国石油公司（British Petroleum, BP）等跨

① 长期以来，对公正的定义较为丰富，主要分为：道义说、均衡必要说、平等说、合理结构说、应得说等，这些多种类的定义反映出公正本身的复杂内涵和丰富外延。详见：杨海蛟：《政治诠释学视域中的公正》，吉林大学 2012 年博士论文，第 5~6 页。
② 吴忠民：《公正新论》，载《中国社会科学》2000 年第 4 期。
③ 邢玲：《论合理行政与公平、公正原则的关系》，载《辽宁行政学院学报》2006 年第 6 期。
④ 姜明安：《行政法基本原则新探》，载《湖南社会科学》2005 年第 2 期。

国企业在多个国家拥有关联公司，当合作的两个市场中存有其关联公司时，应杜绝同一减排行为产生多个减排配额。这就需要对市场实行严格、公平、有效的监测、报告和核证制度（以下简称 MRV），避免因为双重计算导致整个市场配额供应增加而使市场碳价失去激励作用，进而丧失促进减排的效果。

由于配额跨市场流动的传导性，一方对配额价格的政策措施会传导到其他市场。合作之前碳交易市场配额价格较低一方在合作之后会有配额输出，同时赚取配额收益，因此合作各方应建立协调沟通机制，坚持公平原则维护交易机制，避免对市场的不当干预对市场合作产生负面影响。在对本地碳交易市场进行规则调整时，尤其在制定牵扯配额价格的政策时，应提前告知合作方依照公平原则进行协商，力争维护各方利益。同时对配额的储备、借贷、"安全阀"等制度规定，也应照顾对方的制度规定，坚持公平合理原则予以协调。对于市场信息的披露，应在发布之前告知对方，并且应努力坚持共同发布市场信息制度。

就理论而言，不同的储备制度对碳交易市场合作不会构成实质性障碍，因为合作后的市场能够将储备规则扩展到其他交易体系中。[1]关于配额储备数量限制，以及不同履约阶段配额储备的价值问题都影响了碳交易市场之间合作的公平性，因为如果一方对配额储备有数量限制，那么减排体就会倾向于持有没有限制的配额[2]，此时就会对有配额数量限制一方的制度初衷产生破坏，这不符合各方合作的公平性原则。借贷机制更应慎重考虑，基于未来减排成本降低的预期，其借用未来的配额来履行当下的减排任务。这种推迟减排压力的做法将会提高未来减排成本的风险，也会对与合作方构建的整个市场的政治合作以及环境保护等方面产生影响。如果某种清洁技术或环境友好型的投资被推迟，抑或在偿还配额的日期到来之前企业宣告破产等，这些都会对碳交易市场（以下简称 ETS）保护环境的本意形成挑战。因此，最为公平的做法就是减少或限制关于储备和借贷的规定。如韩国 ETS 若想与欧盟ETS 进行合作，首要考虑的就是废除韩国关于配额借贷的数量限制，因为欧盟根本没有此类规定。[3]

① Tuerk, A., Mehling, M., Flachsland, C., & Sterk, W. Linking carbon markets: concepts, case studies and pathways. Climate Policy, Vol. 9, issue 4, 2009, p.346.

② Burtraw, D. et al. Linking by Degrees: Incremental Alignment of Cap-and-Trade Markets. Discussion Paper 13-04. Resources for the Future (RFF). 2013, p.23.

③ Hawkins, S., Jegou, J. Linking Emissions Trading Schemes—Considerations and Recommendations for a joint EU-Korean Carbon Market. ICTSD. 2014, p.45.

对于"抵消"机制，合作各方应尽量调整自身的抵消项目适用政策，避免引起合作市场中配额价格波动。以加州和魁北克合作为例，在合作谈判中，加州非常关注魁北克抵消项目减排的真实性。加州承认森林碳汇抵消项目，而魁北克则不予认可；加州对项目减排采取"买方责任"，而魁北克则构建公共账户以冲抵来自项目减排信用不实之风险。随后，双方承诺在他们项目抵消部分进行合作，包括制定项目抵消议定书，并且魁北克的代表加入了"技术工作组"(Technical Working Group)，以推动议定书的制定，确保加州和魁北克的工作人员以一种合作的方式推进议定书制定，以确保最终的议定书符合双方的要求。此外，工作人员也证实加州和魁北克的抵消项目信息将会在两个市场体系下公开，①从 2014 年 1 月 1 日开始，双方将共享关于抵消项目的信息。最后，对于配额抵消规则，双方应本着合作的态度进行友好协商，尽力管控各方的分歧，及时公布和共享相关信息。在合作前期可以由各方代表组成的"工作组"对抵消规则进行调整；合作中可由双方代表对抵消项目的过程和程序进行管理和审核，使得双方共用一套规则。同时要确保抵消项目的报告和数据符合要求；建立核对项目信息专业人员目录，确保他们的监督权；以及抵消项目工程的报告和数据要接受公众评议和质询。

因此，公平原则强调合作各方平等合理性，否定特权和不平等性。通过 MRV 制度协调，避免单个减排行为或配额跨国流动产生双重计算。储备和借贷机制虽然可以利用金融市场上的套期保值，但容易导致减排规则不协调，尤其是借贷机制透支未来减排信用，所以最为公平的做法就是在碳交易市场中减少储备和禁止借贷。针对"抵消机制"，各方应努力协调抵消比例，构建由各方组成的委员会审核抵消项目，必要时可以引入第三方核查，同时要确保各方对自身市场环保整体性的执行力。

(二) 公正性原则

公正性原则强调市场政策制定者要坚持同样的标准，不能偏袒一方，从而借助规则给予市场参与者信心，维护整个市场的有序运转，进而降低减排成本。碳交易市场的跨国合作需要给各方信心，让合作各方能够信任对方有关减排制度的真实性、有效性以及配额的实际价值性。体系运行合作机制如果不够坚固和有效，即使整个制度的细节设计得再好，也会因为执行不力而

---

① State of California Air Resources Board: Linkage Readiness Report, November 1, 2013, p.20.

与预期的效果不匹配。基于产权经济制度构建的碳交易体系，对于体系执行机制提出了更高的要求。对于碳交易市场合作，公正性原则要求每个碳交易市场对于利益分配关系应坚持公平合理的价值追求，在获取自身赢得利益的同时，确保其他碳交易市场能够获得他们应得部分，对于出现的问题要及时进行调整，避免影响整个合作机制的运行。

不同碳交易市场的配额分配制度并不会阻碍碳交易市场之间的合作[1]，但由于配额具有市场经济价值，对于减排企业而言持有配额也意味机会成本，配额分配也会有政治、产业竞争和分配效应等影响。尤其是当一个市场实行免费发放配额，而另一个市场以拍卖为主，那么免费获取配额的市场参与体就如同获得了补贴，如果涉及国际贸易问题，则会引起补贴纠纷。除竞争问题外，配额价格也会因为两个不同市场的发放机制而受到影响。同时，如果一方碳交易市场存在储备制度，而执行排放基线也会不断更新或调整，这对于合作的另一方将会产生诸多不利影响。此外，对于新加入者发放配额方法的差异也会影响市场参与体的区域选择，大多数市场主体倾向于选择优待新加入者的市场，从而形成产业转移。不同配额分配方法也会影响参与体的减排初衷和生产安排，因此，合作市场之间应该调整和减少配额分配方法的差异[2]，必要时构建联合配额发放机制，以提升碳交易时跨国合作市场的公正性和顺畅度。

为了给合作另一方提供信任，碳交易市场跨国合作必须实行坚固有效的执行机制。一般而言，可监测（Measurable）、可报告（Reportable）、可核证（Verifiable）的基础数据系统是整个排放交易体系的支撑[3]，对履约不力或违约行为的惩罚制度是保障碳交易市场之间合作体系有效运行的前提，因为只要 MRV 能够确保"一吨就是一吨"，市场参与体对于配额的有效性就不会产生质疑，也不会造成额外误差。细小的差别并不会对环境保护的整体性或合作市场造成实质性影响，但因为 MRV 的政治属性较低，对于确保公正性、

① Tuerk, A., Mehling, M., Flachsland, C., & Sterk, W. Linking carbon markets: concepts, case studies and pathways. Climate Policy, Vol. 9, issue 4, 2009, p. 346.
② Blyth, W., & Bosi, M. Linking Non-EU Domestic Emissions Trading Schemes with the EU Emissions Trading Scheme, Organisation for Economic Co-operation and Development (OECD). International Energy Agency (IEA), Paris. Burtraw, D., Palmer, K. L., Munnings, C., Weber, P., & Woerman, M. (2013). Linking by degrees: Incremental alignment of cap-and-trade markets. Resources for the Future DP, 13-04.
③ 王毅刚、葛兴安、邵诗洋等：《碳排放交易制度的中国道路——国际实践与中国应用》，经济管理出版社 2011 年版，第 125 页。

促进合作[①]、维护市场稳定、提高交流和推进深入合作具有重要作用，毕竟不兼容的系统将会导致配额的流动成本更高，因此期待合作市场能够协调和推进一致性和顺畅性的制度建设。

对于合作的碳交易各方，应该共同商定一些监测报告指导框架，各方依据此类指导框架制定本国的 MRV 程序，然后由合作各方组成委员会对此予以审核批准。这种结构类似于财务制度，首先由各个排放体根据测量的标准上交自身的排放报告，然后由主管部门委托的外部机构来核查审计。[②]因为不同排放体监测、报告与核证的费用和成本存在差异，因此可采取差异化标准，即对较大设施采用更为高级的 MRV 规则，这意味着对测量标准和技术提出更高的要求，同时也意味着投入更高监测成本和掌握更准确的监测数据。各方必须对认证核证机构负责，确保其国家的减排量与受管辖设施的经核证减排量总计相符，这样更符合公正性关于注重个体的差异性要求。

因此，从公正性角度而言，碳交易市场跨国合作要注重配额分配合理性，必要时构建联合配额发放机制，避免因为发放机制差异而影响市场合作；基于 MRV 的政治属性较低，各方应依照共同认可的 MRV 要求构建核查规则，同时要注意区分重大排放体和较小排放体在规则设定上的差异。

作为重要的法律原则，公平公正原则从管理者和被管理者的角度对碳交易市场规则的实施进行调整和规制，强调管理者要受到减排体的反作用来实现市场合作的公平性，同时管理者从自身主体性出发能够给予减排体公正性待遇，避免双重计算和配额价格差距过大等，进而确保整个碳交易市场跨国合作的健康、稳定和持续发展。稳定有序的市场合作机制才符合碳交易市场跨国合作的初衷，进而发挥碳交易市场跨国合作机制的减排作用。

三、环境整体性原则

作为一项环境政策，碳交易市场设计之初的主要目标就是为了减少污染和保护环境，其中总量控制更是整个政策体系的耀眼明珠。碳交易市场跨国

① Edenhofer, O., Flachsland, C., & Marschinski, R. Towards a Global CO2 Market: An Economic Analysis. Potsdam Institute for Climate Impact Research, Expertise for the Policy Planning Staff in Federal Foreign Office. 2007. p.13. https://www.pik-potsdam.de/members/flachs/publikationen/towards-a-global-co2-market (Accessed: 2015.08.19)

② 王毅刚、葛兴安、邵诗洋等：《碳排放交易制度的中国道路——国际实践与中国应用》，经济管理出版社 2011 年版，第 126 页。

合作之所以受到政策制定者的青睐，首先源于其根本性一点定能以较低成本实现环境保护的目标[1]，因此成为评估和指导不同碳交易市场合作的根本性规则；其次则是减排成本、边境政策协调性、气候能源政策平衡性和减排道义等因素的考虑。

在总量一定的前提下，借助市场交易机制将不同参与体之间的减排成本使用发挥到最大水平，即对接合作之前的各个减排体在提升市场流动性、减少配额价格波动性等情形下，整体的静态效率[2]获得了提高，同时也提升了气候政策的动态效率。[3]因此，碳交易市场合作必须考虑的一个关键问题就是该合作能否促进各个市场管辖区的环境保护，而不是相反。

在既定的减排目标下，单个市场辖区的政策选择对于合作后整个碳交易市场的减排影响是合作各方必须关注的问题，这不仅关系到单个市场的减排目标，也牵扯到各方社会经济的平稳运行，因为不同管辖区的配额流动会引起资金反向流动，进而带动相关产业部门发展。如之前提到加州在与魁北克对接合作之前，就对能否确保自身环境减排目标及政策执行独立性、对接合作后市场规则的执行性、双方协调合作应对机制的有效性以及最为重要的合作后对双方减排成本的影响和环境保护的潜在有效性等进行细致入微的研究和分析。[4]这一方面了体现了各方对碳交易市场合作的谨慎，另一方面也凸显出碳交易市场政策的复杂性和影响的多元性。但无论政策如何纷繁复杂，合作各方最终都不能离开环境保护的整体性原则。

虽然作为环境政策工具的碳交易市场旨在修补经济发展和环境保护之间割裂的关系，但对于碳交易市场合作的各方，除了关注自身碳交易市场的独立性，他们也会关注各自辖区内的减排水平在对接合作情形下的变化。现实中，很多碳交易市场的管理可能并不愿意看到在自己辖区内的大规模减排行动，尤其这些行动会导致一些环境、经济或社会协同效益的减损。[5]特别是

---

① Jaffe, Judson, Matthew Ranson, and Robert N. Stavins. "Linking tradable permit systems: A key element of emerging international climate policy architecture." Ecology Law Quarterly. Vol. 36. 2009. p. 799.

② 静态效率是指在投入和偏好等要素量不变，技术条件既定的情形下，某一时点上的投入产出效率；动态效率则是指在投入要素量不变，但技术可能变化的条件下，一定时期内的投入产出率的变化率。详见：刘伟：《经济体制划分标准与比较标准——过于经济体制比较研究方法的若干思考，载《经济研究》1990年第6期。

③ Flachsland, Christian, Robert Marschinski, and Ottmar Edenhofer. "To link or not to link: benefits and disadvantages of linking cap-and-trade systems."Climate Policy. Vol. 9. Issue 4. 2009, pp. 358-359.

④ State of California Air Resources Board California Cap-and-Trade Program, Resolution 12-28, June 28, 2012. Available at: http://www.arb.ca.gov/regact/2012/capandtrade12/res12-28.pdf (Accessed at:: 2015.11.05).

⑤ Michael L., Lambert S. and etc. Options and Issues for Restricted Linking of Emissions Trading Systems, Stockholm Environment Institute. 2015, p.15.

当前民族国家和代议制政府架构，如果对社会经济影响较大，这样的政策可能难以获得整个社会的认同，如澳大利亚与欧盟的碳交易市场对接行动就因为政府的更迭而夭折，这凸显了环境保护与社会经济发展之间多种因素的博弈。

此外，由于对接合作中配额流动的传导效应，合作机制对未来各自辖区的减排目标是积极促进还是消极阻碍，如果不进行深入数据分析和研究，是很难准确预测的。同时要确保"一吨就是一吨"[①]的原则，某种意义上而言，这不仅仅是要求数量上的一方体系中的"一吨"必须是另一个体系中的"一吨"，而是各个体系中必须是实实在在的减排，即跨市场交易必须具有减排的价值性和额外性。理论上，一个体系的"一吨"也可以依照兑换规定折算为另一方的"两吨或三吨"。正是基于减排额外性与自身体系减排的独立性等因素考虑，目前一些合作实例（加州与魁北克）表明，在存在合作可能的情形下，多强调单个辖区的市场管理及自身法律法规实施的独立性，确保不因合作方而影响自身减排目标与环境政策的实施。

因此，碳交易市场机制作为一项环境政策工具，其构建的起始目标就是环境保护，而碳交易市场跨国合作更应以环保作为一项重要主旨，强调以实现自身温室气体减排的前提下才与其他碳交易市场展开合作。在多边气候合作遭遇困局情形下，这既响应了单元体系性气候合作的基本价值，也彰显了自下而上减排路径的有效性和可行性。

四、经济受益性原则

以市场机制为特征的碳交易市场合作起源于产权经济学，强调市场交易来激发个体参与环境保护的积极性。在避免命令——控制"一刀切"的僵硬化同时，也考虑到了个体的独立自主性，利用个体差异优势从整个体系中获益，以驱动个体创新与减排，从而实现整个温室气体排放量的降低。其中，市场规模越大提供给参与者的选项越多，从交易中获利的可能性也会增大，这也是很多学者倡导碳交易市场跨国合作以提升碳交易市场流动性的一个重要原因。[②]

---

① 如上所述，这种"一吨就是一吨"意指各个碳交易市场对于配额价值有效性的价值衡量。

② 包括哈佛大学肯尼迪政府学院的罗伯特·斯塔文（Robert Stavins）教授，其写了很多论文来阐述碳交易市场跨国合作在应对气候变化和降低减排成本方面的积极作用，并坚信这种合作会在将来的国际气候行动中扮演重要角色。详见其个人主页：http://www.hks.harvard.edu/about/faculty-staff-directory/robert-stavins/（最后访问时间：2015 年 10 月 25 日）。

碳交易市场跨国合作在扩大市场规模、增加减排选项、提升流动性、降低减排成本、增加市场稳定性等方面为降低减排成本提供了可行性，因此能够使各方在责任承担、提高减排效率、稳定减排预期等方面拥有更多空间，进而有助于实现资源的优化配置使各方获益。同时，碳交易市场合作能够避免碳泄漏带来的产业转移，由于碳交易政策实施必然会给辖区内的企业带来经济上的压力，由此造成的产业转移会给辖区经济发展带来一些负面影响。而碳交易市场合作能够有效减少此类转移，弥补产业竞争导致的不良影响。如前所述，挪威等与欧盟 ETS 合作很大程度上源于双方密切的经贸往来，借助碳交易市场合作提升产业政策协调性。如此，合作方也应避免因为市场政策差异，如配额价格、配额分配机制等导致产业在不同辖区之间流动。这些都需要在碳交易市场政策制定的前期予以考虑，并应努力通过政策和安排避免负面的经济影响，扩大和提升碳交易市场合作的积极面。

然后，不同碳交易市场合作中，由于配额流动可以为输出方带来经济收益，因此，这种收益机制将会导致输出方有意降低其总量控制目标，进而向市场释放更多配额，以换取经济收益。这是碳交易市场合作中必须考虑的一个问题，没有明确的总量控制，伴随经济增长而释放出的配额将会稀释配额的价值，进而通过交易机制传导给另一方，这是对整个交易体系和环境保护初衷的破坏。因此，欧盟要求与其对接合作的碳交易市场要有绝对减排限量，加州也在合作中要求另一方要有与其相当的减排目标。一方面是在固定排放总量下有利于成本核算，另一方面则是提升减排效率和降低配额流通成本。

因此，经济收益性规则是碳交易市场跨国合作必须考虑的一个重大因素，尤其是借助合作机制以提升静态效率和动态效率，平衡不同市场内的产业部门竞争以及碳泄漏问题。当然正是由于碳交易市场合作的经济属性较强，同时应注意协调市场之间的规则，避免一方过度出售配额的不当牟利行为。

五、政治互信与合作原则

诚如前述，碳交易市场跨国合作在很大程度上会导致主管部门对自身市场丧失某种管辖权利，以及市场信息和产业信息的公开，这些现实性的敏感问题需要各方拿出合作的诚意与互信。因此合作都需要有很强的政治互信与合作意愿。实践可行性是整个市场合作的一个基石，缺乏互信基础的合作无异于空中楼阁。

　　欧盟与澳大利亚合作失败的案例表明一定程度上的信任与合作对碳交易市场跨国合作至关重要，这一点不分合作之前还是合作之后[1]，因为对接合作后的碳交易市场就是一个整体，单个市场规则的调整必须与其他合作方进行协调，这就离不开信任与合作。在环保和经济上拥有收益是实践上实现可行性的重要条件，如因碳交易市场合作能带来排放量降低、减排成本降低、清洁技术的发展、高效能源的替代，那么其在国内政治支持上就获得了较大的可行性。但正如其他公共政策一样，由于碳交易市场合作会牵扯到各种利益，尤其合作之前碳价较低市场中的购买方，面临合作之后的较高碳价因而对于合作存有较强的抵触情绪；碳交易市场合作后形成配额流动和收益流动都会成为一个重要议题；同时目前的碳价差异能否持续、未来各自社会经济发展态势、减排目标的选取等都具有不确定性，尤其受到国内环境政策调整以及国际燃油价格等影响，这些不确定因素都将成为影响碳交易市场合作的重要因素。这就需要各方有针对性、分阶段推行合作机制，比如从协调机制不断走向深入合作，为各个参与体提供一个过渡期。如此长久的合作反过来更需要各方之间的信任与合作。

　　同时，在对于碳交易市场合作中，即使一方可以从合作中寻求较低减排成本，但另一方的行为不具有可接受性，那么这种合作依然不具有可行性。碳交易市场的构建依据于各国的环境政策目标，不同减排目标之间的合作，配额流动传导性和市场控制的受限性等因素将影响参与方最初的减排目标。如即使欧盟 ETS 可以与区域温室气体减排行动（以下简称 RGGI）建立合作，欧盟能够因合作而降低减排成本，但欧盟也不会容忍 RGGI 出售"热空气"配额的行为，这与欧盟减排的政治定位是有区别的。针对这些"刚性"差异，各方则需要在跨国合作与规则改革之间做出抉择。

　　因此，碳交易市场属于产权构建市场，更多倚重法律和交易规则的制约。碳交易市场跨国合作并非一时之物，尤其强调分阶段和有步骤地进行协调，这些都要求合作各方具有一定程度上的互信与合作，这对于碳交易市场跨国合作至关重要，从始至终贯穿整个过程。

---

　　[1] Towards a Global Carbon Market—Prospect for Linking the EU ETS to Other Carbon Markets, Carbon Market Watch Report, May 2015. p. 23. For more information, please visit Carbon Market Watch website: http://carbonmarketwatch.org/towards-a-global-carbon-market-prospect-for-linking-the-eu-ets-to-other-carbon-markets/ (Accessed at: 2015.11.15).

六、结论

在碳交易市场合作中，每个国家或地区都有自身的利益考虑，这也是国际气候合作持续遭遇困局的重要原因，因为民族国家很难为全球的未来利益去牺牲当下个体的利益。碳交易市场合作各方在市场运行中不能为了个体之私而人为破坏市场的自由运转，要从客观公正的角度对碳交易市场的运行进行调整和管理。对于合作规定中牵扯到的问题或后续合作中发现的问题，要积极协商，本着解决问题的思路去完善制度设计，提升参与方之间的制度兼容性，杜绝参与体从中寻求利益的想法。这就要求各方市场当局应对每个参与体都平等看待，客观处理涉及不同市场的配额问题。

不同于实物市场，碳交易市场依据产权制度构建，其本身对规则的倚重性可见一斑。碳交易市场跨国合作由于涉及不同国家或地区之间的制度对接合作，规则协调性和兼容性的重要性不言而喻。

公正公平作为重要的法律原则，一直是法律所追求的价值目标。程序性规则要求碳交易市场规则制定时要坚持公正公平，这不仅关系到合作能否实现，也预示着合作能否持久。配额具有市场经济价值，而且整个碳交易市场中的配额发放属于产权制度中的"确权"环节，对于后续"交易"环节意义重大，所以配额发放各方应坚持公正合理性原则，必要时建立各方共同参与的配额发放机制。储备制度虽不会对碳交易市场跨国合作构成实质性障碍，但基于规则协调性考虑应予一定程度上的限制，而借贷机制透支未来减排可能应尽量减少甚至删除。"一吨就是一吨"是各方对合作信心培植的基本条件，这依赖于 MRV 规则的相似性和一致性，各方应依照相互认可的 MRV 规则对自身规则进行调整以提升兼容性和协调性。另外，应杜绝单个减排行为产生多个配额，避免配额双重计算；坚持公平合理性原则，积极与合作方协调关乎碳交易市场的事项，努力实现沟通与协调；同时对"抵消机制"，各方要管控分歧，强化核查，从合作整体局面消减自身市场的不和谐因素。

其次，要坚持环境整体性规则，这是碳交易构建的初衷，也应成为各方建立碳交易市场跨国合作的题中之意，单个市场的政策选择传导效应要求各方对自身规则进行调整时要维护整体环境整体性，不能因为出售配额收益而否定市场的资源配置作用，进而破坏整个市场合作。同时，要坚持从动态效率进行评估，借助市场规模扩大、流动性增加、减排效率提升等方面预估碳交易市场合作的经济受益性；同时关注产业竞争平衡和碳泄漏问题，通过碳交易市场跨国合作的方式来发挥降低减排成本和平衡经贸往来的作用。

最后，基于对自身碳交易市场管控权在某种程度上的丧失，以及市场信息和产业信息的公开，碳交易市场跨国合作需要各方拿出合作的诚意与互信；针对对接合作之前的配额价格变动，获益方和受损方的态度自然存有差异，这就需要各方有针对性、分阶段推行合作机制，比如从协调机制不断走向深入合作，为各个参与体提供一个过渡期。当然，对于某些"刚性"差异，各方则需要在跨国合作与规则改革之间做出抉择。

Legal Principles on Transnational Cooperation of Emission Trading Scheme

Wei Qing-po

Abstract: Different from the Top-down emission reducing approaches in Kyoto Protocol, Paris Agreement starts a new phenomenon with bottom-up method, depending on the individual unit. Focusing on realization of policy goal, Property right markets highlight their normative and binding rules. By the same token, the transnational cooperation of emission trading schemes relies more on rules and regulations. The principles related to transnational cooperation of ETS means a lot in respect to the feasibility, procedures and facilitating cooperation. Based on experience and original intention of ETS linkage, some important principles are being realized, such as justice and equity being the value standard; environmental integrity being the basic requirement; economy benefit being the driving factor, political cooperation being the significant realistic foundation. Due to lacking of cooperation framework in the world, principles related to ETS linkage will facilitate the performance of Paris Agreement, and provide some insights for Chinese ETS to join the future international carbon markets.

Keywords: carbon trading markets; transnational cooperation; legal principles

（本文编辑：杨道凤）

后美国时代的证券监管

[美]克里斯·布鲁默*　　刘斌　吕鹏飞*译

译者按：本文作为对当代证券监管制度的研究，受到了国际证券法学界的诸多关注，原文发表在 2010 年的《加利福尼亚法律评论》（*California Law Review*，第 98 卷，Citation：98 Cal. L. Rev. 327 2010）。按照本文作者布鲁默教授的说法，本文是受到法里德·扎卡利亚（Fareed Zakria）所著《一个后美国的世界》（*A Post-American World*）的启发所著。各国的金融行业一方面相互竞争，此消彼长，另一方面也面临共同监管，以打开跨境证券欺诈的需求。在证券跨境监管领域，传统的政府监管网络和国际证监会等国际组织存在诸多限制，难以奏效。随着美国资本市场重要性的降低，如何在美国的监管标准上进行全球监管合作，并且输出美国的证券法律制度，是美国证券交易委员会颇为关注的议题。本文通过对政府监管网络、双边备忘录等传统手段以及政府俱乐部和相互承认等新兴手段的剖析，为后美国时代证券监管的发展趋势提出了深刻的见解。作为快速增长的新兴资本市场，我国的证券法律与监管部门面临着长期的课题，证券交易委员会（SEC）当下的合作监管策略，对于我国颇有启发意义，有鉴于此，我们作此译文，权供参咨（但对原文中的有关注释予以了保留）。

---

* 作者简介：克里斯·布鲁默（Chris Brummer），美国乔治城大学法律中心（Georgetown University Law Center）教授。
* 译者简介：刘斌，法学博士，河南财经政法大学民商经济法学院讲师；吕鹏飞，河南财经政法大学法学院学生。

引　言

　　国际证券监管时代已经到来，并以引人注目的方式出现在美国金融市场改革全国性讨论的最前沿。当前金融危机影响的空前范围暴露了证券跨境销售可能出现的巨大风险。同时，震惊全球的麦道夫和艾伦斯坦福投资诈骗，以及曾经击垮著名跨国公司安然和帕拉马特的会计丑闻，充分揭露了当今诈骗分子的国际影响。由此，政策制定者和学者们纷纷高声呼吁监管部门应更好地监控全球市场，以保护参与市场的投资者以及推动国际执法合作。

　　这项呼吁行动为证券交易委员会（以下简称 SEC）这一负责保护投资者免受欺诈的机构带来了巨大的新挑战。一系列影响巨大的监管失误事件已经损害了该机构的国际声誉。而且，随着交易和资金来源转向海外，该机构的监管权力已经在逐渐减弱。在过去的 10 年中，包括纽交所和纳斯达克在内的美国证券交易所已经开始与国外竞争对手合并，以建立跨越 10 个时区的电子化交易平台。与此同时，新兴市场已经发展起复杂且具有高流动性的金融中心，可以为世界上许多大规模的交易提供融资，也吸引着美国投资者的参与。此外，尽管备受争议，包括主权财富基金和国际对冲基金在内的国外市场参与者，也已经成为国内银行体系在危机中保持稳定的重要贡献者。所以，美国证券交易委员会面对的问题不仅包括如何改革国内监管，还包括如何在美国经济和金融影响力下滑的背景下输出其采取的保障和改革措施。

　　对此，传统的证券监管法律难以求解。二战以来，金融从业者和学者们都视美国为"资本之都"。美国拥有世界上最大、最受关注的证券交易所，评论家们一直认为大多数跨国公司都只能在美国募集资金，别无选择，与此同时，亦要接受美国的监管。因此，相关领域的学者们至少可以含蓄地认为，基于美国资本市场的规模和重要性来判断，美国的规则事实上处于输出状态。

　　实际上，将美国证券交易委员会的协调努力予以理论化的早期尝试来自国际关系领域的学者，他们对国际金融监管做出了重要贡献，尤其是一些学者支持而且赞赏为寻求全球性问题的解决而提出的合作性安排。①他们认为，

---

① Networks have, however, generated some skepticism from scholars questioning the accountability networks make possible. See Kenneth Anderson, Squaring the Circle? Reconciling Sovereignty and Global Governance Through Global Government Networks, 118 HARv. L. REV. 1255, 1278 (2005). These voices have not, however, questioned the overall effectiveness of networks.

所谓"政府网络"的非正式联络和信息共享点，可以促进监管核心领域协议的快速达成，如发行信息披露和公司治理领域。与此同时，由于证券法律体系依靠的是说服性的"软实力"而非强制力，诸如美国等大国的监管机构在施展他们的方法时有着相当的竞争优势。至少在目前看来，大国的优势资源使得该国的监管机构有力地推进方案议程，较小国家的监管机构则倾向于效仿。

在本文中，第一部分对美国证券交易委员会的监管输出工具（Tools of Regulatory Export）进行了全面概述，并对其基础理论进行了总结。第二部分批判了主流理论的规范性诉求，由于监管机构多样化的政策偏好以及互相竞争的金融中心之间相当大的离心趋势，网络化监管手段往往是证券法协调合作中的薄弱机制。第三部分审视了系统性风险并预测监管网络最可能在哪种情况下发挥效用。第四部分则回到美国证券交易委员会的国际监管战略问题上，阐释了在美国经济影响力不断减弱和政府网络有限成功的背景下，美国证券交易委员会是如何利用其合作成员共同促进监管实施的。第五部分论证了各国"证券监管俱乐部"的监管效果与其工作部署和安排的依存关系。

虽然本文对关涉到的广泛的证券法律问题做了讨论，但是并没有涉及国际会计标准这一重要领域。一方面是出于文章精简的考虑，同时也是对事实的承认，即由市场参与者组成的"私人立法机构"而不是监管机构在扮演国际财务报告标准制定者的角色。不过，本文提出了一个适用于会计领域的理论框架，有可能被监管机构采纳或者促进制定标准的实施。这样一来，也有助于解释该领域的各种活动。

一、软实力和全球投资者保护

（一）美国证券交易委员会在美国证券法输出中的利益

近期研究表明，证券法律的国际需求日益增长。在供给方面，各国证券监管机构和立法者甚至将其法律"出售"给在资金募集方面移动性更强的融资企业。这些法律传统上规定了企业在销售证券过程中必须向投资者披露的事实，以及在披露欺诈或误导性信息时应受到的处罚。相应地，融资企业在遵守使用一国证券法律规范时通过向该政府支付费用"购买"其法律。在这个市场中，监管机构经常为证券交易过程中产生的额外积极经济效益而竞争，例如作为立法者提高效率而带来的高税收以及金融服务行业的利润增长。

然而，企业并非一国证券法的唯一潜在消费者，这一事实经常莫名其妙地被研究者忽略。无论是由于金融市场的竞争抑或是对其他监管机构优越路径的承认，外国政府在效仿他国证券监管机构法律时同样也是消费者。尽管这在传统意义上并非"购买"，但他们却大量引进证券法，并且最终被该国国内企业使用。

外国政府的证券法律效仿，在历史上至少对世界各国的监管机构产生过三次深远影响，尤其是美国的主要监管机构——美国证券交易委员会。首先，美国证券法律的重要性对美国证券交易委员会履行法定义务、保护国内投资者利益的能力有着重要影响。约翰·考菲（John Coffee）曾指出，证券市场早就已经被认为是与消费者权益保护相关的一种特殊公共利益机制。这项义务在美国针对证券交易委员会授权立法中提出（是对 1929 年股市崩盘相关的财务欺诈做出的回应），要求监管机构阻止发行人通过误导投资者或者其他证券发售过程中的不当披露行为进行欺诈的案件。同时也要求监管机构完成保证市场完整性这一与系统性风险日益密切的任务。

直到最近，因为美国的投资者一般都是进行国内投资，这项法定职责在本土市场基础上实现并无困难。简单来说，美国证券交易委员会要求国内企业披露一定的信息，将他们置于行政管理之下，对在信息披露中做虚假陈述的公司进行处罚。然而，金融全球化使得投资者保护变得更加困难。凭借科技优势，美国投资者经常通过计算机终端在国外市场进行交易。这种转移性在使得投资者分散投资组合和风险的同时，也将他们的投资暴露于欺诈的风险之中。此外，同样的计算机技术，可以让投资者在全球范围内寻找投资机会，也可以使包括外国经纪人和交易商在内的一些欺诈者在美国寻找机会设计骗局进行欺诈，从粗心的散户投资者那里获得不当收入。一个国家的欺诈团伙主谋可能策划一次来自另一个国家的针对美国潜在受骗者的陌生电话呼叫，之后会将所得收益转移到另一个国家。因此，从某种程度上讲，美国证券交易委员会能够影响到国外监管者，人们相信，投资和市场参与者将会受到更加严格的监管政策的约束，这将有利于保护美国投资者的海外投资。

长期以来，美国证券法律制度的输出程度被认为有助于降低美国国内发行人的融资成本，尽管这一点并不明显。当外国政府采取或者效仿美国的制度时，美国企业从事跨境交易的成本很可能将被降低。一般来说，发行人只要发行证券，就必须聘请律师和审计师，同投资银行和其法律顾问一起，审核业务状况并确认所有披露信息的准确性。复杂的法律标准也会使融资企业暴露在政府制裁、司法诉讼等法律风险中。因为融资企业必须遵守两个国家不同的信息披露要求，跨境交易的成本可能会很高昂。如果美国监管机构输出他们的制度，则可降低企业跨境发行的成本。同样的，不同法域的证券分析师能够更好地了解和对比公司业绩。在这两种情况下，包括国内企业在内的融资企业都可以降低筹集资金的成本。

最后，广泛采用美国的准则和惯例提高了美国证券交易委员会的声望并强化了其权力。像任何官僚机构一样，美国证券交易委员会以自身的发展和影响力为傲。在某种程度上，美国证券交易委员会主导整个监管过程，主导了一些涉及金融业几乎每个领域的子流程，包括财务报表、会计以及执法问题。因此，一国的证券监管机构输出其法律规则的程度，在很大程度上决定了该国监管机构对该领域法律问题在全球的影响力，这不仅涉及发行人保护问题，而且关系到金融市场的运作。同时，这也为监管机构和他们的领导者树立了巨大威望。

（二）传统的输出工具：含意及功用

尽管监管制度输出的好处广为承认，美国立法者和监管机构已经从通过昂贵的国内立法对其他法域施加影响的压力中解放了出来。被广泛认可的国际礼让原则意味着美国证券交易委员会"承认管辖地国家法律在其国内市场中的首要地位"[①]。如果美国没有遵守这样的传统，则会面临国外监管机构通过自己的法律有效地将美国企业置于自己监管之下的报复行为。由此，通过采用属地监管方式，立法者可以保护本国企业免受国外法律的管辖。

因此，五十多年来，美国证券交易委员会一直认为注册义务不应该被强加于只有附属管辖联系的证券发行人身上。所谓"属地"或者基于地理位置

[①] In Securities Act Release No. 4708, the Commission stated that it would not take any enforcement action for failure to register securities of U.S. corporations distributed abroad solely to foreign nationals, even though the means of interstate commerce are used, if the distribution is effected in a manner that will result in the securities coming to rest abroad. Exchange Act Release No. 33-4708 (July 9, 1964) (29 FR 9828) ("Release 4708"); cf IIT v. Vencap Ltd., 519 F.2d 1001,1016 (2d Cir. 1975) (resolution of jurisdictional questions in the securities area "depends on construction of exercised congressional power not the limitations upon that power itself" (quoting Steele v. Bulova Watch Co., Inc., 344 U.S. 280, 282-83 (1972). This approach was later memorialized in Regulation S, which limits the extra jurisdictional application of U.S. law and exempts transactions occurring overseas from U.S. registration-and by definition, regulatory oversight.

的管辖豁免在 1933 年的《证券法》和 1934 年《证券交易法》中被提出来。换言之，美国证券法一般只适用于证券在美国证券交易所挂牌出售或者发行公司在美国拥有重要经营业务的情况，一般定义为在美国拥有至少 1000 万美元资产并至少有 500 名股东（其中 300 人居住在美国）。只有一些反欺诈条款有着超管辖权的适用空间，即便如此，行政执法可能仍然是有难度的。

因为这种属地管辖的存在，美国证券交易委员会一直依赖谦抑性手段推广其监管标准。首先，美国证券交易委员会一直依靠国内资本市场的规模作为实现其监管政策的一种手段。其次，在促进其监管标准的协调方面，一直寻求与国外同行建立合作、利用合作，以及发起多边行动。每种方法都会在下文做详细说明。

1. 国内证券交易所

当一个外国发行人将其证券在美国的交易所挂牌上市，它必须遵守美国的证券法律。这一要求使得证券交易所可能成为美国推广其证券法律最重要的工具。自从二战结束，当许多重要的域外资本市场处于一片混乱的时候，美国证券交易所的规模和扩展深度使竞争者相形见绌[①]。的确，美国的证券交易所一直以来都具有统治性，大多数跨国公司已经别无选择，只能通过首次公开上市或二次上市的方式在美国筹集资金。此外，美国证券交易所也吸引到那些需要资金用于在该国金融交易（通常指收购）以及希望在美国投资者中提高知名度的公司。这些融资流动的行为增强了 SEC 的国际监管力度，拓展了其监管制度的管辖范围。

2. "政府网络"

SEC 通过其国际事务办公室（以下简称 OIA）与国外同行就下列事项深入协调与合作：其一，证券跨境执法；其二，出台共同的实质性政策。为实现这种协商合作，OIA 推动了各种非正式的合作安排以及不具约束力的框架协议，被学者统一地形容为"政府网络"（虽然有点迷惑）[②]。这四种网络都

---

① YOUSSEF CASSIS, CAPITALS OF CAPITAL: A HISTORY OF INTERNATIONAL FINANCIAL CENTRES, 1780-2005, at 207 (2006).This success of the U.S. market continued, though at times unevenly, up through the 1990s, a boom-time for international listings, with the number of foreign companies listed on the NYSE increasing from 100 to almost 400. Id.

② In many ways, "network" is itself a poor metaphor for the current regulatory architecture, because it obfuscates the nature of the relationship between international actors with the organizational makeup and structure of international bodies themselves. As a result, the metaphor depicts many key networks as amorphous and institutionally primitive organizations, which is regrettable given the considerable institutional sophistication evidenced by many intergovernmental bodies. For the purposes of this Article, however, as well as for the sake of clarity, I will abide by the more common scholarly terminology.

扮演着尤其重要的角色，概述如下。

（1）双边谅解备忘录

作为机构执法合作的联络点，OIA 的任务是协助 SEC 执法部门的工作人员对被美国证券法认定的位于海外的违法者、证人、证据或者欺诈所得展开调查和诉讼工作。同时也负责协助国外监管机构对位于美国本土的违法者、证人、证据或欺诈所得进行调查和诉讼工作。因为当监管机构执行法律时潜在的违法者以及对他们立案调查所需的信息通常都位于国外，所以这些合作是有用的。

为了在这一领域实现合作，自 20 世纪 80 年代，OIA 曾通过一个至少有 41 个谅解备忘录（MOUs）的复杂网络来促进执法合作。虽然每个备忘录都涉及签字国执法权力的增强以及对证券执法跨界点的认定，但每个谅解备忘录都有它的特殊性。经常有合作国家缺乏协助 SEC 的相应授权，这些谅解备忘录要求签署方从各自的立法机构中寻求执法授权。进一步而言，过去并没有可以适用于这些备忘录执行的共同或者惯用方式。谅解备忘录则可建立一个程序，以收集相应的信息并且确定哪些信息需要由国外机构提供。一些谅解备忘录，尤其是涉及新兴市场的，还涉及了一些领域里寻求 SEC 技术协助的部分，比如清算和结算、订单处理系统、有关专业市场的监管要求以及资本充足率。

这些框架协议加强了机构间的合作，促进了信息分享、对其他国家监管体系的了解以及监管机构之间的信任。然而，谅解备忘录作为一个国家或国际法律问题并非具有强制性。相反，其有效性的前提依赖于监管机构在同行间留下良好信誉的愿景。因为大多数监管机构（尤其是主要市场的监管机构）在促进自身跨境执法能力时拥有强烈的自我利益感，所以监管机构会遵守协议条款。

（2）监管对话

为推动信息共享以及提高自身监管政策的影响力，OIA 参加了各类国际论坛和对话。一个重要但被忽视的参与方式是"监管对话"。国际事务办公室参与这些常规的双边会议，与域外同行一起确定并讨论双方共同关心的监管问题，有可能推动在跨境证券执法方面的信息交换与合作。

这种对话的性质通常取决于各方参与者。与欧洲当局的对话迄今集中在会计准则的趋同问题上，与亚洲各国的对话特别强调监督与执法问题。事实上，几乎在所有情况下，对话都是引导各国监管机构交流或在多边层面开展新项目的关键机会。

（3）国际证监会组织

国际证监会组织（以下简称 IOSCO）在推动跨境监管标准执行中的作用甚至比监管对话更重要。成立于 1983 年的国际证监会组织是发布证券国际监管标准的主要机构。自 1984 年来，超过 150 家证券监管机构加入该组织，其成员监管着全球将近 90% 的证券市场。

国际证监会组织的主要任务就是促进以共同的方式进行证券监管。这一使命反映出一种普遍观点：即使在国家法律法规覆盖下的资本市场中，仍会出现不可预测的溢出效应，影响到其他监管系统的完整性。此外，没有统一的监管，市场参与者可能会通过转移至其他国家经营而逃避监管。因此，国际证监会组织的目的就是促进合作与信息共享，以及建立强有力的证券交易标准和有效监管。这其中大部分的工作是由该组织的技术委员会完成。该委员会由 15 个来自高度发达国家的精英监管者组成。[1]与此同时，发展中国家则参与到新兴市场委员会，虽然立法议程不明显，该委员会却是国际证监会组织发布全球改革的必要职能部门。

直到最近，国际证监会组织才确立《证券监管目标和原则》（"IOSCO"原则）"—— 一共 30 条，概括了该组织关于高质量证券监管观点的原则。同时，还确立了《外国发行人证券跨境发行与首次上市国际披露规则》作为该组织最重要的立法。与其他对最近金融危机做出针对性回应的高姿态监管措施不同[2]，IOSCO 的这两项举措代表了该组织的一套基本制度和操作标准，同时也被视作良好监管的重要标准。

同时，IOSCO 也参与各种国际论坛，以确保其在保险和银行领域与其他监管机构的良好协作。例如，其曾与巴塞尔委员会（全称"巴塞尔银行监管委员会"）共同致力于改善银行持有债券的财务披露工作。IOSCO 同时也是"联合论坛"的成员之一，该论坛由巴塞尔银行监管委员会、IOSCO 以及国

---

[1] See Sec. & Exch. Comm'n, IOSCO Technical Committee, (providing that the work is divided into five standing committees including the Multinational Disclosure and Accounting Committee, the Regulation of Secondary Markets Committee, the Regulation of Market Intermediaries Committee, the Enforcement and the Exchange of Information Committee, and the Investment Management Committee) (last visited Jan. 3, 2009).

[2] Specifically, IOSCO has published a range of important principles-based guidance in the wake of the worldwide financial crises, including a code of conduct for credit rating agencies, regulatory principles designed to improve auditor independence and auditor oversight, and regulatory principles regarding conflicts of interest for financial analysts. See infra notes 148-49 and accompanying text.

际保险监管者协会共同组成。该联合论坛处理银行、证券和保险行业的共同问题，包括金融集团的监管问题。IOSCO 与包括世界银行和国际货币基金组织在内的主要国际组织工作联系紧密，曾在"金融稳定计划"项目中评估其客户国家的资本市场和金融风险的敏感性。国际证监会组织也曾在信贷危机第一线帮助协调常见的短期市场反应工作。

然而，国际证监会组织的标准有意比较宽泛。该组织明确承认，在证券监管领域内并没有实现良好监管的单一方法或路线图。因此，同谅解备忘录一样，国际证监会组织的原则在各国是不具有法律约束力的。相反，这些原则阐明了证券监管框架的核心内容。另外，他们提出了一个衡量有效监管进度的尺度标准。IOSCO 要求其成员按照这些原则评估其监管行为，必要情况下可获得有经验成员的帮助。除非另有其他监管机构要求，一般来说，如果 IOSCO 成员国无法达到这些原则要求，这些信息是被作为国际监管者及其成员国的机密的。

不遵守国际证监会组织的原则通常不会遭到任何惩罚，即使在一定范围内会遭受经济上的制裁。在 2000 年和 2001 年，国际权威机构公开指出 23 个国家监管治理水平较差，其中部分原因是由于违反了国际证监会组织的标准。这种公开性羞辱玷污了这些法域的名声，同时也引出了对这些国家采取措施的可能性。值得注意的是，金融行动特别工作组（以下简称 FATF）——一家由财长和银行监管当局主持的以国家为基础的强力国际组织，对于这些表现不佳的法域，其强制力在范围和规模上也是有限制的。尽管其不是所谓的"证券监管网络"，而是以证券监管机构和国际机构作为后方支持的，FATF 对一国进行后续监管的决定，主要也是基于相关金融中心所在国家的政府自我报告做出的。

（4）技术援助计划

SEC 技术援助的基石是国际证券市场发展研究院，研究院开展为期两周、涵盖证券市场发展和监管的管理培训计划。这项计划主要由 SEC 的官员组织和教授，为监管机构提供了一些原则和方法指导。

OIA 还开展为期一周的证券执法和市场监管研究院项目，其中包含调查证券违法行为的技术手段以及对市场参与者监管的方法。这些课程不仅有助于提升 SEC 的全球视野，同时为未来可能出现新的执法行动时进行合作建立了重要联系。

最后，OIA 针对新兴市场开展了多种数日的、区域性或者小型培训会议。在这些项目中，2008 年即有多达 21 个工作人员被送往国外帮助改善它们的监管体系，以满足国际证监会组织的国际标准。虽然这些会议近 90%都涉及双边执法培训和评估，定期进行财务披露培训；在几乎所有情况下，这些会议都是应外国监管机构要求开展的，并且跟国际证券市场发展研究院、证券执法和市场监管研究院项目一样，经常由美国国际开发总署（USAID）或者世界银行（the World Bank）资助。

3. 说服与合作

基于 SEC 拥有通过软实力推动其政策优先地位的能力，网络理论推定上述手段都是行之有效的。作为合作性的跨机构互动，政府网络通过点对点的合作很大程度上促进了问题解决与创新。决策并非出自各执一词的政治精英手中，而是在一个由熟练专家组引导下做出的。这个专家组具有的共同期望和信任使他们节省了费时的条约以及正式国际组织等成本。相应的，监管者较少地依赖于官方手段，这样可以做出快速回应以跟上金融市场快速发展的步伐。

由于监管网络依赖于点对点的相互作用，国际关系学者声称，政策的推进并非来源于武力胁迫手段，而是通过说服和诱导的力量来实现。监管机构必须表明其在国内市场中的作为，而且要证明其监管路径的优越性。许多学者由此推断，类似美国一些大国在其法律制度输出过程中拥有比其他国家更为明显的优势。较小市场的监管机构历来试图效仿强大的同行，因为他们渴望达到制度上类似水平的成功。同时，规模大、资本充裕的市场监管机构拥有更多的资源，往往能够通过举办同学术界以及监管机构之间沟通的会议，来更好地促进日常工作。这些监管机构也同样有专人起草立场文件，评估改革方案以及处理纠纷。这些优势使得 SEC "将其他司法管辖区纳入美国模式，而非修改美国模式"。

因此，国际关系学者将政府间网络视为一种不同的国际规则模式，与公司法的竞争模式并无相似。在公司法领域，一个国家与另一国家明显形成了制度竞争。学者认为，政府网络避免了主权国家刻意提高或者降低竞争标准的行为。反之，其强调监管机构在应对全球化产生的共同问题时，不应以各自利益为基础单独解决。由此，监管机构有着进行合作的共同动机，而政府网络则为这种合作提供了一个潜在的保障机制。

除了明确将跨政府主义作为解决国际问题的规范性（Normative）选择之

外，在网络理论中同样蕴含了全球化导致的证券监管问题的描述性
（Descriptive）理论。其核心要点在于，跨政府主义强调跨境监管合作的主要
障碍是各国监管部门之间的信息不对称[①]，故而各国监管机构之间可能存在
着强烈的合作意愿。对一些跨政府主义者来说，美国资本市场的绝对规模促
使国外纷纷采取美国监管标准，这是由 SEC "集中监管力量" 的优势所导致。
正如经典证券法模型表明的，转化为美国模式的优势通常超过了其他方面的考
虑。因此，监管网络在采用美国标准的同时，也被认为是美国软实力的传送带。

在跨政府主义者的阵营里，更具野心的观点声称，由于监管机构在证券
监管行业中固有的共同利益驱使，即使不考虑市场力量，监管者也有强烈的
事前合作动机。诸如，所有监管机构都期望消除欺诈。但是，各监管机构必
须针对信息披露、监督、执法等方面商定出共同的标准。而且，每个监管机
构必须正确选出其监管组织。一个相互依存的世界需要广泛的合作，否则欺
诈者将会转移至其他监管力量最弱的主权国家。这事实上也就意味着各个监
管机构为采取最优规则做出的努力全部付诸东流。

博弈论为阐明并强调这些假设的逻辑提供了有效工具。从终局意义上来
看，跨政府主义表示证券监管的协作不是分散利益的问题，而是各方有着类
似的目标和意愿，却意识到其他各方的承诺而去解决共同问题。因此，任何
两个监管机构之间都存在着两种关系：其一，收益占主导地位的合作；其二，
风险占主导地位的合作，在这种情况下监管机构仍然对合作持怀疑态度并且
关注着单方面的风险承担，或者承担一定标准下的操作成本。

这种情况，会被博弈论学家形容为一个 "确信" 模型，政府网络应当降
低非合作的可能性。[②]监管网络首先会确定最佳方案，之后会通过促进信任、

[①] Transgovernmentalists consequently suggest that the primary obstacle to convergence is not so much an issue of disparate incentives among regulators as it is their desire to cooperate. Raustiala, supra note 12, at 24 (noting that "while incentives to 'violate' 'obligations' exist, common interests predominate").

[②] In general terms, assurance games can be depicted as follows:

	Cooperate	Defect
Cooperate	4,4*	-1,0
Defect	0, -1	0, 0*

As the matrix above demonstrates, two outcomes (denoted by "*") comprise what in game theory terms is referred to as "Nash equilibria." That is, there is a state of affairs where no player can do better by unilaterally changing his or her strategy, even if each player knows the strategies of the other. Applied to our example of securities regulation, this would mean that if both regulators chose to cooperate, then each would receive a payoff of four. If both regulators continue on their own course, there is no payoff, (0, 0), but at the same time, no prospect of loss-the scenario that would arise if one player (or regulator) switched standards, but not the other, a situation illustrated in the lower-left hand (0, -1) and upper-right hand quandrants (-1, 0). Where risk dominates decision making, regulators would chose (0, 0), which is not globally welfare maximizing. Where the prospect of payoffs dominate, (4, 4) would arise as the equilibrium.

信息共享和共同商议来降低风险主导机制的可能性。这样一来，监管者可以迅速确定最优制度并且促进合作行动。随着时间的推移，当标准在监管网络参与者之间广泛流通的时候，共同标准甚至会发展成一种自我强制的实施，而其广泛的实施以及规模优势也促使非成员普遍接受该标准。

二、证券监管网络的不足

虽然国际关系和证券法领域的学者们为监管市场的运作提出了重要见解，但他们都低估了国际制度统一化的阻力，并且高估了 SEC 传统监管手段的有效性。在该部分第一节中，本文指出美国资本市场遇到了新的对手，不再是监管输出领域的"万能神药"。在该部分第二节，本文论证了跨政府主义有助于描述国际合作日趋崩溃的性质，但其关于证券监管网络的预测却与有限的统一相背离。该部分第三节针对国际证券监管做出了更好的阐释并且指出，在一个全球化的金融市场，跨境的投资者保护方面的协作还远远没有可靠的保障。即使监管机构拥有合作的动机，正如一场"性别斗争"一样难分胜负，证券监管网络并不能在缺乏绝对霸权的资本市场中找到激励。

（一）其他资本市场的崛起

越来越多的证据表明，虽然美国资本市场仍是全球最大市场，但其监管制度输出的能力却在逐渐减弱。最近的研究以及决策者的评论表明，美国市场不再是无与伦比的。相反，其他国家不断发展形成自己的金融中心，对美国传统优势形成了挑战。"其他资本市场崛起"现象在证券交易领域尤其令人震惊。在 2007 年的前 7 个月里，全球只有 10.1% 的首次公开募股（以下简称 IPO）选择在美国的证券交易所上市。这意味着该数据从 1996 年的 44.5% 以及 1996 年到 2005 年间平均的 21.2% 发生了急剧下降。同样值得关注的是，同时期内美国交易所成交的交易额仅占全球 IPO 总值的 7.7%。根据最近一项数据，当前的信贷危机并没有扭转这一趋势。美国证券交易所在 2008 年更是仅获取全球 IPO 总额的 1.9%，而 2009 年亚洲和南美市场的交易占 IPO 总价值的 72%。总的来说，专家预测纽约将很快在 IPO 融资市场排名中跌落至第三名，位于香港和上海之后。

全球范围内财富创造的方式和地区等方面的巨大变化促进了这一发展。

随着中国、印度和其他发展中国家的宏观经济失衡已转向经济增长并且愈发活跃，投资者和公司也竞相从美国涌至全球其他地区寻找商业机会。同时，中东、俄罗斯以及巴西等国家的自然资源需求也在吸引资金，并日渐发展出活跃的（尽管偶尔波动）区域性金融中心。

资本筹集方式的深刻变化也促使这一转型得以发展。一方面，电子交易使得国外市场的投资交易比以往任何时候都更为便捷。在过去，投资者的海外证券订单需要经过数小时、数天甚至数周才能完成交易，互联网的技术创新则可在几毫秒内完成订单交易，从而很大程度上提高了订单交易成功的可能性。这方面的进步使得美国投资者在非本土交易所的投资得以实现，同时使得各公司在国外交易所上市变得更为合理。技术进步同样也降低了进入交易业务领域的门槛，增加了对投资者开放的交易场所数量。[①]

总之，这些发展已经直接影响了证券交易市场甚至扩展至了证券法的供需市场。随着资产流动性变得更加分散，国外公司为寻求资金而进行的 IPO 或交叉上市都不再局限于美国市场。这些公司现在享受着比以往更高的移动性，并且能够让其证券在其他可以提供更具竞争力的融资成本的交易所上市。因此，美国证券交易所不再垄断证券交易，随着美国资本市场重要性的下降，SEC 长期以来拥有的证券"集中"监管权也随之削弱。因而，法律制度输出的霸权性在不断削弱。

（二）证券监管网络不足的实证证据

最近的实证研究表明，跨政府主义夸大了证券监管网络在推进监管趋同方面的有效性。在执法过程中，虽然谅解备忘录对促进执法合作来说可能是非常有效的手段，但只有为数不多的监管机构签署了类似备忘录。事实上，全球只有不足 25% 的监管机构与美国签署了此协议备忘录。即使那些已经签署的，其承诺范围也不尽相同，有些只包括银行记录，有的则包括经纪记录的恢复、受益人证明，有的仅包括电话记录。因此，虽然传统的执法谅解备

---

① Whereas not so long ago a major exchange would have to purchase an acre of land, construct a trading floor and employ a bank of telephones just to conduct a transaction, trading can now be executed via computers and trading screens located in any number of broker-dealers' offices. Trading technology is also increasingly commercially available to stock markets everywhere, making it possible for even the youngest exchanges to make the technical aspects of their operations first-class. As a result, upstart foreign exchanges have been able to attract more issuers with fewer costs and across national boundaries. This democratization of capital has reduced the traditional dominance of U.S. regulators, who in the past wielded de facto influence due to the dominance of their domestic exchanges. See Brummer, Stock Exchanges, supra note 5, at 1472-73.

忘录被视为威慑和惩罚跨境证券违法行为的重要手段，但对于建立全球执法合作框架来说确实影响有限。

虽然只有很少资料可以评估 IOSCO 的有效性（该组织并不监督其成员是否采纳和遵守其规定），当前有数据表明其在制定国际标准方面面临巨大挑战。或许最重要的是，各成员机构充其量只是偶尔遵守 IOSCO 的规则行事。例如，只有美国执行 IOSCO 的信息披露标准，即使这样，最初也只实施了其中的一部分。[1]除此之外没有其他国家明确接受该协议全部内容。

同时，国际货币基金组织最近的一项评估表明，全面实施 IOSCO 的原则仍是一个巨大的挑战。截至 2006 年，30 条原则中只有 4 条被超过 80%的 IOSCO 成员实施。除此之外，另有 4 条原则的实施水平则低于 50%。

进一步而言，与跨政府主义的预测相反，IOSCO 的原则在低收入国家的实施效果更差。数据显示，基于 IOSCO 原则的监管水平往往与财富水平相关。高收入国家对 IOSCO 原则呈现出约 70%的实施程度，中上等收入国家实行水平在 60%左右，中低等收入国家显示约 50%左右的实施程度，而低收入国家实施水平则低于 50%。

由于较低的执行率，IOSCO 有时会被观察家们视为一个国际"清单会"（只说不做）。虽然该组织在阐明广受关注的国际标准方面发挥着关键作用，即使这样，其成员国在实践中的政策出台也并非总是符合原则要求。由于其原则的自愿性和缺乏执行力度，有些监管机构曾嘲讽 IOSCO 的一些立法为"没有牙齿的奇特产物"。因此，许多官员也呼吁采取更有力的手段推进IOSCO 的措施并在实现国际趋同方面采取更有意义的手段。

只有监管对话和技术援助被普遍认为是成功的。然而，他们的任务并非很有价值。一方面，监管对话与其说是推动监管趋同性，还不如说是促进了信息共享。与此同时，技术援助项目得到了来自全球监管机构的广泛参与，即使 SEC 取得了这方面的成就，也并不一定意味着 SEC 的监管方法和制度输出取得了成功。相反，在大量资助的前提下，为各国监管者提供机会通过低成本或零成本完善自身监管的技能，才是监管者积极参与的原因。监管机

---

① See FRIED, FRANK, SHRIVER & JACOBSON LLP, THE SEC ADOPTS IOSCO DISCLOSURE STANDARDS FOR FOREIGN PRIVATE ISSUERS (1999), http://www.ffhsj.com/index.cfm?pageID=25&itemID =1253 (highlighting ways in which some U.S. standards still diverge from IOSCOstandards). Although much in the IOSCO standards was inspired by the existing 20-F-the primary disclosure document for foreign issuers in the United States-significant differences in wording exist between the 20-F and the IOSCO standards. Consequently, the SEC staff is likely to interpret the IOSCO standard in light of analogous provisions in its domestic regulations enumerated in Regulation S-K. Id.

构可自由选择那些他们认为适合自身监管体系的规章制度，而忽略那些在他们看来过于严格、成本高昂或烦琐的规则。

（三）证券跨境监管困难的缘由：证券监管网络理论忽视的四种因素

1. 不同的监管哲学

从根本上说，证券监管网络理论忽视了阻碍监管协作和阻碍证券监管趋同的 4 个因素。在最基本的层面上，在对待公司甚至资本在社会中的作用这一问题上，监管机构可能会持有从根本上相反的观点。一些与美国监管者较为类似的监管机构，将公司的存在视为为了投资者利益最大化，而另一些监管机构则认为企业的存在是为了保证商业的运行，推动国家和国内产业的发展，提供就业，或者增加社会总体福利。基于单一观点，各国的监管者可能会在其资本市场中采取不同的监管策略，这可能是存在问题的。因此，当监管机构之间的监管政策相冲突，共识将很难实现。

监管机构对信息披露的作用和重要性也有着各自不同的观点。在许多国家，尤其是那些股东广泛分散的国家，信息披露在融资过程中占有核心地位，同时被作为遏制管理层滥用职权的主要手段。然而，在其他国家，信息披露仅仅是作为实现公司治理的补充手段。相反，公司的治理结构创新，如双层董事会或者高层员工代表制，则被视为对管理渎职行为的主要监察方式。①

最后，监管机构在执法理念上也存在着诸多不同。对少数监管机构来说，执法意味着政府管理中至关重要的环节。因此，许多监管机构认为严厉的执法能够有助于消除欺诈，故而采取严厉的处罚措施做出回应。另一方面，其他一些监管机构则坚信，采用微妙的回应方式，如实行相对较轻的处罚，可以鼓励公司遵从本国规则并且愿意就交易相关事项与政府积极磋商。

因此，即使合作确有益处，在监管理念方面的差异仍然会使证券监管机构很难达成一致。虽然监管机构可以相互协调，深化对彼此监管方式的认知，但是难以轻易动摇自己的监管任务和理念。相反，对立的观点往往会导致一场政治化的谈判：当民主程序和国家自主的规则与国际义务或跨国机构所施加的义务相冲突时，各国纷纷寻求输出本国监管理念以获取影响力同时避免产生主权上的成本。

---

① Such variations can, as Howell Jackson notes, reflect different local traditions and history, as well as long-held institutional settings. Howell E. Jackson, Variation in the Intensity of Financial Regulation: Preliminary Evidence and Potential Implications, 24 YALE J. ON REG. 253, 287 (2007).

2. 调整成本

协议同样很难达成，因为其中往往伴随着庞大的调整成本。由于历史、文化、习惯等因素，各国制定了大量不同的国内法规。在执法合作的情形下，切实遵守新的国际规范，可能需各国修改其基本的证券监管框架，甚至它的基本政治结构。在监管机构和立法者习惯了现状或对外界影响产生抵制的情况下，上述改革是很难实现的。此外，调整不可避免地需要扩大招募熟练人员以及调配和安排更多的资源和执法活动。对于许多国家，尤其是发展中国家来说，这样的资源和人力成本依然是缺乏的。

监管机构还必须考虑调整投资者保护标准时，由国内和国外企业承担的合规性成本。例如，更高的信息披露标准往往会要求企业投入更多的资源到后台工作人员和簿记方面去。第三方费用也将会增加，如律师和审计师，以确保符合更严格更全面的标准要求。

当证券法律涉及公司治理问题时，调整成本甚至可能更高。这是由于公司治理的改变需要长期以来特定资产的变革，诸如公司的内部管理过程中已经做出了相当的政治和经济投资。[①]在这种情况下，调整成本不但居高不下，而且在很大程度上它们是不对称的。一些公司因为恰好是在一个标准相对趋同的法域内运行的，所以会承担较少成本。然而，那些其他法域的公司则会花费更多的成本去达到合规性标准，这将使它们处于竞争的劣势。这种资源的分配本应当以其他方式呈现。

由于具有较高的主权成本，调整成本可能会是高昂的，或者至少会使协议变得更加困难。任何通过合作产生的效益，都可以被看作转移到了特定一方，或者说当前成本可能会高于长期效益。

3. 市场压力

虽然有些监管机构有与美国监管者合作的动机，但许多监管机构并没有这样的动机，跨政府主义者没有明确认识到这一点。几乎所有的监管机构都

---

① Id. at 5. This was, for instance, the case with Sarbanes Oxley, the U.S. law which required all firms, including foreign issuers, to use independent audit committees. Though laudable in principle, this requirement conflicted with the statutorily required organization of German and Dutch firms, which required worker participation on a supervisory board with the aim of (ironically) disciplining CEO compensation. See Cunningham, supra note 97, at 8. Thus SOX's outlawing of non-independent audit committee members in some ways weakened German and Dutch controls on management. Id.

想要扩大各自资本市场的规模，即使这并非各国监管机构的法定任务。[1]国内市场的成功常被视为是监管机构的成功。此外，监管机构还承受着来自各种强大利益集团的巨大压力，这些利益集团与国内市场的稳定性有着直接利害关系。因此，为了从其他市场吸引交易，监管机构有着从众多竞争对手中脱颖而出的强烈动机。

金融中心在为公司提供良好的流动性以及融资规则而相互竞争。在流动性方面，金融中心以低价为公司快速提供大量资本的能力是该金融中心竞争力的主要来源。因此，为了与同行竞争，各国交易所和市场竞相采用结构创新与使用新技术，以提高交易速度，从而吸引到更多的投资者。

相反，监管机构的竞争则发生在两个方面。一方面，一些监管机构在企业融资过程中实行严格标准从而使这些公司做出完善公司治理的承诺。许多学者认为，企业的此类承诺能够降低欺诈风险以及不当管理行为。反而言之，投资者也会愿意支付证券溢价，同时企业的资本成本也会降低。

与此同时，有些监管机构则采取较低的监管标准，以吸引试图降低规制成本的小企业和管理者。许多企业认为，严格监管所带来的成本超出了他们通过严格公司治理承诺所获的利益。对这些公司而言，融资过程中的管理成本是一项需要考虑的重要因素。因此，他们将会在融资过程中选择能够降低与法律、会计和其他咨询服务相关的行政成本的规则。宽松的监管标准对发行企业的管理者也具有吸引力，其可以降低对公司以及管理者自身的诉讼风险。特别是这样的情况下，投资者和其他市场参与者可能并不清楚自己国家与国际标准的符合程度。在相对宽松的市场监管标准下，监管机构，尤其（虽然不完全）是发展中国家的机构，可能会采用较弱或者不具威胁性的监管机制以吸引更多交易。

---

[1] See Licht, supra note 11, at 64 (noting that regulators have an incentive not to cooperate where it would undermine the competitiveness of domestic market participants); see also Stavros Gadinis, The Politics of Competition in International Financial Regulation, 49 HARV.INT'L L.J. 447 (2008) (same). Indeed, even if all countries adopted the same regulatory standards, not all countries would benefit equally. As I have explained in other writings, the competitiveness of a financial market is dependent not only on the law that governs transactions, but also on liquidity. Brummer, Stock Exchanges, supra note 5, at 1455. Liquidity, in contradistinction to law, refers to both an issuing firm's ability to access capital and an investor's ability to promptly transact (and exit) from investments at a price that corresponds to the investment's true value. Both of these dimensions of liquidity thus depend on a large number of traders transacting in a market. To the extent that law is neutralized as a factor, the most liquid markets will inevitably attract the most transactions. This can incentivize less liquid exchanges not to accept all of the rules and regulations of their larger competitors, though they may emulate some of the rules to gain credibility.

4. 合作监管的困境

从证券监管机构和企业的多元选择来看，国际证券监管协作并不能确保问题的解决。由于通常情形下的受益不平衡、意识形态的差异以及调整成本等因素，各方利益背离，合作协议也难能达成。

进一步而言，即使各国需要找到一个共同解决方案，但采取何种解决方案仍然难求一致。这种情况在监管执法合作的情况下更容易出现。从积极方面而言，监管合作使得各国监管机构通过相对较低的成本提升其国内制度的信用和有效性。而且，由于大企业的证券往往在数个国家同时交易，各大主要市场的监管机构在打击跨国欺诈的问题上有着共同利益，更不要说那些在海外谋划实施犯罪并逃避监管的行为了。①从另一方面而言，投资者较少的国家不需要像拥有大量投资者国家那样高度重视跨境欺诈，也使得他们容易忽视了监管执法的重要性。进而，有些国家提出和接受的监管之执法请求相对较少。因此，他们对成本效益的计算往往与大规模资本市场国家的监管机构不同，这也导致了监管力度和范围上的不同立场。

再者，博弈论又一次预测到了此类问题，也有助于明确监管机构的可用选择。最终，监管协调可能会在任何两个监管机构之间构成两个均衡的结果。在这样的分散问题上，虽然合作是互利的首选，而且会提高参与者的受益水平，但参与者并不会轻易接受其他的监管制度。监管协调取决于其他因素，比如行动顺序（即谁做先行者）等。通常情况下，如果参与者同时行动，其结果将是不确定的，而且此时额外的谈判将是必要的。

当参与者存在明显利益对立时事情会变得更加不确定，这种情况在实质性资本市场监管过程中时常出现。监管机构的实质性政策变化，可能会使该法域对证券交易的吸引力下降，同时减少了国内特殊利益集团的优越待遇。而且，改变可能会背离传统的监管理念，并会带来重大调整成本。因此，在管辖利益不一致的情况下，想要达成协作是不可能的。

基于美国资本市场中心地位的下降，这些动态因素对于 SEC 来说都成了问题。因为美国资本市场对于跨国融资来说已经不再是必要的，美国证券法

---

① To put this in perspective, consider that the SEC files hundreds of securities fraud cases each year and relies on bank records in approximately 70 percent of the cases. SEC. &EXCH. COMM'N, HANDBOOK FOR EMERGING MARKETS 16 (2008) (on file with author). The SEC has thus argued that "a securities authority that can't get bank records would likely be unable to successfully investigate over 70% securities fraud cases."" Id. And, considering that many of these bank records are overseas, cooperation between regulators is vital.

对于实现国际证券监管融合的作用也变得更小。进而，至少传统意义上的证券监管网络，已经不适合解决离散冲突问题了。正如上文所指出的，证券监管网络变成了纯粹的协调机制。换言之，该网络连接了各个监管机构从而降低了信息的不对称性。然而，他们并非权力的中心，成员也不会首先考虑共同的制度规则。

因此，在一个经济活动广泛分布的世界，证券监管机构之间的协调变得越来越困难，尤其对于 SEC 来说。美国资本市场虽然广阔，但已不再居于统治地位，其传统上依赖的证券监管网络已经难以继续前行。因此，国外监管机构在寻求吸引证券交易的过程中减少了传统意义上的束缚，宽松的制度环境可能会导致监管者忽略相当的可疑行为。然而，不论怎样，新型监管市场作为一种约束机制，开始发挥着日益重要的作用。

三、万亿美元的警告

虽然有很多局限性，但监管网络并非完全无效。本部分会论及，在系统性风险监管领域，监管不力的负面外部性被全球化了，各国的不同利益诉求也发生了变化。即使在该领域，传统证券监管网络的合作也并未被彰显，在跨功能监管的网络中，银行监管机构——而不是政治精英——处于主导地位。

（一）系统性风险与证券监管

传统上来说，证券监管机构主要关注的是投资者保护问题，该问题使监管机构的注意力集中在信息披露、市场的完整性以及执法合作上。然而，在2008 年金融危机之后，监管机构开始关注金融市场中其他更复杂的问题。尤其是，SEC 及其对应主体都在"系统性风险"监管方面投入了大量资源。系统性风险系由一家金融机构的崩溃引发其他机构相继破产，进而破坏了资本市场的健康发展。

该政策意味着诸多方面的重要转变。从历史上看，在证券公司的交易过程中，只有相对少部分注意力集中在系统性风险上。这是因为证券公司的投资评价证券作为支撑，比银行更具流动性，后者往往暴露出资产和负债的失衡问题。此外，证券公司也不承担传统意义上的支付结算职能，而是仅仅作为证券投资和证券发行人之间的代理人。因此，银行破产可能会导致支付结算系统彻底瘫痪，与之不同，大型投资银行的破产在历史上很少有受到系统性的影响。因此，系统性风险是证券监管机构关注的一个小问题，但对银行业监管机构来说却是一个大问题。

但是，自20世纪90年代以后，特别是自俄罗斯债券违约和长期资本管理公司（一家对冲基金）倒闭之后，对证券公司系统性风险的低水平预警已经开始改变。监管机构发现，某些种类的投资公司，尤其是对冲基金，已经开始在不满足注册要求、金融监管和资本充足率要求的情况下进行风险投资。进而，对冲基金越来越多地将自身定位为大型商业银行和证券公司的交易对手和债权人，并且在此过程中开始形成一个影子银行系统。在实践中，这意味着如果对冲基金做出了一个糟糕的投资决策（比如由于监管不力），它可能将无法履行其承诺，同时它的倒闭可能会破坏并有可能拖垮其他金融机构，从而构成了系统性风险。

随着大大小小的金融机构相继从事各种金融交易，全球金融系统被动摇的问题开始从理论成为现实。特别值得一提的是信用违约掉期（SWAPS）。这是一种未受监管的合同安排，由一家公司同意向另一家公司支付第三方贷款违约而遭受的任何损失。这类合同产品在当时完全不受管制，增加了跨国金融机构之间的依存度。进而，由于其依据具体的条款并且在柜台交易，所以他们很难被定价、监控，往往存在着巨大风险。

市场守护人制度的失败进一步加剧了这种风险的威胁。信用违约掉期和其他复杂房地产相关证券的购买者严重依赖引用评级机构（CRA）发布的信用评级来代替对资产质量的独立评估。信用评级有助于银行在投资证券时决定应持有多少储备。然而，引用评级机构只受到很少的监管。例如，他们不会被要求提供如何理解与使用评级的信息，也不会被要求提供随着时间推移其评级精确度变化的数据。而且，因为评级机构的费用来自其评估证券的发行公司，利益冲突会干扰评级过程。

因此，为了应对证券市场和证券产品日益增加的风险，传统的监管机构SEC一直在推动一场大规模的"宏观审慎"的监管改革，有时候是因为国际同行们的激励。其中，最重要的监管改革包括更好地监管对冲基金、金融衍生品以及证券产品评级机构。

（二）跨功能的证券监管网络

虽然证券监管机构越来越重视系统性风险的监管，但监管主导的核心以及议程设置权限并不在证券监管机构网络，而在于"跨功能的监管网络"。在该网络中，不同的监管部门相互合作以促进金融稳定。[①]其中，证券监管机构在确定政策议程方面发挥的作用非常有限，即使在直接涉及证券监管的问题上。

1. 二十国集团（以下简称 G20）

近期，G20 被认为是国际经济合作的最重要组织，其提供各国财长和中央银行行长对话的平台，有时各国政府首脑也会参与，共同探讨金融、经济和货币政策问题。[②]此外，为促进全球合作，国际货币基金组织总裁、世界银行行长、国际货币与金融委员会主席、国际货币基金组织和世界银行发展委员会参与到了 G20 峰会中。G20 的所有成员国创造了全球 90%的国民生产总值、80%的世界贸易额（包括欧盟国家间的交易）以及拥有世界上三分之二的人口数量。

也许令人惊讶的是，证券监管机构并没有参与 G20 峰会，部分原因在于系统性风险的监管在某种程度上超出了证券监管权限的观点。然而，自 1999年成立以来，G20 已经相继发布了一系列涉及证券公司和产品监管方面的意见和公告。在全球金融危机之后，该组织还颁布了一系列已经商定的涉及证券监管关键性问题的改革方案，其中包括：

- 对冲基金的注册。G20 宣布对冲基金或其管理人必须向监管机构注册并提供所需信息。

- 信用评级机构监管。G20 支持对信用评级机构的监管并采用 IOSCO信用评级机构的行动准则作为衡量标准。G20 还宣称，在公司债务、主权债务与结构性金融产品之间应该有一个双重等级标准或者识别区分标准。

---

① In this way, these efforts mirrored FATF's, which though operating under a different (and more limited) mandate, also involved a range of cooperation between different functional regulators; notably, very limited direct participation by political elites was involved.

② Prior to the G-20's creation, similar groupings designed to promote economic dialogue and analysis had been established, most significantly the G-7. The G-22 met in Washington D.C. in April and October 1998. Its aim was to involve non-G-7 countries in the resolution of global aspects of the financial crisis then affecting emerging-market countries. Two subsequent meetings comprising a larger group of participants (G-33) held in March and April 1999 discussed reforms of the global economy and the international financial system. The proposals made by the G-22 and the G-33 to reduce the world economy's susceptibility to crises showed the potential benefits of a regular international consultative forum embracing emerging market countries. Such a regular dialogue with a constant set of partners was institutionalized by the creation of the G-20 in 1999.

● 金融衍生品监管。G20 还为总统工作组的金融交易工作提供支持。G20 同时敦促建立信用衍生品的柜台交易系统，以降低系统性风险。

● 会计机制。G20 建议会计准则制定机构应加强对贷款损失准备金的会计确认，同时抑制与公允价值会计相关的影响。

同 IOSCO 的原则一样，G20 发布的以上宣告并没有国际法上的强制力。相反，G20 的内部惩戒机制的执行很大程度上依靠的是其声誉。换言之，如果一国没有履行其义务，那么该国家很难在未来继续推动其政策发展或者鼓励其他成员国共同遵守 G20 的规定。在 G20 集团外，G20 成员国家占主导地位的标准制定组织如 IOSCO 和巴塞尔委员会颁布了一些标准，世界银行和国际货币基金组织（IMF）可能会吸纳这些标准并同时要求发展中国家满足这些贷款条件。

2. 金融稳定委员会

同 G20 一样，金融稳定委员会（原名为金融稳定论坛）成立于 1999 年，目的是促进国际金融稳定。然而，其成员国最初不仅包括早期的七国集团成员和每个成员国的财政部、央行以及监管机构，还包括主要国际标准的制定者（包括 IOSCO 和巴塞尔委员会）。因此，与参与 IOSCO 一样，证券监管机构已经有能力作为国家代表参与其中。即使这样，该委员会仍为银行监管当局所主导。

在早期的金融稳定论坛时期，该组织并没有任何监管权，也没有像 IOSCO 一样是基于自愿的基础①，但是，2008 年的金融危机大大改变了该组织的积极性以及国际职能。作为唯一的标准制定者、财长和中央银行相互影响的"网络中的网络"，该组织成为解决全球危机的重要跨领域平台。随后，该论坛被更名为金融稳定委员会，并且被授权监控全球金融稳定、促进中期改革。G20 也扩大该组织成员至所有成员国，这实际上使该组织成为世界上最接近全球金融监管组的机构。

自从金融危机以来，金融稳定委员会相继发布了一系列建议和准则以强化全球金融体系。其中包括《提高市场和机构稳定性报告》，该报告呼吁对银行杠杆加以限制，提高衍生品交易的保证金，重新评估风险价值模型和公允

---

① Instead, it served a facilitative function bringing together disparate authorities to keep the issue of financial stability on the public agenda. Id. at 75. Part of this work has involved the publication of a compendium of best regulatory practice; from 2001 to 2008 the organization produced few reports beyond a series of status reports on ongoing and recent work relevant to sound financial systems. DAVIES & GREEN, supra note 131, at 116.

价值会计。在其公布的《稳健薪酬实践原则》中，金融稳定委员会对行政补偿和风险补偿设定了原则，以平衡风险及风险周期。最后，在其《解决金融系统周期性的建议》中，该委员会制定了一系列混合定量、规范基础的自由裁量措施。这些建议旨在为了在任何市场状况下都能够缓解周期性机制，并且实现金融市场的稳定运行。该组织远非"一个无处可去的智囊团"，其先于G20提出了这些建议，也为G20的行动提供基础。类似地，该组织也对监管机构、中央银行、财政部、政治精英之间更深入的合作奠定了基础。

（三）解释初步的共识

判断跨领域监管网络是否最终能确保跨境融合监管尚为时过早。然而，值得注意的是，至少在前期阶段，监管机构已经达成了远远快于传统政府监管网络的合作框架。事实上，早期报告表明该网络协调了大量的各种问题，包括银行从事承销和证券活动的资本充足率、中央对手方结算的衍生工具以及信用评级机构的审查。[①]这些初步取得的成就值得仔细研究，并确定哪些结构性和实质性因素可能会促使解决系统性风险，从而作为本文前半部分提到的软实力网络理论的一个例外。

1. 制度设计

跨领域监管网络的成功有以下原因。首先，G20和金融稳定委员会在其制度设计上与IOSCO大有不同。也许最为明显的是，G20和金融稳定委员会并非覆盖全世界的网络，其成员国是有限的，而且只对那些实力强大和发展最快的经济体和国际标准制定者开放。因此，其成员国可能会担心（并可能采取行动应对）系统性风险，因为他们各自拥有许多大型机融机构。进一步而言，G20和金融稳定委员会都有相当的——至少有一部分动机形成一个有关金融稳定问题的联盟。再加上较少的成员国，这样的一个联盟更容易进行合规性监管（无论是成员、该组织或者范围之外的人），同时也会降低违法的动机。

另一个重要的制度性特征在于，与IOSCO和金融稳定委员会不同，G20

---

① The Financial Stability Board reports, for example, that banking supervisors have published proposals for improving capital adequacy with regard to underwriting and securitization activities. Central counterparty clearing for OTC credit derivatives have been launched in the United States and in Europe. The IOSCO Code of Conduct has been implemented by the three largest CRAs and an examination module has been developed to inspect CRAs. FINANCIALSTABILITY FORUM, REPORT OF THE FINANCIAL STABILITY FORUM ON ENHANCING MARKET ANDINSTITUTIONAL RESILIENCE (2009), http://www.financialstabilityboard.org/publications/r0904d.pdf.

同时邀请监管机构和政治精英参与，包括财政部长、代表各自国家的高官以及国家元首。这种参与的重要性体现在以下两个方面。首先，总统和总理偶尔参与，可以提高国家承诺的可信度，即使这些承诺不会正式纳入条约规定。因为国家元首不论间接还是直接的管理监管机构，都有助于保持一个广泛的市场和政府行为问责机制，其政策立场的确立也会对改革形成压力。同时，最高级别政府官员的参与也将形成一个预期，即他们期望充分合作以推动议程的执行。

此外，通过广泛议题上的政治参与，G20 使谈判空间扩至更大范围。因此，政治人物能够通过在其他领域做出让步而进行转移。某一领域规章的主导者或赢家，比如信用评级机构的规章，可以对其他输家在对冲基金甚至完全不相关的领域做出妥协。这种具有灵活性的跨领域监管网络的实用性优势超越了类似 IOSCO 的专业领域监管网络。

2. 系统性风险作为一个纯粹协作问题

许多跨领域监管网络寻求解决的系统性风险，可能都是监管机构面临的纯粹协调合作方面的问题，因此，跨领域监管网络在合作上更为有效。2008年的金融危机对各国监管理念产生了巨大影响，包括美国在内各国都需要更为严格的监管标准。随着各国大小不一的市场经历该时代最大的损失，各国政府相继实施一系列数十亿美元的援助和市场干预措施①，监管机构对证券监管越来越重视。因此，监管转型成本效益分析的变化进一步激励了监管机构，不论大型经济体还是小型经济体都将采用更加严格的监管规则。

同样，系统性风险的分布广泛，增加了各方合作的可能性。正如全球化增加了全球竞争的机会，同时也增强了市场间的相互联系。证券跨境交易，公司则在全球范围内提供金融服务和信贷保护。随着企业之间相互依存日渐增强，一个区域内发生的部分负面冲击可能会影响到位于其他区域的众多机构，并引发类似 2008 年金融危机的全球性经济事件。因此，许多监管机构，尤其是大型金融市场的监管机构可能都会在不同程度上内化其监管成本。

最后，值得一提的是，跨领域监管网络比传统的投资者保护机制面临更少的调整成本。在许多情况下，金融机构和金融创新已经完全不受管制。与传统分散的监管规则和制度相比，比如信息披露与公司治理，跨领域监管网

---

① The U.S. government has been involved in several bailouts, most notably the $700 billion Troubled Asset Relief Program (TARP). See Matthew Benjamin, Obama Advisers Say They Will Aim TARP at Wider Credit, BLOOMBERG.COM, Jan. 19, 2009

络下的调整成本分散得更为均匀，并伴随着信息对称的成本。

这些结果最终表明，相比证券法领域已经有所发展的政府网络，跨功能网络被认为是作为政策融合可能更有效的手段。当然，协调问题仍然会产生。某些国家会采取观望态度，有些国家则会阻碍合作或者搭便车，从而降低系统性风险的成本内化。最终，不同法域国家的成本和收益可能不同。例如，一些国家可能是"坏"金融产品的净出口国，不论是股票、债券还是信用违约掉期，或是其他针对国外投资者的工具，而这些工具的风险可能未被充分定价。一些国家可能会设立相对较少的金融机构，从而在证券购买者遭受损失或者资金困难时面临更少的系统性风险。这些国家则会在加强合作和严格监管标准问题上缺乏足够的动机和意愿。

尽管如此，系统性金融动荡风险的性质表明，监管合作意味着比投资者保护更纯粹的协调性问题。监管网络中的成员通常不会将系统性风险视为某个特定参与者的问题或当务之急，后者通常为投资者保护问题以及金融中心之间的激烈竞争。相反，系统性风险至少涉及某种程度上的共同风险，这可能会促进更广泛的深度合作，尤其有关破坏性金融活动监管的合作。信息共享是监管合作的关键性障碍，而这正是监管网络发挥作用的地方，甚至可能执行由更大的跨领域论坛（组织）设定的目标。

四、一种新制度形式的出现

那么，这将会给 SEC 的历史使命和国际策略带来什么影响呢？本部分论证了 SEC 自身的传统政策工具存在的局限性虽然为许多学者所忽略，但并非未引起注意。事实上，面对金融全球化，该机构正在考虑一种新的制度形式来改变合作的结果和效益。在监管执法合作方面，成员参与标准已经被引入到现有的政府监管网络之中，排除了部门国外监管机构，并且对不合规成员生定了声誉成本。同时，在最近一个共识中，监管当局正在探索将成员参与标准与投资者的优先接触结合起来，以刺激在投资者保护和市场诚信方面更深入的合作。在政府性网络转化为更多强制性手段（在这部分中被称为"政府俱乐部"）的过程中，监管当局希望促进更高监管标准上的趋同一致。

① The new agreement has been invoked by *at least* 14 times in actions involving the SEC. But see also Fund Mgmt. Compliance (SEC), *Not in Fraud Enforcement; China Adopts XBRL, with Help Form U.S., to Widen Credit*, BLOOMBERG, Oct./Jan. 19, 2009.

（一）法经济学视角下的政府俱乐部

为了应对国际资本市场日益增强的重要性，SEC 已经越来越倾向于选择更有力更具强制性的手段推进其政策目标。然而，SEC 并没有像跨政府主义预测的那样诉诸缔约的方法，而是开辟了"第三条道路"来推动其规则标准的扩展。具体来说，SEC 已将强制性规则纳入政府监管网络中，要求外国同行只有遵守其规则才可享受网络内的优惠待遇。这个时候，SEC 已经将开放性的证券监管网络转变成了由类似参与者组成的"政府俱乐部"。

虽然在跨政府主义的理论中被忽视，但制度经济学家已经参与并对这种新的战略安排展开广泛讨论。事实上，经济学理论一直认为个体集合（也被称作"网络"）不仅需要为合作政策的形成提供开放平台，这一点正如传统网络理论所定义的情形，而且，该网络还可以形成自己的事后标准，其中对网络的利用取决于一个潜在的参与者要满足的条件或者会员标准。

将统一标准纳入到同一网络中可以使遵守标准变得更有吸引力，体现在两种路径中。第一，它能够对标准的突出地位和吸引程度产生巨大影响。通常，在成员之间广泛采纳标准会产生经济学家称之为"积极反馈动态"或网络效应，从而在不考虑义务的实质性情况下提升这些标准的吸引力。通过推动该标准的广泛传播，企业不必再通过多种措施来适应多种监管机制：一个统一的机制即可。通过将利益与网络成员标准捆绑在一起，标准制定内容更加广泛，从而更有吸引力。

第二，通过对进入监管网络设定条件和排除不符合标准的监管机构，政府俱乐部可以重新调整其成员采纳相关标准的成本——收益分析。共同遵守带来的不仅是采纳有关标准的利益，而且包括网络整体相关利益。例如，在世贸组织的官方背景下，降低世界贸易组织（以下简称 WTO）成员海关税率促使非成员国降低自身关税。这样的政策对 WTO 成员来说是必要的，也是一个国家和地区享受自由贸易政策的先决条件。同样的，自由贸易为欧盟成员带来的利益促使东欧和波罗的海国家为了获取加入欧盟的资格而采取了自由市场和民主的改革。[1]

虽然监管俱乐部的权力特征历来与以国家为基础的国际组织密切相关，

① Milada Anna Vachudova, The European Union, the Balkans and Turkey: Can "Soft Power" Bring Stability and Democracy? Address at Eastern European Studies Discussion (Oct. 14, 2003), available at www.wilsoncenter.org/topics/pubs/MR280Vachudova.doc.

但证券监管机构同样可以建立类似的激励机制。正如我们已经讨论过的，监管网络可以提供一系列参与者可享受的潜在利益：

● 信用。通过参与某些组织，监管机构签署协议承诺以实现透明和完善的市场治理。这种信用能够降低企业在相关法域内营业的资金成本。

● 监管政策的传播。监管网络允许成员国宣传其国内监管手段并有可能输出其监管政策，从而扩大国内政策的影响范围。

● 专业技能。监管网络能够为让一国监管机构了解其他国家监管机构的活动，并更好地开展实践。成员国同样可能收到来自其他成员国关于提高其监管效益的方法和手段的反馈与建议。

● 执法协助：正如多边谅解备忘录中显示的，网络可以建立起执法合作程序并在合作过程中确保国内法的完整性。

进一步而言，监管机构作为法域内的职能机构，能够像贸易官员一样管理并提供优先进入市场的机会。具体而言，监管机构通过允许市场参与者进入其资本市场以及提供的投资者有利条件从而给予市场参与者豁免权。这样的优惠待遇不会出现在政府网络内，因为其很大程度上是一个开放性领域。然而，政府俱乐部通过让遵守标准变得更具吸引力从而为借贷资本市场提供良好的发展前景。

监管网络中的会员标准重设了标准实施的监管评估，并提高了违规成本。一国监管机构如果不采取更高的监管标准并随着其代表国家标准的深入推广，很可能无法享受其他法域监管者可享受的优惠政策。此外，如果俱乐部中一位成员没有履行义务或者在证券领域出现紧急情况，将导致投资者担心随之而来的高风险，进而造成当地企业融资成本的提高。此外，成员还将面临在组织内部地位降级至次要地位的窘境。这不仅会导致成员的声誉损失，同时也丧失了获得监管网络中优待的权利，比如在制定国际标准时的话语权或如上文提到的市场准入方面的优惠。

（二）证券监管的两个案例研究

到目前为止，SEC 正努力探索两种监管俱乐部的策略，从而促进对其首选标准的合作与融合。首先，SEC 力推旨在普及执法合作的多边谅解备忘录（以下简称 MMOU）。此外，在其相互承认的推动下，高级监管机构主张推动双边俱乐部开放市场准入，以此鼓励监管机构改革国内市场同时采取美国式规章制度。

1. 多边谅解备忘录（MMOU）

会员标准的潜在权力最明显的地方体现在，SEC 尝试通过 IOSCO 多边谅解备忘录推动建立一个全球执法联合组织。作为 IOSCO 组织促进跨境执法合作的工作核心，该项协议建立在早期政府网络的基础上，但如今已经明显偏离了最初的方向。与传统谅解备忘录一样，多边谅解备忘录关注监管执法合作并旨在完善程序。由此，监管机构可以快速获取证券法执法过程中的所需信息。通过这种方式，可以在相关法域内更好地保护投资者的利益并发现国内监管执法的漏洞所在。

然而，多边谅解备忘录明显不同于早期执法合作方式。也许最为明显的是，它在 IOSCO 成员之间实现了其多边目的。此外，虽然成员被允许甚至被鼓励签署额外的双边协议，但多边谅解备忘录被认为是最低的义务底线。而且，备忘录的承诺是强制性的。作为一项加入 IOSCO 的前提条件，未来的成员必须签署多边谅解备忘录。为此，监管机构必须正式表明其对 IOSCO 成员之间相互合作与援助的承诺意愿，同样，要证明其在本国法律下有权利和能力遵守协议的条款和规定。此过程要求提交申请的监管机构填一份调查问卷，即关于监管机构所在国家法律允许该机构接受并执行多边谅解备忘录的各项条款。基于对调查问卷反馈的复审，IOSCO 的验证团队之后会对申请者关于问卷中引用的各项 MMOU 条款的执行能力进行筛选，并提出具体建议。最终，IOSCO 官员会决定是否接受该申请。被拒绝的申请人需要改进其国内监管制度从而能够遵守 MMOU 各项规定。

IOSCO 目前的成员也同样面临着签署 MMOU 的压力，他们有两个选择：作为一个完整的"附录 A"等级成员签署该备忘录，或者，寻求国内法律授权成为签署方。在第二种情况下，该成员将会被列入 MMOU 的"附录 B"的行列之中并被 IOSCO 规定了提高其标准的最后期限。①因此，像金融特别行动小组一样，MMOU 将会给监管机构的声誉带来影响，例如监管机构缓慢或长期地背离标准，可能会对公司在市场经营中的资本成本、自身声誉甚至会员资格产生不利影响。

在任何情况下，这种方法都明显偏离于国际关系文献中设想的传统政府

① Id. at 13. In the upcoming June 2010 meeting of IOSCO officials, regulators expect that Appendix B members will be given until 2013 to move from Appendix B to Appendix A.

网络。除了提供一种执法合作的手段外，MMOU 重设了新规定下的成本计算方式。对自身而言，SEC 影响力有限，缺少某种形式的市场准入优惠或其他关联同样可以促进其标准的域外接纳，特别是对于那些既不接受也不对执法规范做出限定要求的新兴市场。大多数证券监管机构可能倾向于签署 MMOU 并执行审核程序。虽然 MMOU 能够对签署机构收取费用，但正如现有的双边协定一样，符合国际标准也有其好处，包括在设定标准时的话语权以及获取成员经验和社会资源，这些能够敦促顽固的国家采纳并遵守联合组织的标准。

2. 相互承认

SEC 同时考虑到会员标准在其推动资本市场一体化时发挥的作用，该途径被称为"共识"，其在 2008 年澳大利亚试点项目中正式启动，但在信贷危机之后一直是停滞状态，该途径将政府监管网络视为一种协助工具和发挥经济杠杆的潜在作用。具体而言，境外证券交易所和国外经纪人不直接受到 SEC 的监管，而是可以基于其适用的国外监管规定符合美国同类型标准而向 SEC 注册部门申请豁免。其中符合的内容监管机构的权限与监管理念与 SEC 相类似。

为了给此类豁免标准建立一个框架，SEC 及其国外同行将签署一项不具约束力的合作共识以表明其市场一体化开放的态度。同时，将陆续签署（双边）谅解备忘录来加强执法合作与信息共享。此项合作安排同时将包含国外监管机构的保证："详细描述如何达到 SEC 要求的某些监管性前提条件，以及 SEC 类似的承诺如何达成双方互惠。"随后，美国监管机构将评估国外监管机构相应法规，以确定其是否与美国的同类规章相符合。一旦通过 SEC 的评估，国外证券交易所和经纪人便可以在适用本国法律规定的基础上向 SEC 注册部门申请豁免权利。因此，在这些国家间交易的股票可以直接出售给美国投资者而不必受限于美国市场的信息披露和公司管理相关规定。

一些学者嘲笑相互承认是资本市场自由化中不明智的一个实例。这是因为它可能会使得跨国公司根据国家有关部门采取的最终规定，而在国际融资市场自由选择。例如，美国和埃及之间达成一项协议，一个跨国公司寻求融资则会选择较为宽松的监管环境但同时仍可以吸引美国投资者。

但是，包括相互承认方案的策划者在内的支持者认为，相互承认将有助于鼓励国外监管机构采取美国式监管法律[1]，如果计划取得成功，国外监管机构能够有充分的理由采纳美国证券监管法规，这样可以找到其制度与美国相应制度之间的共同点。这些国家的国内企业可以优先接触到美国的投资者。他们将不必通过注册而可以使其证券在美国资本市场流通，且仅需要符合本国法规即可。那些国家的国内交易所也可作为优质资源而享受相较其他同行的竞争性优势。究其原因，它们不但可以授权潜在的发行人进入其市场，而且可以将同样的权利授予美国投资者。由此，证券交易所可以很大程度上提高对投资者的吸引力，进而增加交易量。最终，更大的融资移动性将使得证券交易所从其服务中获取良好报酬。

理论上，这些优势将会改变监管机构的净收益，这样一来输入美国法律便成了最理想的结果。虽然在某些情况下证券法律融合的成本是昂贵的，或者采纳别国制度可能有悖于该监管机构的传统或者理念，但监管机构国内市场的参与者能够享受到一系列的重要竞争优势，尤其对于那些非本土的市场参与者来说。国外监管机构能够从这些协定的实施中获得政治上的回报，从政府或者私营部门获得升职加薪。

从这个角度看，相互承认能够明显地或者完全地开放市场，它至少是一种高强制性手段，依赖国外监管机构被视为"相对符合"的标准要求。不像政府间网络，其运作起来如同权限开放的机构，相互承认只有在相对符合性被得到证明时才展现出其有利的一面，而证明则是一个可能涉及一国相当规模的监管改革的过程。因此，相互承认不仅被视为一种协调机制，也被认为一种排他性工具。这样一来，不论是监管机构在实际的相互承认谈判方面做出改革，还是国外监管机构改革其国内监管体系从而希望 SEC 对双边协定授权认可的过程中，美国式标准都将被广泛推广。

（三）对现有方法的一种解读

从结构化的视角来看，相互认可和 MMOU 都包含了俱乐部形成的多种不同途径。一方面，MMOU 是由多方共同实施的。这在很大程度上是因为，相对而言，谅解备忘录（MOUs）的强制执行几乎没有分配性影响。监管部

---

[1] Tafara &Peterson, supra note 24, at 32. This approach is also at least predicted by Amir Licht's analysis of "hegemonic games" where two regulators of asymmetric power bargain over rules. See Licht, supra note 11 at 96 (noting that bilateral negotiations with Canada over disclosure incentivized Canadian regulators to adopt more U.S.-oriented approaches).

门在重组体制结构时成本不同，也会有主权的担忧，更深度的合作几乎不会给一国带来任何即时收益，谅解备忘录（MOUs）最终通过展开合作得以实现，而非对企业施加实质性的监管规则。[1]就这一点而论，加强合作旨在增强而非削弱国内监管的权威。

而且更值得强调的是合乎标准的动机，特别是那些得不偿失的监管当局。虽然仅仅从监管成本角度看，监管当局可能认为一种不全面的合作方式更可取，但是参与全球协议所带来的规模优势，外加被驱逐出 IOSCO 或体制的非难所带来的成本，都给了那些潜在抵制者[2]采用这些标准的理由。[3]理想的情况下，在深度合作成为主要策略时，多边政策将会促进各国的平衡，这将有利于 IOSCO 的会员国。

和 MMOU 相反，相互承认采取了独特的双边协调途径。其原因部分在于，更大范围的多边活动产生了更高的谈判成本。正如上文所述，尽管在证券法范围内其称呼为相互承认，但并不一定承认相互的监管体制。根据监管机构存在的问题，其可能同样涉及不同程度的实质性统一，这引起如上文提到的各种可能的分配性问题。在很多情况下，多边主义是一种解决此类问题相对低效的形式。其会带来更多需要谈判解决的问题，因为每个参与者都有自己倾向的规则和自我满意的成本计算标准。协调合作的逻辑证明，一系列的双边谈判（或小型团体）是对可比性评估和必要时确保协调合作最有效的策略。

相互承认也将比 MMOU 更快地通过提供优先的证券市场准入手段使双边主义的理论更有吸引力。经济学理论表明，两大市场的监管机构就市场准入谈判达成一致，那么积极的公共产品效益将会被平均分配。例如，如果美国和欧盟都加入了相互承认协议，则此协议将显著降低两个市场之间资本流动的障碍。在这一过程中，双方都期待另一方做出让步，或者在承认对方监管机制并且少做改革的情况下获得更多利益。

然而，如果大型市场与小型市场谈判合作，则小型经济体资本市场的获

---

① Certainly, these costs may be symmetrical for nonmembers. Although considerable consternation has been voiced concerning the fact that members are essentially grandfathered in the agreement, many regulators believe that the Appendix B designation will serve to incentivize most regulators to undertake all necessary reforms for becoming signatories of the MMOU.

② Note that here the ultimate payoffs for IOSCO members will never be negative because the option set always contains the possibility of keeping their original regulation level at zero cost.

③ Martin, supra note 114, at 101. Regulators may disagree as to whether or not to add to any commitments beyond, for example, beneficial ownership.

利将更多，从而改变了合作的回报。因此，如果美国和哥伦比亚在监管标准上达成了一致合作，美国从中的获利将会很少。合作不会增加很多资金来源，但是会允许美国投资者分散其持有的股份。同时，还可以减少海外欺诈情况的发生。在另一方面，这样的合作可能会让哥伦比亚获得一大批的意外收益，因为美国资本市场的开放允许资本拥有更廉价成本的同时产生更具竞争力的交易。

原则上，这种利益分配会影响合作的进程。基于一国的监管标准实现协作平衡的可能性取决于该国市场的相对规模。在其他所有条件相同的基础上，如果两个监管机构之间的相对市场规模差异越大，则在适用较小市场一方的标准情况下，较大市场监管机构的获利越小。而在适用任何监管标准的情况下，较小的监管机构都会有更多的获利。市场规模效应的逻辑延伸则是，一旦一个资本市场积累了足够的相对规模，那么唯一的均衡结果就是在此市场监管机构的标准基础上进行合作。尽管小型市场监管机构必须采取非优先标准——即使调整成本很高——但进入大型监管机构的市场能够很好地促进小市场适当地妥协并为之加以整合。

从这个角度看，国际关系理论认为一方参与者的一系列双边合作安排可能会促成一个全球性标准，或者至少达到一个能够被多数管辖区所接受和采纳的接近全球标准的水平。通过聚集小国家并使之形成统一标准，像 SEC 一样的大型资本市场的监管机构就能够形成网络规模优势并压倒其他监管机构的调整成本。因此，能够更好地与大型监管机构的标准形成统一。①

然而，如下一部分的内容所述，这种策略的实际影响虽然在理论上有吸引力，但也存在局限性。尽管成员标准的汇聚改变了合作收益，资本日益全球化的性质使得多元的选择性成果成为可能。同时，这些俱乐部组织的排他性也会很难继续维持。因此，相互承认制度下取得的成果将会与 MMOU 制度下的成果分道扬镳。

---

① Outcomes should not differ with the introduction of additional actors beyond the two player model exemplified under mutual recognition. To the extent that governmental clubs offer a larger common market, or other important network benefits, outsiders will have greater interests in joining. The main problem in multilateral contexts will be primarily ones of opportunism. As a result, governmental clubs may require surveillance and punishing regimes to ensure the viability of the alliance.

五、评估俱乐部的权力

虽然政府俱乐部改变了合作的收益，但其效果很大程度上取决于其合作背景。在本部分，笔者将论证不同的问题有不同的策略差异，也因此将会呈现出国际合作的不同结果。一方面，MMOU 可能在监管融合中起到强有力的杠杆作用。作为协调执法合作的工具，MMOU 意味着监管机构，至少对于那些主要市场的监管机构来说，可以减少调整成本，并且能在合作中取得很大程度上的互惠。相比之下，相互承认可能需要灵活的会员标准。而且，即使在严格或局限的会员标准已经出台的情况下，更高的调整成本以及各种战略性挑战使合作与融合变得困难。

（一）多边谅解备忘录的强制力

MMOU 可能会对世界上许多证券监管机构产生巨大影响，致使大多数机构以较高的监管标准为基础达成合作。这是因为 MMOU 发挥作用的区域内大多数监管机构已经有相当的意愿采取共同合作的措施。由于大型企业的证券可以在数个国家同时交易，"肇事者可以轻松远离受害者的法域从事活动"。因此，为了保证本国国内法的可行性，此举是主要市场监管机构从事执法合作的关键点。如果他们不这样做，市场破坏者则会在海外从事犯罪从而逃避监管。①而且相对而言，统一实质性规则之下的调整成本也会较少。虽然监管机构可能会不得不从本国政府那里寻求更多的权力和资源，以兑现其在 MMOU 中的承诺，不过国内企业并不需要任何新的监管程序。因此，对于许多监管机构来说，协商合作已经是非常保险的博弈，仅仅需要信息共享来推动合作。对于小型市场，或者那些更具政治敏感性的市场来说，合作更像是一场"两性战争"性质的博弈。

MMOU 从多数监管机构的共同利益出发建立制度性杠杆，通过 IOSCO 动员甚至包括监管领域外的机构采纳强制执行制度。IOSCO 会员资格及随之呈现出的优势发挥强制性工具的作用，可以说服其成员修改自身策略。如果

---

① Id. To put this in perspective, consider that the SEC files hundreds of securities fraud cases each year and relies on bank records in approximately 70 percent of those cases. SEC. & EXCH. COMM'N, *supra* note 113, at 16. The SEC has thus argued that "a securities authority that can't get bank records would likely be unable to successfully investigate over 70% securities fraud cases." Id. Considering that many of these bank records are overseas, cooperation between regulators is vital.

监管机构拒绝签署 MMOU，他们就无法参与到证券监管国际政策发展领域唯一的多边论坛中去。此外，没有签署 MMOU 的成员将可能会面临丧失名誉或信用缺失的情况，这会阻碍其国内资本市场的发展并且导致被组织除名的潜在风险。

因此，MMOU 建立了一个相对简单，但功能强大的监管机构成本核算体系：不论监管机构是签署 MMOU 并承诺开展执法合作，这仅需要相对较少的调整成本（至少对企业来说）而且能为监管机构带来可观的利益，还是他们选择暴露自身声誉成本和承担可能遭 IOSCO 除名的风险。根据这个方案，都将会很大程度上推动 MMOU 的签署而且避免沦落到附录 B 的地位。目前，IOSCO 的多数成员已经成为 MMOU 的签署方或者正在接受筛选组和审议团队的审查，SEC 的官员预测那些位于附录 B 的成员会积极努力地在 IOSCO 要求的最后期限之前将自己从该列表除名，同时提高其在国内执法的能力。

（二）相互承认的局限性

相较于 MMOU，相互承认可能仅带来少数的监管成果，部分原因在于俱乐部（协会组织）内部实施的极具灵活性的标准。根据用于判断可比性的标准，国外监管机构可能不必为其企业在美国的营业而进行多次改革。事实上，在监管机构有着较高调整成本或者企业适用实质性规则的时候，相互承认这一概念有很大的必要性。然而，值得注意的是，即使 SEC 促进了拥有严格会员标准的相互承认机制，也未必会产生主导性的成果。

1."俱乐部冲突"情形

虽然相互承认会改变协商合作的收益回报，但是，即使存在有严格的会员标准的情况下，美国偏好的合作标准也并不需要将其列为主导选择。其中一个原因是潜在的监管机构伙伴可能会选择进入他们的反制联盟[①]。在创建或加入对手阵营时，他们可以组建自己的核心决策者小组，出台反映自身政策偏好的另一类标准规则从而减少调整成本和负面的分配结果。此外，在其加入俱乐部并实施更加严格标准之前，对立的政府俱乐部可能会侵占曾经被其他监管机构所控制的监管区域。

---

① That is, for example, common in the trade context. See Richard Baldwin, A Domino Theory of Regionalism, in EXPANDING EUROPEAN REGIONALISM: THE EU's NEW MEMBERS 24 (P.Haaparanta & J. Kiander eds., 1995), available at http://hei.unige.ch/-baldwin/PapersBooks/domold.pdf (comparing regional and multilateral liberalization and explaining countries' preference for the former).

要理解这在实践中意味着什么，需要考虑一种情况：某大型市场的监管机构与小型市场的监管机构合作，即 C 类监管机构，并且希望在其首选的标准上建立一个合作联合的俱乐部。进一步来讲，另一个不相关的监管机构，建立起另一个俱乐部并且同样提供给 C 类监管机构参与机会。在这种情况下，对手的俱乐部阵营给予 C 类监管机构至少 3 个选择：（1）保持独立；（2）与大型市场监管机构协作一道组建一个俱乐部阵营，或者相反，如我们早些时候提到的例子一样；（3）加入其他阵营。①

在这种情况下，如果存在两个可供选择的俱乐部时，小型市场和大型市场的规模差异将不再重要。相反，调整成本和采纳严格标准带来的利益可能在未来成员的决策中发挥关键性作用。若在某个特别俱乐部阵营内，调整成本高，而采纳严格标准带来的利益（例如较低的资本成本）又明显很低，那么监管机构将会理性地选择加入标准较为宽松的俱乐部阵营。因此，相比单一俱乐部阵营中小型监管机构不履行义务可能会降低利益，在选择性俱乐部情形下，这种不履行义务可能会提高其监管区域内企业的福利。

这种情况有两个理论上的重要含义：第一，该理论认为，虽然一个政府俱乐部阵营可能会不断鼓励监管机构采取不同措施，但是绝不意味着俱乐部标准是其他监管机构的主要选择。相反还会出现许多其他的交易集团。第二，尽管监管标准可通过俱乐部阵营进行协调，多个阵营同时存在的可能性也意味着监管机构之间明显的竞争仍会继续。与许多国家监管机构竞争交易不同，一些大型俱乐部则会成为竞争焦点。因此，市场对法律的需求将会降低，尤其采纳较为苛刻会员标准的政府俱乐部。然而，在政府俱乐部阵营竞相吸引交易和促进自身管理规范的情况下，竞争将依旧激烈。

2. "木桶漏洞"

在将非参与者排除出俱乐部的过程中，俱乐部同样可能存在低效率情况。当这种情况发生的时候，采纳俱乐部会员标准以及加入俱乐部所带来的收益将会减少。如果非参与性的监管机构仍可以通过选择性、成本更低的手段获得俱乐部利益，那么他们不再需要加入一个俱乐部阵营并且遵守其制度规定。

在俱乐部政策变化时，或者成员国国内引进新规则从而削弱俱乐部排他机制的时候，低效率的情况便会出现。前者的情况一目了然。例如，在前期

---

① Indeed, one could envision a fourth option-that the regulator could choose to adopt the standards of both clubs, assuming that they were not mutually exclusive.

采取特定的会员标准，俱乐部之后采取了更多灵活性的标准，其成员可能会停止继续遵守那些不再强制的要求，俱乐部也因此不再具有吸引力。

后一种情况则出现在某个会员单方面引入了能够削弱俱乐部排他机制的新规则时。比如，SEC 的两个项目：相互承认，即 SEC 国际事务办公室的产物；规则 15a-6 的修正案，即交易和市场部门出台的政策。正如本文探讨的，相互承认将允许国外经纪自营商和交易所进入美国资本市场，同时承担相较其他监管区域市场参与者较少的各项负担。这样一来将明显改变合作的收益成果。然而，根据拟提的修正案，SEC 将允许所有国外经纪自营商进入美国证券市场，只要他们提供研究报告给市值达到 2500 万的投资者，或者在自愿的基础上投资至少相同数额。

在重要层面上，拟提的 15a-6 修正案将削弱相互承认的潜在效益。从务实的观点来看，它将允许国外经纪自营商接触大部分美国投资者，同时根据相互承认，没有其本国司法管辖权执行任何相似性评估的要求。当然，这是一个进入美国资本市场的低成本手段，因为它不需要监管机构和企业的过多调整。故而，监管机构没有足够的动力在相互承认模式下加入俱乐部阵营，企业将直接寻求豁免。实际上，相互承认将只为两类市场参与者提供相当的好处：希望获得至少价值 2500 万以上投资者的国外经纪自营商，以及希望在美国设立交易平台的国外证券交易所。因此，监管机构为享受优惠政策而采纳相似性法律时，会遭受到更少的政治压力。

在相互承认计划中很有可能出现类似的特有缺陷问题。国内官方机构经常会就法律条文相互斗争，甚至寻求包括通过市场自由化在内的多种方式压制彼此。进而，监管机构可能来自不同的政党或者与不同的行业保持联系，持有不同的政治观点。他们对市场自由化可能持有完全不同的观点，从而不能为一个强有力的监管路径提供必要的信息分享，导致监管空白。

3. 跟随新的领导者

最后，作为一个很大程度上仍然依赖美国市场规模的输出路径，相互承认在促进美国证券规范全球化的过程中仍然乏力。在某种意义上而言，过渡到国外的标准，对一国监管机构和法域内的企业来说，需要大量的"沉没成本"。一旦标准被采纳，均衡的情况将少有阻碍，继而其他方面也都会形成公平局面。①然而，全球化是改变合作的成本效益计算的外源性因素。在全球化迅速发展的时候，国外监管机构转换为美国标准的意愿相对较低，因为进入美国市场的受益相对较低。其他地区的崛起意味着美国在面对全球地区时软实力、市场支配力和强制力的下降。因此，需增加更多有吸引力的条款，比如减少严苛的会员标准从而降低参与方的调整成本。

俱乐部中的承诺和协定也可能会随着时间的推移而发生背离。例如，如果美国提出的一项相互承认协定要求其他监管机构实行高水平执法和监督义务，在这种情况下，美国与其合作伙伴则会增加一笔经常性开支以投入资源到执法活动中去。此外，较高的监管标准使得各方的资本吸引力下降。该协议可能对那些明显受美国市场影响较小的合作监管伙伴有利。然而，如果美国资本市场的重要性大幅下降，合作的效益可能不足以阻止一个俱乐部伙伴与其承诺发生背离并投入更少的资源到执法活动和其他义务中去。

这些观察说明，在相互承认下确保权力的最好的长期手段是将法域覆盖到充满竞争力和活力的资本市场，正如在政府网络下的情况。同时伴随着监管标准的跨境推广。只有通过控制充满活力的资本市场，监管机构才能拥有软实力和金融影响力，从容应对来自其他对手的竞争。因此，即使根据相互承认原则，美国也必须继续为资本而竞争，从而吸引国外交易并保持信守俱乐部承诺的激励。

（三）政策的影响

通过前述观察，可以分析得出关于俱乐部权力和跨境融合的三个核心策略问题。

1. 俱乐部阵营是监管输出的工具

在最基本的层面上，SEC 的策略转变将可能提升自身输出美国法律的能力，这比之前基于政府网络的方式更为有效。

相对而言，监管网络是有吸引力的，因为他们对参与者的成本要求，即使有的话其实也很少。因此，广泛的合作是可能的，同时不需强加监督义务。

---

① Assume, for example, an instance where a small jurisdiction must adopt new accounting principles in order to enjoy mutual recognition. Such a requirement would effectively require firms in the jurisdiction to change their bookkeeping procedures, training for accountants, and perhaps even sanctions for non-compliant firms. Assuming that the jurisdiction nonetheless undergoes such reform, it is unlikely that, even if the United States dramatically declines in economic influence, the jurisdiction or its firms will then revert to the status quoante. Instead, the adoption of standards is primarily a distributive issue on the front end.

不过，网络制度在促进分配性问题的融合问题上，存在不稳定性。即使网络成员达成协议，协议的作用也极其有限，很容易被忽视。这些会导致他们在执行过程中的不均衡以及参与者的执行不力。

反之，政府俱乐部则改变了监管协调的获益状况。正如监管网络一样，俱乐部通过网络来促进共同问题的共同解决。但是，与政府监管网络不同的是，政府俱乐部可以采取强制性相对强的方式：通过监管协定和合作强化执行的压力，迫使其他监管者采用新技术，诸如成员标准。通过这些方式，政府俱乐部对监管者的法律产生更为深刻的影响，并且促进跨境监管的融合。

2. 标准统一的挑战

虽然政府俱乐部拥有相对较大的影响力，其活动区域可能会影响其强制措施的效果。正如上文提到的，在确保执法合作方面，政府俱乐部可能会比统一标准更有效。部分原因是实质性的统一需要耗费的成本比监管执法合作要多。另外，标准的统一会对相关法域国家在全球证券交易市场的地位产生负面影响。

因此，俱乐部促进实质性统一可能会不得不创造更多的效益来抵消其相对较高的潜在成本。MMOU 试图通过运行一个由许多监管参与者组成的关系网络来解决这个问题。拥有了众多成员，则规模优势就会通过共享操作程序和约定而实现。然而，因为这个方法涉及众多当事人，合作起来相比以双边或区域为基础的合作会更复杂。MMOU 的作用范围是有限的，这也许并不奇怪，而且这种手段似乎完全被作为了加强执法合作的工具。这也只能解决一少部分的实质性问题。

相互承认包括一种可替代的方法，它将优先标准下的监管合作与非法律性（市场）收益联系了起来。这种方式对俱乐部成员没有过高要求，这将有利于降低合作成本。不过，这一方法涉及一系列重要的利益权衡。如上所述，实质性问题必须通过谈判，而且俱乐部可能很难实现监管。因为局外人可能会通过与其他监管机构合作，重复获取俱乐部中由资本市场优先准入带来的利益。此外，由于美国市场逐步减弱的影响力，采取美国的标准来合作可能已经缺乏吸引力了。

所以，实质性的法律标准统一在国际证券监管问题中仍然处于"未解决"的合作困境。尽管相互承认改善了合作的效益。不过由于高昂的整合费用、市场压力以及各种监管压力，相互承认只能实现有限的监管融合。降低整合成本可能需要一种纯粹的承认形式而非一个实行严格统一准则的过程，从而使合作变得更具有吸引力。因此，除非采取其他强制性行动改变国际监管体系的基础，否则充分的市场自由化可能是实现有限统一的唯一方式。[①]

3. 一线希望

当前，政府网络和俱乐部作为监管标准输出和统一的途径都存在局限性，其带来的影响被许多评论家称为福利的减少。这种情况的存在是因为缺乏标准，意味着在多个法域经营时承担更高的效率成本。此外，企业的跨境经营能力表明，监管机构将会继续为了吸引交易而竞争，这有可能会涉及非最优或不符合标准的监管规则。[②]

然而，即使俱乐部能力有限，其仍然可能从全球利益的角度来获取大量的利益。首先，俱乐部能力足以引起监管机构行为的改变，这样的变化可能会产生明显的全球福利收益。正如上文提到的，绝大多数 IOSCO 成员将可以通过 MMOU 享受到优惠政策，而加强信息共享与合作使其成为可能。这些情况尤其会出现在大型市场的监管机构中。监管机构之间的合作许诺使得俱乐部成员更好地保留了其国内证券制度政策的可信性和高效率。各成员能更有力地实施其国内的证券欺诈法律，同时能够更容易地找到海外的证人、侵权人以及证据。

诚然，MMOU 可能仅为一些监管机构提供相对较少的优惠，特别是那些负责小型资本市场监管的机构。虽然他们能够从其同行那里享受执法合作的政策，但可能他们并不需要这些合作，因为在经济发展中，他们在证券市场中扮演的角色影响并不大。因此，对于一些监管机构来说，随着跨境监管框架的建立，其自身规模优势会进一步减少。尽管如此，经济学理论仍认为，MMOU 将会带来全球福利收益。在几乎每个国家中，证券市场的作用都越来越重要。拥有一个有能力的证券监管机构是维护证券市场信誉的关键。因此，更多的签署国将会从合作中受益，尽管因有些成员更倾向于低侵入性的合作而造成监管合作效益有所不同。不管怎样，MMOU 都为合作提供了一个建设

[①] Major reforms may additionally be required to secure compliance on the back end once rules are agreed upon. See Brummer, Financial Law, supra note 57 (arguing, inter alia, that reforms in institutional monitoring and surveillance may bolster compliance with international financial law).

[②] For the former view, see Fox, supra note t 1, at 1338-39 (arguing against issuer choice reforms because they would lead to significant under disclosure); for the latter view concerning the imperfections of governmental provision of law under even competitive conditions, see William W. Bratton &Joseph A. McCahery, The New Economics of Jurisdictional Competition: Devolutionary Federalism in a Second-Best World, 86 GEO. L.J. 201, 230 (1997) (noting that "competition may make [citizens] better off or worse off depending on a dynamic and complex mix of factors that competing governments cannot control").

性框架从而提升了全球市场治理的效益和效率。

与此同时，如果付诸实施，相互承认提供的全球福利可能不会如此明确，俱乐部的权利也可能不如预期。一方面，不同于一些 IOSCO 的成员为了维持利益和话语权而参加组织，MMOU 的签署成员将获得一些新的特别效益，确切地说，彼此投资者的优先权。因此，MMOU 框架下任何监管机构都没有比之前的状况变得更糟。然而，相互承认可能会使企业内化大量的经营成本，从而造成全球福利整体上的损失。例如，当相互承认制度仅仅涉及少数成员的标准时，企业可能会通过在监管宽松的法域内重新建立业务而规避那些甚至对其有益的规定。在某种程度上，企业规避投资者保护的规则，将导致全球福利受损。

从理论上讲，即使相互承认中采用更严格的实质性规则，那么一些风险仍会出现。在最佳状态下，相互承认促进其他持怀疑态度的监管机构采纳更严格且更高效的标准，从而提高全球福利。监管趋同也会降低监管竞争导致全球监管体系肢解的可能性。同时，当法律的同一性未在竞争中产生时，寻求最佳实践方案的需求也随之降低。[1]法律的同一性同时也会增加监管失误的风险。最后，如果相互承认中采用低效的规则，那么将对监管区域内的企业产生相当大的成本开支。[2]这样一来，监管制度统一的最终价值将体现在制度本身的优越性上。如果所采用的规则或方法不是最理想的，就会对监管区内的市场参与者产生消极的外部效应。

最终，从风险的角度，俱乐部可以促进合作基础上的全球福利。当然，在监管趋同的利益模糊不清时，俱乐部的强制性是最小的，并且这种有限的强制性抑制了无效规则和监管途径在海外输出的程度。反之，俱乐部将会在调整成本适中、理念一致的实质性规则中显示出最强有力的一面。在这样的情况下，俱乐部机制有助于通过国外监管机构选择法律进而促进其会员标准

---

① This argument, popularized by Roberta Romano in her criticism of regulatory monopolies, holds that where regulators wield total power over the promulgation of laws, they no longer need to be attentive to the needs of market participants. See Roberta Romano, The Need for Competition in International Securities Regulation, 2 THEORETICAL INQ. L. 387, 392-93 (2001). For example, where regulators enjoy power over the market, they have the power to govern markets in a way that either extracts rents from firms or insulates regulators from responsive governance and accountability.

② This argument, popularized by Roberta Romano in her criticism of regulatory monopolies, holds that where regulators wield total power over the promulgation of laws, they no longer need to be attentive to the needs of market participants. See Roberta Romano, The Need for Competition in International Securities Regulation, 2 THEORETICAL INQ. L. 387, 392-93 (2001). For example, where regulators enjoy power over the market, they have the power to govern markets in a way that either extracts rents from firms or insulates regulators from responsive governance and accountability.

的采纳实施。

结　论

　　本文为了解 SEC 在经济影响力衰减时代下的外交手段提供了一个跨学科间的结构框架。同时，也为证券法和国际关系的研究做出了新的贡献。

（一）证券法层面

　　一直以来，学者认为 SEC 在国内和国际证券法规则条款制定中扮演着监管垄断者的角色。最近的学术研究表明，传统上占统治地位的监管机构如SEC，也不得不通过提供有吸引力的证券法规来争取更多的交易，因为国外市场已经变得更加具有经济重要性。本文的研究已形成了一个监管垄断——监管竞争的二元框架，以更好地描述 SEC 的监管权力

　　为此，本文呈现并分析了 SEC 的外交手段和工具，以及在这些工具中，SEC 和监管机构是如何能够以合作的方式遏制企业选择法律并且削弱其他监管机构单独监管的激励。通过此类合作，SEC 能够利用信息共享机制增强其监管制度作为国际统一监管标准的可能性。由于采纳新标准的巨额调整费用以及其他利益不均等的情况，政府俱乐部的监管影响力是有限的，但是与证券法的实质性统一相比，其对于保证执法合作方面的协调统一可能更加有效。

（二）国际关系和国际法层面

　　本文还对跨政府主义进行了运用，这种观念在当代国际关系和国际法学中颇为受宠。这种观点将监管机构之间的非正式合作视为一种无摩擦的、很大程度上的自我实施行为。这表明该领域学者低估了复杂策略动态对国际标准制定的影响。因此，理论研究者们错误地判断了现有监管网络对跨境监管统一的影响。

　　本文也研究了美国证券监管机构是如何认识到这些限制并且逐渐转变为"政府俱乐部"的，通过俱乐部可以促进成员的政策选择。然而，政府俱乐部的有效性很大程度上却取决于其适用范围。在促进监管执法协作方面，俱乐部更容易成功，而在排除会员、替代性竞争对手、国外日趋发展的市场等因素方面，俱乐部则面临困难。在此两种情况下，其他区域市场的崛起表明，

政府俱乐部可能仅为监管机构提供暂时的支持，而长期持续的证券监管输出能力则将依赖于国内资本市场的竞争力。

（本文编辑：方芳、剑斌）

国际法体系的全景梳理与方法指引

——评贾恩·克莱伯斯力作《国际法》

李彦　马冉*

内容摘要：贾恩·克莱伯斯的心血之作《国际法》，是一部适合作为教材认真研读的著作。无论从宏观层面还是微观层面研读，该书均具有启发性：宏观上，该书以国际法研究逻辑为指引对国际法进行梳理；微观上，以丰富的资料为基础综合运用跨学科研究方法和案例分析方法探究国际法研究逻辑和方法。但是，从一般教材所应具备的特征来看，本书可能仍存在一些值得商榷的问题。

关键词：国际法；全景梳理；方法指引

近十年来，国际法研究事业蓬勃发展。新领域的出现，使研究的问题更深入、复杂，新著作急剧增多，也日益艰涩。对于国际法的学习者，尤其是新入门的学习者，面对浩如烟海的国际法著作，如何选择一本深度适中、能引起共鸣的教材是个难题。继《国际组织法概论》等巨著之后，著名国际法学家贾恩·克莱伯斯（Jan Klabbers）基于近半生教学实践的心血之作《国际

* 作者简介：李彦，武汉大学法学院国际法所博士生；马冉，郑州大学法学院副教授。

本文系郑州大学 2014 年度校级教学改革一般项目"河南省高校卓越法律人才培养与国际法专业课教学改革研究"（2014XJGLX108）阶段性成果。

法》①，正是一部适合作为教材认真研读的著作。

　　贾恩·克莱伯斯于 2009 年执笔撰写至 2012 年 5 月成书，耗时近三载，贾恩本人把本书定位为一部国际法教材（第 XXI 页）。本书的出版引起了巨大反响，被赞誉为"国际法学习的一部里程碑式著作"（第 I 页）。相对于国内教材而言，本书特点鲜明，研究方法独到，有诸多值得称道之处；相对于同类的外文国际法著作，本书少了些对特定问题的深入研究，更注重对所述国际法领域理论问题的梳理与介绍，以及实践问题的归纳与点评。虽在体系架构、内容设置上略显中规中矩，但客观来说，教材本身是为学生深入学习国际法打下基础，是奠基性的而非开创性的，故而作为教材，本书的中规中矩恰到好处。总体来说，作为一部国际法教材，本书无疑是呕心沥血之作，它从宏观上为读者展示了一个完整的国际法体系，而且在具体层面上精雕细琢分析了国际法存在的必要性及合理性。然而，无论是相对国内教材还是国外教材，本书都存在一些值得商榷的问题。笔者通读全书，获益匪浅，拟从三个方面对本书作粗陋的评价，以飨读者。

一、宏观架构：逻辑引导梳理全景

　　作为一本国际法教材，首要任务应是使读者对国际法有一个全方位的基本认识，因此，完整且重点突出的体系架构显得尤其重要。本书的体系架构和具体章节分配都遵循着严密的逻辑，为读者展示了完整且清晰的国际法图景。

　　国际法有效的学习，需要解决四个问题：第一，国际法从何而来（即国际法的渊源）；第二，国际法适用于哪类实体或个人（即国际法的主体）；第三，国际法在争端发生时扮演什么角色（即国际法在争端解决中的作用）；第四，国际法具体包括了什么内容（即国际法的实质内容）。本书以上述四个问题为主线分为三个部分，向读者展示了一幅囊括国际法全部内容的图景，这三个部分之间遵循着必然的逻辑先后顺序：第一部分国际法的构成（The

---

　　① 贾恩·克莱伯斯（Jan Klabbers），赫尔辛基大学的国际组织法教授，从事国际法研究二十余年，其对所谓国际法"软法性"的批判、对国际法教育方法的思考备受关注，尤其是其对国际组织法基本问题的研究受到国际社会的一致认可，并因此被视为国际组织法的专家。代表作有：《国际组织法概论》《国际组织法研究手册》《国际法上条约的概念》《国际法的宪法化》《国际法和法学教育》等。See Jan Klabbers, International Law（Cambridge: Cambridge University Press, 2013）, p. II.

Structure of International Law）是全书的总论，分别对国际法的背景、渊源、主体、管辖、权力和豁免、法律责任、国际法院和法庭、制裁、反措施和集体安全进行了分析阐述，回答了前三个问题，对国际法基础理论的剖析较为详尽，所占篇幅几乎是全书的一半；第二部分国际法的实质（The Substance of International Law）是本书的分论部分，简要论述国际法的部门法——使用武力，武装冲突法，国际刑法，海洋、空间法，环境保护法和国际经济法，该部分回答了第四个问题；第三部分国际法的外围（The Surroundings of International Law）研究国内法院及其与国际法的关系，国际法的政治性和国际道德与全球治理，是对第一部分和第二部分的延续，强调国际法并非独立存在，其与国内法律体系、全球治理、政治及全球性事务密不可分。"这种体系架构，即使不一定被所有国际法学专家所肯定，也至少表明了在国际法不成体系的前提下对于相关规范与机制进行分类和归纳的努力。"①本书上述三部分各自内部亦遵循着国际法研究逻辑：国际法逻辑讲究从概念到规则，或从制度到规则，作者从国际法上相关概念或制度出发，研究具体的国际法规则，是对国际法逻辑的演绎。由于这种逻辑更多地涉及微观上的研究方法，笔者将在下文中予以论述。

　　由于第二部分本身涉及国际法的多个部门，作为一部教材，作者不可能详尽研究每一国际法部门；第三部分的作用也主要在于说明国际法研究方法上的考虑，因此，本书研究的重心在第一部分，以国际法逻辑为指引浓墨重彩地研究国际法基础理论，以为国际法部门法的学习打下坚实的理论基础。

二、微观铺陈：方法指引

（一）理论结合实践：跨学科研究

　　本书对国际法的研究重视基础理论结合相关国际实践，并采用跨学科研究方法探讨影响国际法的因素。

1. 理论与实践的完美对接

　　如上所述，本书总论几乎占了全书的一半篇幅，可以见得本书对国际法

---

① 何志鹏：《国际法学通论性英语著作的比较分析》，载《国际法研究》2015 年第 2 期。

基础理论的重视。可贵的是，本书对理论的研究并非纯粹的说理，而通常以国际司法实践如国际法院（以下简称 ICJ）的判决、欧盟人权法院判决（以下简称 ECtHR）、联邦法院判决等为论据。结合相关实践研究国际法基础理论，是实证主义的研究方法，有着深刻的学科背景和必要性。众所周知，社会科学理论不是一成不变的，随着实践的发展，国际法理论体系将纳入更多内容，这些理论产生于何种国际实践并非完全一致，结合实践研究国际法理论意味着不仅可以从源头探究国际法理论产生的背景和历程，而且可以在具体实践中检验理论在新的国际法实践中的适用是否存在问题、是否有所突破及是否符合国际法的现实需要。例如，作者在论述作为国际法渊源的国际习惯法时，不仅研究国际习惯法的构成要素，还突破传统教材模式，结合相关实践深入研究国际习惯法的具体要求：（1）形成国际习惯法所需国家实践的数量。通过对美国联邦最高法院在"古巴渔船案"（Paquete Habana）中判决的分析，作者提出："形成国际习惯法需要诸多国家的实践和法律确信。但事实上，形成国际习惯需要的国家实践的数量非常有限，尤其是在海洋时代至少应包括当时地位最重要国家的实践"（第 30 页）。（2）如何避免国际习惯法适用于本国？通过 ICJ 对 1951 年"英国挪威渔业案"（Anglo-Noraegian Fisheries）的判决，作者进一步提出："国家的持续反对能够阻止习惯国际法对本国的适用"（第 30 页）。（3）何种国家行为确认国际习惯法的存在？通过 ICJ 对"尼加拉瓜案"（Nicaragua）的判决，作者指出："应根据国家口头的持续遵守，而不是国家实际的行为确认国际习惯法的存在。"（第 32 页）（4）形成国际习惯法是否要求国家行为合法？1945 年美国总统杜鲁门声明："从美国海岸上延伸的大陆架的海床和底土自然资源属于美国，美国对它们有管辖权。"这一声明在当时是不符合国际法的，直到 ICJ 在 1969 年的"北海大陆架案"（North Sea Continental Shelf）的判决中承认沿岸国对大陆架享有"固有"权利，确立了新的大陆架规则（第 33～34 页）。

另外，作者从历史的角度说明规则产生的背景、规则制定者的原始考虑和实际应用中可能存在的问题。例如，就 ICJ 的强制管辖权而言，作者指出："规约起草者最初确信规约将被普遍接受，ICJ 必然享有强制管辖权，但是实践中即使联合国成员方均接受了 ICJ 强制管辖权，ICJ 也可能无法行使管辖权。例如，A 国于 2002 年 2 月 1 日宣布接受强制管辖，B 国于 2008 年 2 月 1 日宣布接受强制管辖，那么在 2001 年 2 月 1 日到 2008 年 2 月 1 日之前发生的争端，B 国可以主张其不接受 ICJ 的管辖"（第 151 页）。

2. **跨学科视阈**

在内容上，本书重视国际法基本理论与实践的结合；在研究方法上，考虑到全球一体化和国际经济发展客观现实，对国际法的考量也越来越需要结合其他学科，本书结合国际法发展实践，运用了跨学科分析方法研究与国际法密切相关的因素。

国际法的政治性、国际道德和全球治理：本书第十七章从全球治理对国际法政治性的挑战和国际道德对国际法的影响视阈来研究。本章在探究全球治理对国际法的影响时指出："国际法是全球治理的一部分，但是全球治理不仅包括国际法还包括政府和其他组织的实践。全球治理对国际法的主要挑战是如何建立规范和控制公共权力体系。全球治理带来的另一挑战与国际法的政治性相关。"（第 304～307 页）作者把国际法与相关因素结合研究，是有科学依据的。有人曾极端地指出："国际法乃屠龙之术，法学家绞尽脑汁也抵不过政治家的金钱与大棒。"[1]这种说法虽然具有一定的绝对性，但在一定程度上说明了国际政治与国际法的关系。传统理论认为法律的产生和发展与政治密不可分，原因在于：近代国际法基本上是西方国家的产物，因此，其自产生以来就具有强烈的权力政治色彩；国际法的发展也蕴含着复杂的政治博弈，各国政治力量对比、大国权力导向、利益集团分化，都使国际法具有政治色彩。本书则突破传统，认为国际法固有政治性的原因在于：一方面，法律必然基于社会现实发挥作用；另一方面，法律应引导人的行为，国际法应引导国家的行为，国际法的适用不仅要求社会基础，而且要求规范要素，但事实上，这两个要素很难同时具备，因此，国际法的适用具有不确定性，即在特定的情形符合国际法的行为在其他情况下可能不合法。所以，国际法被视为解决实质问题的框架，是国家及其他实体用于表达其对于"美好生活"看法的具有政治性的学科（第 308 页）。作者强调国际法具有政治性的原因是国际法主体应对国际社会现实的需要，国际法的社会基础和规范要素很难同时具备，使得国际法的效力和作用并不总是确定的，甚至以国际法解决问题并不总是公平的，所以，为使国际法更好地发挥作用，国际法实体需要借助政治力量影响国际法。国际法的产生和发展还经历了与国际道德的博弈：19 世纪

---

[1] 何其生主编：《珞珈国际法：学人与学问》，武汉大学出版社 2011 年版，第 20 页。

英国分析学派创始人奥斯汀就认为："国际法只能成为实定的国际道德，它不是正确意义上的国际法。"[1]现在，绝大多数国际法学者认为国际法具有"软法性"，其与国际道德相互联系，有学者直接指出："国际社会成员相互间不仅负有法律义务，还负有道德义务。"[2]本书中作者鲜明地指出："全球性事务应依规则、有组织运行，国际法行为体应确信并一致遵守国际法规范，但事实并非如此，这给国际道德以适用空间。例如，联合国对卢旺达种族灭绝的不作为可能是不符合国际道德的，但很难说联合国就违反了国际法，这样的例子不胜枚举，问题就在于规则赋予主体的自由裁量权是不确定的。"（第309～310页）也就是说，国际法规则在适用上具有不确定性，这种不确定赋予国际法主体以自由裁量权，而这种裁量权的界限需要国际道德来衡量。作者的研究可谓一针见血，直指国际法和国际道德关系的根本：本质上，国际法和国际道德均属于义务性规范，但是，国际道德在国际法之外发生作用，在国际法规则不确定时用以判断规则的适用范围，国际法规则也在一定程度上体现了国际道德的价值判断，例如，国际法禁止种族灭绝，不可否认的是，人类道德价值也反对种族灭绝。

作者以跨学科视阈研究国际法，不仅厘清了国际法和相关学科的关系，也表达了其二十年教学经验的精华，即国际法的学习与其他学科不是截然分离而是相互影响的，做研究应突破领域界限有所创新。事实上，跨学科分析对于开展国际法创新性研究具有重要意义，作者对既有国际法理论和相关实践进行跨学科解析本身就是创新。另外，作者以跨学科的视角对相关因素的全面考量，与国际法日益多元化的发展趋势一致，这种长远的考虑不仅使本书不会因实践的变化而落后，还可能因其给国际法学习者以方法上的指引而成为国际法学习的必读书目。

（二）材料丰富：案例分析方法

1. 丰富的材料支撑

国际法是一门社会科学，社会科学的研究需要占有和掌握丰富的材料，"科学研究需要材料，就像人类生活需要粮食一样，没有丰富的材料（特别是

---

① 李浩培：《国际法的概念和渊源》，贵州人民出版社 1994 年版，第 43 页。
② Thomas M. Frank, Fairness in International Law and International Institutions (Oxford University Press, 1995), p.11.

第一手材料）作基础，何谈研究！"①占有材料是科学研究的前提，但一部好的著作应建立在对材料的掌握和分析的基础上，同时研究的逻辑非常重要。本书的论证建立在大量相关资料的基础上，本书正文不过三百页，而所涉引文和注释多达九百五十处，所列文献和附录多达三十余页。在本书中，作者有意识地援引那些较易获取的条约或者资料（条约、ICJ 决议和报告、国际组织报告和年度报告、ECtHR 决议等），作者特别在引言中指出："本书所引用的重要条约多可在《布莱克.司多恩国际法文件集》中找到；本书所涉众多ICJ 决议和报告、国际组织报告和年度报告、ECtHR 决议等，可以在相关法院或组织网站中找到。"（第 XXII 页）作者明确指出材料的源头，是查找资料方法上的指引。科学研究必须有丰富的材料支撑，本书显然具备丰富的材料，更难能可贵的是，作者没有简单地堆砌材料，而是掌握材料、分析材料，使材料充分服务于作者的创新性研究。

2. 案例分析方法

国际法本身的所谓"软法"特征，使国际法有别于国内法，在效力上有不确定性，因此，国际法上存在诸多问题有待在实践中探明。在本书中，作者以丰富的材料为支撑，在缜密的国际法逻辑之下，广泛地运用了案例分析方法研究国际法理论。具体地，作者以国际法院或法庭及欧盟法院等的判决为切入点，分析它们对国际法问题的意见，探究问题的一般意义和国际社会的价值取向。例如，在论及国内法与国际法的关系时，作者以欧盟为例，指出："欧盟法常常与一般意义的国际法不同的原因在于欧盟法转化为国内法是基于欧盟法的规定而非国际法，欧盟具有独特的法律秩序。欧盟法可以直接适用于成员国，成员国不需另外采取措施纳入欧盟法。在欧盟'卡迪案'（Kadi and Al Barakaat v. Council and Comission）中，欧盟法院废止了执行安理会决议的欧盟相关措施，法院认为这些措施未能保障欧盟宪法下的人权。该案给成员国创设了一个进退两难的境况——欧盟法优于国际法。"（第 297～300 页）事实上，该案对于限制安理会的权利也有重要意义，"欧洲法院判决必将促使安理会今后通过相关决议时注意人权的保护，以增强安理会决议的合法性"②。作者在选取案例时有不同以往的用意，作者对欧盟"卡迪案"的分析并非通常见到的国际法优于国内法的实证，而是提出了两者矛盾时，国内

---

① 梁西、宋连斌：《法学教育方法》，武汉大学出版社 2009 年版，第 65 页。
② 陈海明：《卡迪案及其对国际法的意义》，载《太平洋学报》2010 年第 1 期。

法对国际法的纠正，欧盟法与一般国内法相比具有适用上的特殊性，作者对欧盟法在国际法上的特殊地位本身是否合理未给出明确答案，但是，通过案例指明国际法和国内法关系在具体实践中出现的不可调和的矛盾无疑是有创见的研究方法。应该说，作者所借以佐证理论的案例及其分析，已远超其所欲辨明的问题的范围，这实际上是作者对传统案例分析方法的突破和创新。不可否认，案例分析方法在国际法上较为常见，运用案例分析方法本身并不是创新，但是，作者对案例分析方法的运用所体现的国际法研究逻辑本身也是一种方法，这是作者的独到思考。

在本书中，这种案例分析方法随处可见。例如，作者在研究国际法院的强制管辖权的要素时指出："ICJ 管辖的前提是争端双方均接受国际法院的管辖。成员方同意将案件提交 ICJ 解决，ICJ 才行使管辖权。"（第 149 页）也就是说，ICJ 行使管辖权的第一要素是国家的明示或默示同意，那么，如何判断国家是否同意 ICJ 的管辖？对此作者以 1978 年希腊和土耳其"爱琴海大陆架案"（Aegean Sea Continental Shelf）为例予以论证。希、土两国大陆架争议由来已久且久持不下，双方在 1975 年的谈判中最终初步达成同意：建议大陆架争端应交由"在海牙的国际法院"解决，若其他事项正在尝试解决但注定失败的情况下可以考虑提交国际法院。1976 年希腊在谈判仍在进行时，单方将争端提交 ICJ。ICJ 认为双方在谈判中达成的同意用语模糊，无法确定双方有将案件提交 ICJ 管辖的意图。据此，ICJ 的管辖依赖争端双方可推知的将案件提交 ICJ 的意思，如果 ICJ 无法确定双方是否具有同意的意思，ICJ 则无强制管辖权。除此，ICJ 指出："如果双方确实承诺将争端提交 ICJ，那么，双方的承诺意图就不重要。在'卡塔尔诉巴林岛案'（Maritime Delimitation and Territorial Questions between Qatar and Bahrain）中，ICJ 就认为即使一方否认，双方均承诺接受法院管辖，ICJ 亦有管辖权。"（第 149 页）因此，同意或接受管辖的意图并非在任何情况下都是确定 ICJ 强制管辖权的体素，只有在双方是否确定承诺将争端提交 ICJ 这一事实无法判断时才需要判断同意的意图。考虑到："如果国家的真实意图并非将争端提交 ICJ，国家可能不尊重甚至违反与国家利益不一致的判决，因此，有时确定 ICJ 没有管辖权比判决得不到遵守更好。"（第 149 页）作者在选取案例时突破国家同意这一要素研究 ICJ 强制管辖权，侧重探究国家同意的意图。国际刑事法院（以下简称 ICC）虽然获得了对苏丹总统的管辖权，但是，ICC 贸然发出对苏丹总统的逮捕令，是欠妥当的行为，这很容易造成该逮捕令以及相关的其他裁决无法执行的困境，从而损害 ICC 的国际形象，危及其自身裁决的国际执行力。同理，若国家没有将争端提交 ICJ 管辖的意图，ICJ 的判决亦可能面临执行困境等问题，甚至可能因此降低成员国对 ICJ 的信任度。

三、待探讨的问题

如上所述，本书有着诸多可取之处，但世界上没有绝对的真理，也没有不存在任何缺点的书，本书亦有缺憾或者待商榷之处。

（一）缺憾之所在

本书一个缺憾是由于篇幅所限，对个别问题的研究缺失必要的说明。全书不过三百余页却几乎涉及国际法各个部门，可以想见本书无法详尽论述每一个问题。作者对第一部分的重点研究和对第二部分国际法各部门的相对概括论述，是本书对所研究问题详略的取舍。但是，对个别基本问题的忽略应该说是本书的缺憾。例如，本书对条约法做了较为全面的研究，但是对条约作为国际法最基本渊源的论述只有寥寥数语，仅仅强调《维也纳条约法公约》是对以往条约规则的继承和总结，对于何种条约是国际法渊源及何谓国际法渊源只字未提。事实上，条约作为国际法渊源有许多问题值得讨论，比如，是否所有的国际条约均能作为国际法的渊源，条约作为国际法渊源的前提条件等。一般来讲，没有一般约束力的条约不能作为国际法渊源；只有那些缔约方较多或者包含了当时主要国家的成为一般国际法规范的条约才能被视为国际法渊源。[①]简而言之，立法性条约（又称造法性条约）才是国际法的渊源。[②]另外，就国际法渊源概念而言，本书仅指出"国际法源于主权国家自由意志的表达，源于国际法主体的行动"（第 24 页），这回答了国际法渊源形成的根本问题，却忽略了对国际法渊源具体内涵的研究。事实上对具体概念区分很必要，比如，应把国际法的渊源理解为国际法的形式、形成程序还是国际法第一次出现的地方。周鲠生、李浩培和邵津等认为国际法的渊源是国际法形成的方式和程序，王铁崖则认为国际法的渊源是国际法原则、

---

① 参见周鲠生：《国际法》，武汉大学出版社 2009 年版，第 11~12 页。
② 李浩培：《国际法的概念和渊源》，贵州人民出版社 1994 年版，第 66 页。

规则和规章、制度第一次出现的地方。[①]笔者认为把国际法的渊源理解为国际法的形式或形成程序更为适宜。本书对概念的忽视，可能对深入理解国际法渊源产生障碍。

需要指出的是，本书体系中缺失国际组织法一章。国际组织法是一个博大精深的法律部门，作为国际组织法的专家作者可能有其考虑，但是，就教科书而言，方法上的引导固然重要，面上的普及也必不可少，因此，缺失国际组织法的介绍应该说是本书的缺憾。

（二）商榷之所在

仅仅以传统"一元论"和"二元论"理论之争研究国际法和国内法的关系是否与实践脱节有待商榷。本书将"一元论"和"二元论"与国际政治、国际法的道德性及全球治理一并归入国际法的"相关事物"（the Surroundings of International Law）。[②]在新的现实情况下以"一元论"和"二元论"关系为基础研究国际法和国内法的关系可能仍有其合理性和必要性，但是，这似乎与国际社会的现实和国际法的发展存在一定的脱节之处。随着全球化的进一步深入，国际法的研究范围也不断扩大，国际法与国内法的关系也被赋予了新的时代内涵，传统"一元论"和"二元论"对主权的过分关注面临新的问题。"国际法与国内法的关系呈现多元化趋势……国家主权学说不得不面对国际法领域出现的新问题做出适当的调整。"[③]"国际法与国内法关系发生了显著变化。主要体现在出现了一些新的独立的国际组织……国际人权保护的范围不断扩大，使主权国家承担了前所未有的保障人权的责任。"[④]多元化的世界要求多元化的生产关系与之相适应，以传统的"一元"和"二元"法律关系论研究国际法与国内法的关系，从一定程度上说是落后于时代发展步伐的。

亨金认为"一元论"与"二元论"之间的区别只是理论上和观念上的……

---

① 周鲠生：《国际法》，武汉大学出版社 2009 年版，第 10 页；李浩培：《国际法的概念和渊源》，贵州人民出版社 1994 年版，第 65 页；邵津：《国际法》，北京大学出版社、高等教育出版社 2003 年版，第 12 页。王铁崖：《国际法引论》，法律出版社 1995 年版，第 10 页。

② 笔者对作者将"一元论"和"二元论"与国际政治、国际法的道德性及全球治理一并归入国际法的"相关事物"存在疑惑，将此问题请教于作者本人，有幸得到作者答复，他指出："我使用'surroundings'一词，意在表达国际法不是独立存在的，而是与国内法、国际政治等相关。把'二元论'和'一元论'置于第 16 章，可能有失偏颇，因为'二元论'本身即认为国际法和国内法完全是两个不同的体系，把国内法视为国际法的外围可能并不恰当，但我的本意不在于引起更深的理论之争。"

③ 莫纪宏：《论国际法与国内法关系的新动向》，载《世界经济与政治》2001 年第 4 期。

④ 杨华：《国际法与国内法关系的主权论》，载《时代法学》2013 年第 3 期。

作为国家体系的特征看来在解决"一元论"和"二元论"之间大的概念争议，或该争议的任何特别适用问题方面，没有什么意义……总体上，没有一个国家要求其他国家信奉"一元论"，也无任何国家自己适用严格的"一元论"，对待国际法的态度由一国的国内法制度及其法理学决定。[①]总的来说，虽然"一元论"和"二元论"是国际法上极其重要的理论，但不可否认，现代国际法实践既不完全奉行"一元论"也不完全奉行"二元论"，使得"一元论"和"二元论"之争逐渐缺失了可作用的国际法实践，在一定程度上也不足以说明国际法和国内法的多元关系了。

三、结语

纵观全书，无疑是一本具有启发性和创新性的国际法教科书。作者将对教学的热爱和对教学方法的深刻思考融汇在本书中，使本书不仅为读者展示了国际法的全景，而且为读者运用国际法逻辑和方法研究和学习国际法提供了指引。国际法的研究离不开国际法逻辑，本书从体系架构上到具体章节的研究都遵循着严密的国际法逻辑，这是本书的启发性之所在。国际法的研究和其他人文学科的研究一样需要不断创新，近年来国际法学人们尤其看重理论结合实际的跨学科分析方法，本书结合相关学科研究国际法不仅厘清了国际法和相关学科的关系，也表达了国际法的学习与其他学科不是截然分离的而是相互影响的，做研究应突破传统研究方法有所创新的思想，是对国际法学习者方法上的指引。案例分析方法是国际法研究中较为传统的方法，本书却推陈出新以丰富的案例材料为基础并遵循严密的国际法逻辑研究分析案例并得出结论，这些结论又往往是国际法上有效的理论，因此，本书对国际法的探究可谓言之凿凿入木三分。但是，本书仍然存在一些缺憾和值得商榷之处，例如，部分问题浅尝辄止，没有深入研究，个别问题有待商榷，可能引起不必要的困惑。笔者通过不成熟的研究作粗浅的评述，浅陋之处，敬请读者不吝赐教。

---

① 参见[美]路易斯·亨金：《国际法：政治与价值》，张乃根等译，中国政法大学出版社 2005 年版，第 93～95 页。

A Panoramic View of the International Law System and the Guidance of Research Methods
—A Review of International Law Written by Jan Klabbers

Li Yan; Ma Ran

Abstract: International Law written by Jane Klabbers diligently is a book fit for read as a textbook. Either from the macro level or from the micro level, it is an instructive book: from the macro level, the book combed international law with the logic of international law; from the micro level, the book used the method of interdisciplinary research and case analysis to explore the research logic and method of international law on the basis of abundant materials. However, from the perspective of the characteristics of textbooks should have, there are some questionable issues should be considered in this book.

Keywords: international law; a panoramic view; guidance of research methods

（本文编辑：梁金马）

of interdisciplinary research and case analysis to explore the research logic and
method of international law on the basis of abundant materials. However, from
the perspective of the characteristics of textbooks, should have, there are some
questionable issues, should be considered in this book.

Keywords: international law; a panoramic view; guidance of research

国际商法学基础理论的新探索

——评宋阳博士新著《国际商法与国内法关系问题研究》

郭德香[*]

新年伊始，宋阳博士的学术专著《国际商法与国内法关系问题研究》终于在法律出版社出版了。[①]该书可以说是国内为数不多专门研究国际商法基础理论的学术著述之一。此著以"国际商法与国内法关系"为研究题目，粗看之下是以老生常谈的国际法与国内法之间的静态关系为研究对象，似乎平淡无奇没有多少新意。但如果我们静下心来，投入时间仔细研读其内容，才知道这本书内部颇有"山重水复疑无路，柳暗花明又一村"的意味。从研究内容上来看，这本书可以说完全是一个全新的研究。

一、该书选题的缘起

从施米托夫、戈德曼到伯格，西方的国际商法学者一般认为国际商法是一个自治的法律体系，是一个独立于国际法和国内法的第三法律秩序。国内学者对国际商法的理论研究还不够深入和系统。总体上说，国际商法学界和商法学界的观点有细微上的差异，但总体上也倾向于认为商法具有自治法的根本属性。例如，根据国际商法学界的主流学说，国际商法的自治路径和国

---

* 郭德香，郑州大学法学院教授，博士生导师。

① 宋阳：《国际商法与国内法关系问题研究》，法律出版社 2016 年版。

际商法的第三秩序论是国际商法赖以存在和发展的前提。①而国内的商法学界在谈及商法的渊源时虽然没有直接论及商法统一的路径问题，但也多倾向于承认商法的自治性。②但是，宋阳博士并不认同该观点，并对这种主流的学说理论提出了强有力的挑战与商榷。这便构成了宋博士论文的研究起点。

宋阳博士认为，在国际商法的三大渊源——国际商事条约、国际商事惯例和国际商事重述中只有国际商事惯例具有自治性，但是在构建统一的国际商法体系的过程中，自治性国际商事惯例所能发挥的作用极为有限，甚至国际商事惯例的自治性特征与国际商法的统一性之间存在着根本性冲突。因此，强调国际商法的自治性和独立性，不但与事实不符，而且最终会使国际商法和国际商法学走入自相矛盾的死胡同。宋博士在文中对经典的国际商法自治性和独立性理论提出学理上的商榷，并提出国际商法统一的路径应是条约为主惯例为辅的实践主张。

应该说，宋阳博士率直地提出对经典理论的质疑，建立起自己的分析框架，并运用较为翔实的学理和实证资料进行了论证。这本身就是一个很有新意的研究设想和论证过程，会促使人们进一步思考国际商法自治性和独立性的内涵和价值，也启发人们去探索国际商法与国内法的关系。

二、该书的选题意义

国际商法既是一个旧的学科，又是一个新的学科。说其是旧的学科，早在古希腊和古罗马时期跨国商事交易就已然非常发达，那时便已然出现了国际商法体系的雏形，在古希腊的古文献中就有人提及了国际商法学说③，从时间上看远远早于国际经济法出现的时间。说其是新的学科，是由于在我国，

① 参见左海聪：《国际商法》，法律出版社2013年版。向前：《国际商法自治性研究》，法律出版社2011年版。姜世波：《国际商法专论》，中国人民公安大学出版社2006年版。郑远民：《国际商事习惯法发展趋势研究》，湖南人民出版社2010年版。等等。

② 参见王保树：《商法学》，北京大学出版社2011年版，第18页。该书认为商法的习惯法和自治法是不同的概念，其中自治法应该优先于国家制定法来进行适用。又如张力：《商法的法源分析》，载《浙江社会科学》2014年第3期。该文认为：商事习惯法采用了灵活性与法律严肃性相适应，方便商事关系当事人直接参与找法、适用法的编纂形式。商人阶层整体既是立法者，又是所立之法的保护对象，同时还是司法活动的主持者。应大力限制具有官商背景的行业主管部门立法。同时以"私人的法典编纂""逐步编纂化"、基于商人结合的法律自助形成机制（商业组织自治规则）、商业习惯与判例的法律化的条件，国际商法的国内适用，形成基本规定。

③ Paul Vinogradoff, Historical Types of International Law, Clarendon Press,1928.

长期以来国际商法这个学科一直就被划归到了国际经济法名下，不是一个独立的学科。①是否应当将国际商法从国际经济法中独立出来？独立的理由是什么？如果作为一个法律部门，国际商法的性质到底是什么？这些都是研究国际商法学者不得不回答的问题。

长久以来，主张将国际商法独立出来的最大呼声和支持者来自"新商人法"（New Lex Mercatoria）学派。该学派是第二次世界大战结束后产生并逐渐兴盛起来的，以英国的克里夫·施米托夫和法国的波索尔德·戈德曼为奠基人。②他们坚信国际商法最核心的渊源是起源于商人之间自发产生的商事惯例，这是一种独立于国家立法之外的第三类法律秩序。从历史渊源上来看，中世纪时期的商人法庭所适用的正是这种"自治性规则"。只是到了近代，由于民族国家的兴起才导致自治性的国际商事惯例逐渐式微得不到适用。今天，人们应该重新发现商法的国际性和自治性，适用世界所有商事活动主体所共同接受的"法律规则体系"。20世纪70年代，著名法学家哈罗德·伯尔曼从法律史学的角度支持了这种观点，从而为新商人法学说的发展奠定了历史正当性基础。③到20世纪80年代和90年代，一大批学者从各个角度开始完善新商人法的学说体系：例如里昂·特拉克曼提出法律的自我演化学说和法律自创生理论，试图为商人法寻找动力来源和适用依据。④又如布鲁斯·本森从法律的制定和执行角度论证了非国家法与国家法的相互竞争关系，从侧面强调了适用自治性惯例对正义的实现作用。⑤罗伯特·库特和贡塔·托依布纳则分别从经济学和社会学的角度对惯例在司法中发挥的作用进行了分析。⑥到21世纪，国内学者开始成体系地引入西方的这种理论并加以介绍，

① 参见高尔森、程宝库：《论涉外经济法的部门划分》，载《南开学报》2000 年第 4 期。又见陈安：《评对国际经济法学科的几种误解》，载《东南学术》1999 年第 3 期。

② Clive Schmitthoff, Unification or Harmonisation of Law by Means of Standard Contracts and General Conditions, International and Comparative Law Quarterly, Vol.17, 1968(3). Berthold Goldman, Frontires du droit et lex mercatoria, Archives De Philosophie Du Droit, Vol.9, 1964.

③ Harold J. Berman & Colin Kaufman, The Law of International Commercial Transactions (Lex Mercatoria), Harvard International Law Journal, Vol.19, 1978(1).

④ Leon E.Trakman, The Law Merchant: The Evolution of Commercial Law, Fred B. Rothman&Co., 1983.

⑤ Bruce Benson, The Enterprise of Law: The Justice Without the State , Pacific Research Institute Publishing, 1990.Bruce L Benson, The Spontaneous Evolution of Cyber Law: Norms, Property Rights, Contracting, Dispute Resolution and Enforcement Without The State, Journal of Law, Economics and Policy, Vol.1, 2005(2).

⑥ Robert Cooter, Decentralized law for a complex economy: the structure approach to adjudicating the new law merchant. University of Pennsylvania Law Review, Vol.144,1996(5).Gunther Teubner, Breaking Frames: The Global Interplay of Legal and Social Systems, American Journal of Comparative Law, Vol.45, 1997(1). Gunther Teubner, Breaking Frames: Economic Globalization and the Emergence of lex mercatoria, European Journal of Social Theory, Vol.5, 2002(2).

主要代表人物是左海聪①和姜世波。②

但是，不论是在国外还是国内，商人法理论的局限性在于陷入由概念到概念的"形而上"怪圈，严重缺乏对商事惯例具体内容和历史存在真实形态的实证考察。虽然彼得·伯格试图使用清单的方式来将所谓的商事惯例具体化和条文化③，但也被质疑不过是用比较法的方法来中和各国法律④。总之，商人法理论学派将国际商事惯例看作与一般法律无差异的自治法体系，本身就忽略了商事惯例的自身特点，与实务机构对惯例的适用情况是相脱节的。⑤换言之，通过私人自治就能够实现商法的统一听起来总是一种"玄而又玄"的理论。就像是传说中的"尼斯湖水怪"⑥。相信其存在者信誓旦旦地坚称其存在，但是却很难拿出令人信服的证据。宋阳博士似乎就是敏锐地洞悉到了这个学术争议点甚至是学术空白点，对国际商法的性质展开了研究。

因此，很明显地，宋博士专著的出版在很大程度上填补了国内商法学学术研究的空白。要知道，根据《中外法学》杂志对中国国内法学各学科的研究评估来看，商法个论的研究繁荣程度远远超过了商法总论的繁荣程度。宋博士的专著似乎可以在一定程度上缓解商法总论研究相对不足的现状。

此外，从实务角度来说，宋博士的专著也在很大程度上对《民法典》的编纂提供一定程度的启发。众所周知，民商事习惯是民法典在编纂和制定过程中一个不可回避的问题。民法通则中关于惯例和习惯的规定引起了学界的许多争议。⑦在制定新的《民法典》时，到底应该给予自治性的国际商事惯

---

① 左海聪：《国际商法》，法律出版社 2013 年版。左海聪：《从国际商法特质看〈民法典（草案）〉中的国际商法渊源条款》，《国际法年刊》2013 年卷，法律出版社 2014 年版。

② 姜世波：《国际商法基本理论问题研究》，中国人民公安大学出版社 2006 年版。

③ Peter Berger, The Creeping Codification of Lex Mercatoria, Kluwer International, 1999,2010.

④ Celia Wasserstein Fassberg, Lex Mercatoria-Hoist with Its Own Petard?, Chicago Journal of International Law, Vol.5, 2004(1).

⑤ Stephen Edward Sachs, From St. Ives To Cyberspace: The Modern Distortion of The Medieval "Law Merchant", American University International Law Review, Vol.21, 2006(5). Emily Kadens, The Myth of the Customary Law Merchant, Texas Law Review,Vol.90, 2012(5). Ralf Michaels, The Mirage of the Non-state Governance, Utah Law Review, 2010(1).Gilles Cuniberti, Three Theories of Lex Mercatoria, Columbia Journal of Transnational Law, Vol.52, 2014(2).Christopher Drahozal. Contracting Out of National Law: an Empirical Look at The New law Merchant, Notre Dame Law Review, 2005(2).

⑥ 尼斯湖水怪，是地球上最神秘也最吸引人的谜之一。早在 1500 多年前，苏格兰地区就开始流传尼斯湖中有巨大怪兽常常出来吞食人畜的故事。古代一些人甚至宣称曾经目击过这种怪兽，有人说它长着大象的长鼻，浑身柔软光滑；有人说它是长颈圆头；有人说它出现时泡沫层层，四处飞溅；有人说它口吐烟雾，使湖面有时雾气腾腾……各种传说颇不一致，越传越广，越说越神奇，听起来令人生畏。但时至今日，并没有任何可信的证据能够证实其真实存在。

⑦ 主要反对意见可见于左海聪：《从国际商法的特质看〈民法典（草案）〉中的国际商法渊源条款》，《中国国际法年刊》2013 年卷。陈晶莹：《论 CISG 项下国际惯例的效力——兼析我国〈民法通则〉第 142 条的改良》，载《国际贸易问题》2011 年第 5 期。

例以怎样的地位，对其适用的依据和方式又是什么？这些在宋博士的专著中都有着很精彩的论述和很独到的观点，颇为值得一读。

三、专著的论述方式和论证结构

与传统国际商法学者由概念到抽象的研究向度完全不同，宋阳博士的专著以一种较为务实的态度展开研究。他将同一时间点的国家制定法为研究起始点和参照物，通过将国际商法不同的法律渊源与国家制定法相比较的方式来反推国际商法的性质。这种方法可以说是十分新颖和有趣的，让人不得不感到眼前一亮。

专著第一部分研究的是国际商法的历史。通过梳理性研究，他得出国际商法在一开始确实是以一种"自治的惯例"形式出现的。不过，商业惯例本身并不是一种调整跨国商事行为的最优规则体系。近代民族国家的出现导致中世纪的"商人法"被纳入到国家的法律体系之中，这并不是一种法律倒退，而应被认为是一种进步。该结论颠覆了过去商人法学派所坚信的中世纪的商人法是天然统一的学术观念，可谓十分具有理论意义和学术意义。

专著的第二、三、四部分实际上都在围绕一个问题而展开：国际商法是不是从整体上应被认为是一个自治性的体系？不同的法律渊源之间是否具有同质性？宋阳博士分别从国际商法与国内法的分离、国际商法在国内的适用、国际商法对国内法的影响等方面进行了逐一分析，验证了他的观点。进而他对经典的国际商法自治性和独立性理论提出学理上的商榷，并提出国际商法统一的路径应是条约为主惯例为辅的实践主张。毫无疑问，这也是十分具有创新性的研究方法。尤其是在整个研究过程中宋阳博士使用了大量的跨国商事判例来证明他的学术观点。整个论证从多角度、多层次分别有条不紊地展开。论述的逻辑严密，语言流畅，显示了宋阳博士非常扎实的法学功底和文献把握能力。令人不得不在某种程度上开始相信他的立论。

该书的第五部分笔者认为是整个专著最为精彩的部分。宋阳博士首先将新商人法学派两大开山鼻祖克里夫·施米托夫和波索尔德·戈德曼当作商榷的靶标。在反驳他们理论的同时，对他们的学术背景、生平和个人经历进行了剖析，并试图解析出他们的理论真正所想达到的目的。尽管这种研究方法有"诛心论"的嫌疑。但经过与他们所提出的理论的相互比对，让人不得不叹服宋博士与常人相比的细心之处。我们在借鉴国外研究成果的时候确实需要对其提出的目的加以鉴别才能做到真正的"咨诹善道，察纳雅言"。并不是所有的西方理论都能够指导我国的理论与实践。宋博士的研究就为我们提供了一个很好的范例。

专著的最后结论部分，宋博士也没有落入水平稍低的专著那种虎头蛇尾的窠臼，巧妙地借用《圣经旧约·创世记》中以扫和雅各的故事来暗喻国际商法与国家制定法之间的关系。让人感叹在行文即将结束的最后也能时刻不忘创新的难能可贵。

四、专著的些微瑕疵

当然，该书也有稍让人感到遗憾的地方。例如，国际商法学说中商人法只是诸多学说中的一派而已。虽说影响力较大，但也绝对不能代表整个国际商法学。宋博士只批驳了商人法学说一家，是否意味着国际商法不应该从国际经济法中独立出来？国际商法的自治性与统一性是否一定存在矛盾？国际商法与国内法的共通性和共容性能否直接否定国际商法的自治性和独立性？这些宋博士专著中似乎都较少涉及。当然作为专著必须具备集中性，可能宋博士未在专著中对这些问题加以论述也是考虑到专著的整体性效果。但希望宋阳博士能在今后的研究中进一步研究这些问题，将务虚的理论进一步向实践务实化。瑕不掩瑜，宋博士的专著选题颇具学术价值，资料丰富翔实，特点鲜明突出，体现出很好的原创性和创新性。此书的出版使我们能够很明显地感受到，国际商法作为国际法中一个新兴分支，还是大有可为的。

（本文编辑：贺辉）